AF816041

জন্মনিয়ন্ত্রণ

বিজ্ঞান ইতিহাস সমাজ

জন্মনিয়ন্ত্রণ

বিজ্ঞান ইতিহাস সমাজ

দেবাঞ্জন সেনগুপ্ত

আনন্দ

প্রথম সংস্করণ জানুয়ারি ২০১৬

© দেবাঞ্জন সেনগুপ্ত

সর্বস্বত্ব সংরক্ষিত

প্রকাশক এবং স্বত্বাধিকারীর লিখিত অনুমতি ছাড়া এই বইয়ের কোনও অংশেরই কোনওরূপ পুনরুৎপাদন বা প্রতিলিপি করা যাবে না, কোনও যান্ত্রিক উপায়ের (গ্রাফিক, ইলেকট্রনিক বা অন্য কোনও মাধ্যম, যেমন ফোটোকপি, টেপ বা পুনরুদ্ধারের সুযোগ সংবলিত তথ্য-সঞ্চয় করে রাখার কোনও পদ্ধতি) মাধ্যমে প্রতিলিপি করা যাবে না বা কোনও ডিস্ক, টেপ, পারফোরেটেড মিডিয়া বা কোনও তথ্য সংরক্ষণের যান্ত্রিক পদ্ধতিতে পুনরুৎপাদন করা যাবে না। এই শর্ত লঙ্ঘিত হলে উপযুক্ত আইনি ব্যবস্থা গ্রহণ করা যাবে।

ISBN 978-93-5040-668-7

আনন্দ পাবলিশার্স প্রাইভেট লিমিটেডের পক্ষে ৪৫ বেনিয়াটোলা লেন কলকাতা ৭০০ ০০৯ থেকে সুবীরকুমার মিত্র কর্তৃক প্রকাশিত এবং বসু মুদ্রণ ১৯এ সিকদার বাগান স্ট্রিট কলকাতা ৭০০ ০০৪ থেকে মুদ্রিত।

JANMANIYANTRAN:
Bijnan Itihas Samaj
[Medical Science]
by
Debanjan Sengupta

Published by Ananda Publishers Private Limited
45, Beniatola Lane, Calcutta 700009

আমার বাল্যবন্ধু
ডাক্তার-লেখক ইন্দ্রনীল সান্যাল
তোকে

সূচি

প্রাক-কথন

জন্মনিয়ন্ত্রণ প্রসঙ্গে জনস্বাস্থ্য বিশেষজ্ঞদের এক প্রিয় পদবন্ধ হল, 'কাফেটেরিয়া চয়েস'। নানা রকমের খাবার দেখে-বুঝে নিয়ে তারপর নিজস্ব অভিরুচি আর আগ্রহ অনুসারে নিজের মেনু ঠিক করার সুবিধে যেমন কাফেটেরিয়ায় থাকে ঠিক তেমনভাবে বিচার-বিবেচনা করে এক ব্যক্তি বা এক দম্পতি নিজস্ব জন্মনিয়ন্ত্রণ পদ্ধতি বেছে নেওয়ার সুযোগ পাবেন, এটাই কাম্য। অথচ আমার ডাক্তারি অভিজ্ঞতায় দেখেছি, শিক্ষিত-অল্পশিক্ষিত, গ্রাম-শহর, গরিব-বড়লোক নির্বিশেষে এর উলটোটাই দস্তুর। বয়োজ্যেষ্ঠ সহকর্মী হয়তো বললেন, আমি গত দশ বছর ধরে এটা ব্যবহার করছি, কোনও প্রবলেম নেই। স্বাস্থ্যকর্মী দিদিমণি হয়তো বললেন, আমাদের এখন ওটার প্রচুর সাপ্লাই, ওটাই ব্যবহার করুন। ডাক্তারবাবু হয়তো বললেন, সেটাই এখন লেটেস্ট। অর্থাৎ ব্যবহারকারীর নিজস্ব মতামত প্রয়োগের ক্ষেত্রটাই কার্যত ভ্যানিশ।

এখন মনে হচ্ছে, আমার এই বই নিশ্চয় সেই অভাবকে পূরণ করতে পারবে। কিন্তু জন্মনিয়ন্ত্রণের জ্ঞান যাতে মুক্ত হয়, পছন্দের বসুধা যেন খণ্ড ক্ষুদ্র না হয়ে যায়, এমন কোনও উচ্চ আদর্শ নিয়ে আমি লিখতে বসিনি। এখানে তাই সচেতনভাবেই কোনও কোষগ্রন্থ বানানোর চেষ্টা নেই। সাম্প্রতিক পরীক্ষামূলক গবেষণা নিয়েও করা হয়নি কোনও বৈজ্ঞানিক কচকচি। আবার গৃহপালিত আধা-ডাক্তার তৈরির জন্যও এই বই নয়।

বরং কন্ট্রাসেপটিভের মতো এক গভীর গোপন বিষয়কে বন্ধ দরজার আড়াল থেকে বাইরে এনে তাকে নিয়ে এখানে খোলা মনে কথা বলতে চেয়েছি। ইতিহাস থেকে বিজ্ঞান, অর্থনীতি থেকে সাহিত্য, ব্যক্তিগত অভিজ্ঞতা থেকে নারীবাদ—কথার টানে এসে পড়েছে অনেক কিছুই। বৈজ্ঞানিক পরিভাষার খটমট অনুবাদকে এড়িয়ে গেছি, স্বতঃস্ফূর্তভাবে ইংরেজি শব্দ এলে তাকেও নির্দ্বিধায় গ্রহণ করেছি। আলোচনার এই বৈঠকী মেজাজের সঙ্গেও হয়তো কাফেটেরিয়ার অনুষঙ্গটি খাপ খেয়ে গেল।

কৃতজ্ঞতা

এই বইয়ের পাণ্ডুলিপি পরিমার্জনায় অকুণ্ঠ সাহায্য করেছে জনস্বাস্থ্যে নিবেদিত-প্রাণ, আমার বাল্যবন্ধু ডা. কণাদ বাগ।

প্রজননের প্রথম পাঠ

যে মাসে সফল হবে জরায়ুর অপেক্ষা— সে মাসে ডিম্বাণু-শুক্রাণুর মিলনে তৈরি হওয়া দেহকোষ এসে আশ্রয় নেবে তার প্রকোষ্ঠে, নানা হরমোনের প্রভাবে আরওই উদ্দীপিত হয়ে উঠবে জরায়ু। আরও নরম, আরও পুরু হতে থাকবে তার আস্তরণ। খবর যাবে দুই ডিম্বাশয়ে: আপাতত আর নতুন ডিমে তা দেওয়ার দরকার নেই, আমাদের ঘরজুড়ে এখন যে নবাগত তার দেখাশোনা করি পূর্ণ মনোযোগে। সেখানে ৩৮-৪০ সপ্তাহ জুড়ে প্রতিদিন একটু একটু করে দেহকোষ বাড়বে— ধীরে ধীরে মানুষের অবয়ব নেবে। মেয়েটা এবার মা হবে।

এলেম আমি কোথা থেকে

মানে সেই চিরকালের প্রশ্ন— বাচ্চা হওয়ার শারীরবৃত্তীয় পদ্ধতি।

বাচ্চা ধারণের যে থলি— যাকে বলে জরায়ু (uterus), সেটির প্রবেশদ্বারটি থাকে যোনিপথে। তলপেটের ভেতরে ডান-বাঁ দু'দিকে তার দুটি টিউব। সেই টিউব দুটির মুখের কাছে দু'পাশে দুটি ডিম্বাশয় বা ovary। সন্তান ধারণের বয়স জুড়ে প্রতি মাসে এই ডান ও বাম দিকের ওভারি দুটি পর্যায়ক্রমে একটি করে ডিম্বাণু (ovum)-কে আদরযত্নে পরিণত করে তোলে। পরিণত করে শুক্রাণু (sperm)-এর সঙ্গে মিলিত হবার জন্য বা ডাক্তারি পরিভাষায় বলা যেতে পারে নিষিক্ত হবার জন্য। আর ডিম্বাণু যখন ডিম্বাশয়ে প্রস্তুত হচ্ছে, তখন ডিম্বাশয় থেকে কিছু বিশেষ হরমোন বেরিয়ে ইউটেরাসের ভেতরের দেওয়ালকে এমন উদ্দীপিত করে যাতে সেখানে নিষিক্ত (fertilised) ওভামকে বিছানা দেওয়ার জন্য এক মোটা আস্তরণ তৈরি হয়ে থাকে।

আগের পিরিয়ড শুরুর সপ্তাহ দুয়েকের মাথায় পরিণত ওভাম ডিম্বাশয় থেকে বেরিয়ে (ovulation) জরায়ুর টিউবে ঢুকে পড়ে আর পাড়ি জমায় জরায়ুর কুঠরির দিকে। নালির এক-তৃতীয়াংশ পথ যেতে না যেতেই সামান্য ফোলা এক অংশ পড়ে। তার নাম অ্যাম্পালা। এখানে ওভাম ২৪ ঘণ্টার কিছু বেশি সময় বিশ্রাম করে। এটুকুই তার বেঁচে থাকার সময়।

ওদিকে তাগিদ তো শুধু নারীর নয়, পুরুষেরও ষোলো আনা। শুক্রাশয়ে শুক্রাণু বা স্পার্ম তৈরি হতে সময় লাগে প্রায় ৭৪ দিন, তারপর নালির মধ্যে দিয়ে যাত্রা আরও প্রায় ১২ থেকে ২০ দিনের। মিলনের সময় পুরুষ তার বীর্যে (semen)-র ভাণ্ডার উজাড় করে দেয় তার নারীর শরীরে। ২-৫ মিলিলিটার সেই পুরুষ-রসে স্পার্ম থাকে সাধারণত ২০ থেকে ৩০ কোটি। এত বিপুল সংখ্যক স্পার্ম নিজেদের মধ্যে প্রতিযোগিতা করে বীর্যরস আর যোনিরসে সাঁতরে কে আগে জরায়ুর মুখ পেরিয়ে ঢুকবে নারীর একান্ত নিজস্ব প্রকোষ্ঠে। মাত্রই ৩০০-৫০০ স্পার্ম সক্ষম হয়— মানে লাখে একটি। এবার তাদের মধ্যে আবার প্রতিযোগিতা। যেন হেপ্টাথ্যালনের প্রতিযোগী শুরু করছে তার শেষ ইভেন্ট। এবার সবার আগে পৌঁছতে হবে তার চরম লক্ষ্যে— সেই অ্যাম্পালায়, যেখানে ধেয়ে আসছে বা এসে অপেক্ষায় আছে উন্মুখ ডিম্বাণু।

আমরা আগেই বলেছিলাম ওভামের আয়ুষ্কাল প্রায় ২৪ ঘণ্টা। মানে তারপর আর স্পার্মের সঙ্গে মিলনের ক্ষমতা থাকে না। আবার স্পার্মের ক্ষেত্রে এই আয়ুষ্কাল টেনেটুনে প্রায় ৪৮ ঘণ্টা হলেও ২৪ ঘণ্টার মধ্যে অধিকাংশই নিষ্ক্রিয় হয়ে পড়ে। মানে তারপর আর ওভামের সঙ্গে মিলিত হতে প্রায় পারে না। সুতরাং হিসেবটা হল, ওভ্যুলেশন যে দিন হচ্ছে তার ৪৮ ঘণ্টা বা ২ দিন আগে থেকে ওভ্যুলেশনের দিন অবধি সময়ের মধ্যে স্পার্ম যদি ওভামের কাছে পৌঁছতে পারে তা হলেই কেল্লা ফতে।

মানে তা হলেই নিষেক (fertilisation)-র ফলে ডিম্বাণু আর শুক্রাণু একে অপরের সঙ্গে মিশে গিয়ে একটি কোষ তৈরি করবে— আমাদের শরীরের ক্ষুদ্রতম ইউনিট এই কোষ। মানুষের শরীরের প্রতিটি কোষের মূল যে নিউক্লিয়াস, ওভাম আর স্পার্মে থাকে তার অর্ধেকটুকু করে। তাই ওভাম আর স্পার্ম মিলে তৈরি হয় একটি দেহকোষ। এই নিউক্লিয়াসের মধ্যেই থাকে বংশগতির ধারক জিন। তাই স্ত্রী আর স্বামীর দু'জনের বৈশিষ্ট্যই মিলে মিশে রইল এই নতুন দেহকোষে।

নতুন দেহকোষ এবার ওই জরায়ুর নালিতেই বিভাজিত হতে শুরু করে। ১টি কোষ থেকে ২টি, ২টি থেকে ৪টি, তার থেকে ৮, তার থেকে ১৬। আর বিভাজিত হতে হতে আস্তে আস্তে এগোতে থাকে ইউটেরাসের কুঠরির দিকে যেখানে তার জন্য নরম গদির আস্তরণ পাতা আছে শয্যা নেওয়ার জন্য।

কিন্তু ধরা যাক এই মিলন পর্বের টাইমিং যদি ঠিকঠাক না হল— ডিম্বাণুর আসায় কোনও সমস্যা হল, বা শুক্রাণু সময়মতো এসে পৌঁছল না, তখন বিছানা পেতে প্রস্তুত জরায়ুর কাছে বার্তা পাঠাবে নানান হরমোন। বার্তা পাঠাবে, এবারের মতো সময় উত্তীর্ণ হয়েছে, আর অপেক্ষায় থেকে লাভ নেই। ওভ্যুলেশনের সপ্তা দুয়েকের মাথায় ব্যর্থ ইউটেরাস তখন ছিঁড়ে কুটি কুটি করে ফেলবে তার নরম আস্তরণ। রক্ত ঝরবে, তার সঙ্গে খসে খসে পড়বে সেই নরম আস্তরণের টুকরো টুকরো পিণ্ড। সেসব বেরিয়ে আসবে জরায়ুর মুখ পেরিয়ে যোনিদ্বারে। প্রতি মাসে একবার।

Menstruation-র এক আক্ষরিক অর্থ তাই ‘weeping of uterus’— এক মাসজোড়া প্রস্তুতির ব্যর্থতায় জরায়ুর কান্না।

কিন্তু জীবন তো থেমে থাকে না। এবার অন্য এক ডিম্বাশয়েতে অন্য এক ডিম্বাণু পরিণতি পেতে শুরু করে, হরমোন বার্তা পাঠায় জরায়ুর দেওয়ালে। কান্না মুছে পুরনো আস্তরণের শেষ টুকরোটি পর্যন্ত বিদেয় করে সে আবার শুরু করবে নতুন মাসের প্রস্তুতি। শুরু হবে এক নতুন ঋতুচক্র।

আর যে মাসে সফল হবে জরায়ুর অপেক্ষা— সে মাসে ডিম্বাণু-শুক্রাণুর মিলনে তৈরি হওয়া দেহকোষ এসে আশ্রয় নেবে তার প্রকোষ্ঠে, নানা হরমোনের প্রভাবে আরওই উদ্দীপিত হয়ে উঠবে জরায়ু। আরও নরম, আরও পুরু হতে থাকবে তার আস্তরণ। এমন সাফল্যে এখন কান্নাকাটির তো কোনও প্রশ্নই নেই— ঋতুচক্র এখন বন্ধ। খবর যাবে দুই ডিম্বাশয়ে: আপাতত আর নতুন ডিমে তা দেওয়ার দরকার নেই, আমাদের ঘর-জুড়ে এখন যে নবাগত তার দেখাশোনা করি পূর্ণ মনোযোগে।

সেখানে দেহকোষ এবার বাড়বে ৩৮-৪০ সপ্তাহ জুড়ে, প্রতিদিন একটু একটু করে— ধীরে ধীরে সে মানুষের অবয়ব নেবে। মেয়েটা এবার মা হবে।

বলাই বাড়তি, যত সহজে ধাপগুলো পরপর পড়ে যাওয়া গেল মূল বিষয়টি মোটেও এমন সহজভাবে এগোয় না। প্রতি ধাপেই থাকে অনেক যদি-তবু-কিন্তু-র হোঁচট। স্বামী-স্ত্রীর আন্তরিক ইচ্ছে থাকলেও হিসেবের সামান্য হেরফেরে, সুযোগের একটু এদিক-ওদিকে, সম্ভাব্যতার অমোঘ নিয়মে শেষ পর্যন্ত আর ডিম্বাণু-শুক্রাণুর সেই কাঙ্ক্ষিত মিলন হয় না; যদি বা হয় তারা আশ্রয় নেয় না জরায়ুর উষ্ণ কুঠরিতে। আর ফলে মাস-জোড়া প্রস্তুতির ব্যর্থতায় জরায়ু কাঁদে। এক মাস আশায় আশায় থাকার পর স্বামী-স্ত্রীর দীর্ঘশ্বাস পরে— এবারও পিরিয়ড হয়ে গেল। আবার এক ঋতুচক্রের অপেক্ষা।

এক্ষেত্রে সমস্যাটা শুধু মেয়েটির এমন আগাম ধারণা করে নেওয়াও এক বড় মূর্খামি। বন্ধ্যাত্বের কারণগুলির মধ্যে পুরুষের দায়ও কম নয়। সাধারণভাবে বলা হয় বন্ধ্যাত্বের জন্য:

- পুরুষ দায়ী ৩০ থেকে ৪০ শতাংশ ক্ষেত্রে
- মহিলা দায়ী ৪০ থেকে ৫৫ শতাংশ ক্ষেত্রে
- পুরুষ-মহিলা দু'জনে মিলিতভাবে দায়ী প্রায় ১০ শতাংশ ক্ষেত্রে
- আর বাকি ১০ শতাংশ ক্ষেত্র অনির্দিষ্ট।

রূপকথায় পড়েছি, রাজা-রানির ছেলেপুলে নেই বলে রাজা আরও একটা-দুটো-তিনটে বিয়ে করলেন, তাতেও কোনও লাভ হল না দেখে তারপর যাগ-যজ্ঞ-পণ্ডিত-পুরোহিত নিয়ে এলাহি মোচ্ছব। রাজ-বৈদ্যর কিন্তু গোড়াতেই গলদ। আধুনিক ডাক্তার হলে প্রথমেই বলে দিতেন, বড় রানিমার কথা পরে ভাবা যাবে, আগে রাজামশাই, আপনার সিমেন অ্যানালিসিসটা করে আনুন দিকি।

বাস্তবিক, ইনফার্টিলিটির জন্য কোনও আপাতভাবে সুস্থ দম্পতি ডাক্তারের কাছে এলে তাদের পরীক্ষা-নিরীক্ষা সাধারণত শুরু হয় স্বামীর বীর্য দিয়ে। দেখা হয় বীর্যরসে শুক্রাণুর সংখ্যা, তার গঠনগত ত্রুটি, ১ থেকে ২ ঘণ্টা পরেও তার সক্রিয়তা। স্বাভাবিক বীর্যরসকে এই শর্তগুলি পূরণ করতেই হবে:

পরিমাণ— অন্তত ২ মিলিলিটার বা তার বেশি।

ঘন থকথকে বীর্য খুব বেশি হলে ৩০ মিনিটের মধ্যে আপনা থেকেই পাতলা হয়ে যাবে।

শুক্রাণুর সংখ্যা— প্রতি মিলিলিটারে অন্তত ২ কোটি।

গঠনগতভাবে স্বাভাবিক শুক্রাণু— অন্তত ১০ শতাংশ।

সক্রিয় শুক্রাণু— অন্তত ৫০ শতাংশ; সংখ্যার হিসেবে প্রতিবারের নিঃসরণে অন্তত ৪ কোটি সক্রিয় শুক্রাণু।

বীর্যে কোনও অস্বাভাবিকত্ব থাকলে দেখা যায় স্পার্ম উৎপাদনের পর তার পরিবহণে কোনও অসুবিধে আছে কিনা। অথবা হতে পারে স্পার্ম তৈরির উৎস টেসটিস দুটিতেই কোনও সমস্যা রয়েছে। বা সম্পূর্ণ ব্যবস্থাটি নিয়ন্ত্রণ করে যেসব হরমোন, সমস্যা রয়েছে সেখানেই।

অবশ্য হরমোনের সমস্যা বেশি গুরুত্বপূর্ণ ভূমিকা নেয় মহিলাদের ক্ষেত্রে। মেয়েদের ঋতুচক্র, বিশেষ করে ওভ্যুলেশন, নিয়ন্ত্রণ করে লিউটিনাইজিং হরমোন (L.H.), ফলিকুলার স্টিম্যুলেটিং হরমোনের (F.S.H) ভারসাম্য। তার কোথায় কতটা গোলমাল হচ্ছে জানার জন্য ঋতুচক্রের বিভিন্ন পর্যায়ে রক্তে এই সব হরমোনের মাত্রা মাপার ব্যবস্থা রয়েছে। গোলমাল ধরা পড়লে তা সংশোধনের জন্য রয়েছে কার্যকর ওষুধপত্র।

সংখ্যাতত্ত্বের হিসেবে মেয়েদের বন্ধ্যাত্বে হরমোনের সঙ্গে প্রায় সমান সমান গুরুত্ব জরায়ুর গঠনগত ত্রুটি, বিশেষত তার টিউবের ত্রুটি। টিউবের কোথাও কোনও বাধা আছে কিনা দেখার জন্য এবং থাকলে তার মেরামতির জন্য আধুনিক প্রযুক্তি আজ অনেক ব্যবস্থা করেছে। যেমন ল্যাপারোস্কোপিক সার্জারি। পেটে এক ছোট্ট ফুটো করে ল্যাপারোস্কোপিক অপারেশন রোগ নির্ণয় এবং ত্রুটি মেরামত দুই ক্ষেত্রেই চিকিৎসাবিজ্ঞানে কিছু কিছু ক্ষেত্রে যুগান্তর এনেছে। মহিলাদের বন্ধ্যাত্বের সমস্যা তার মধ্যে এক উল্লেখযোগ্য ক্ষেত্র।

স্বামী আর স্ত্রীর সমস্যার কথা বলার পর আসছে সেই যৌথ কারণের কথা, যেখানে স্বামী-স্ত্রী দু'জনে মিলিতভাবে দায়ী। এখানে বলা হচ্ছে এমন দম্পতির কথা যেখানে স্বামী-স্ত্রী দু'জনেরই উর্বরতা শক্তি কিছুটা দুর্বল। এঁরা আলাদাভাবে কোনও সুস্থতর সঙ্গী পেলে হয়তো উতরে যেতেন। কিন্তু এই জুটিতে ফল ফলছে না। তবে এই ক্ষেত্রে আধুনিক

চিকিৎসায়, সময় থাকতে সচেতন হলে পুরোটা না হলেও সমস্যা অনেকটাই সামলে দেওয়া যায়।

সব শেষে বাকি রইলেন এমন দম্পতিরা যাঁদের সমস্তরকম পরীক্ষা করেও স্বামী-স্ত্রী কারওরই কোনও দোষ পাওয়া যাচ্ছে না। বা বলা ভাল, আজকের বিজ্ঞান-প্রযুক্তির সর্বাধুনিক জ্ঞান দিয়েও তাঁদের নিঃসন্তান থাকার কারণের নাগাল পাওয়া যাচ্ছে না। তাই তাঁদের 'অনির্দিষ্ট'-এর দলে রাখা হল। এঁদের জন্য একটা সংখ্যাতাত্ত্বিক আশার কথা শোনাই: দেখা গেছে, এমন অনির্দিষ্ট কারণের প্রতি ১০ দম্পতির মধ্যে ৪ দম্পতি কোনও চিকিৎসা ছাড়াই ৩ বছরের মধ্যে সন্তানধারণ করেন। নিছক সম্ভাব্যতার হিসেবে কাক মরলেও কিছু ফকির এই বেলা তাঁদের কেরামতি বাড়িয়ে নেওয়ার সুযোগ পান।

কিছুটা ডাক্তারি, কিছুটা সামাজিক

আমরা উর্বরতা-সংক্রান্ত কয়েকটি দরকারি শর্ত নিয়ে এবার কথা বলি যেগুলি যতটা স্বাস্থ্য-সংক্রান্ত ততটাই সামাজিকও— কেতাবি ভাষায় যাকে বলে 'মেডিকো-সোশ্যাল' বা গুরুত্বের তুল্য-মূল্য হেরফেরে 'সোশিও-মেডিক্যাল'। যেমন:

• বয়স: স্বামী-স্ত্রী দু'জনের ক্ষেত্রেই বয়স বাড়ার সঙ্গে সঙ্গে প্রজনন শক্তি কমতে থাকে। তবে মেয়েদের ক্ষেত্রে এ-ব্যাপারটা বেশি। ২০ থেকে ২৫ বছর বয়সে মেয়েদের ফার্টিলিটি তুঙ্গে থাকে। অথচ আজকাল এই বয়সে অনেক মেয়েই বিয়ে করেন না। ২৫-র পর থেকে প্রজনন ক্ষমতা ধীরে ধীরে কমে। ৩৫ বছর বয়সের পর কমতে থাকে দ্রুত। ৪০-র পর সন্তানধারণের সম্ভাবনা প্রতি মাসে প্রায় ১০ শতাংশ করে কমে আসে। ৩৫ বা তার বেশি বয়সী প্রতি ৩ জন মহিলার মধ্যে অন্তত ১ জন বন্ধ্যাত্বের সমস্যায় ভোগেন। নানান ছুতোয় বিয়ে বা সন্তানধারণ ক্রমাগত পেছিয়ে দেওয়ার সময় এই বিজ্ঞানটা যেন আজকের কেরিয়ারিস্ট দম্পতিদের মাথায় থাকে।

• সাধারণ স্বাস্থ্য: খুব রোগা বা অতি মোটা চেহারা ফার্টিলিটির পক্ষে কোনওটাই সুবিধের নয়। আজকাল যে রোগা থাকার হিড়িক উঠেছে তা থেকে মেয়েদের হরমোনের অনেক সমস্যা হয়। 'সাইজ জিরো' মা প্রায়

সোনার পাথরবাটির মতো ধারণা। ডায়াবেটিস বা থাইরয়েডের অসুখ থাকলেও পুরুষ-মহিলা দু'জনেরই মুশকিল। হার্পিস, রুবেলা, মাম্পস জাতীয় রোগ আগে হয়ে থাকলে, বা জনন অঙ্গে কোনও ইনফেকশন হলে তাও বন্ধ্যাত্বের কারণ।

• সঙ্গমের ব্যাকরণ: পুরুষের প্রবেশকে সুগম করার জন্য নারী তার নিজের পথকে ভিজিয়ে নেয়। দেহজ উত্তেজনায় উদ্দীপিত কিছু নার্ভ আর হরমোনের প্রভাবে নারীশরীরের গ্ল্যান্ডগুলি থেকে নিঃসৃত হয় রস। নারী তাই সহজে গ্রহণ করতে পারে তার নিজস্ব পুরুষকে।

কিন্তু এই প্রক্রিয়া অনেক সময় ব্যর্থ হয়— ভয়ে বা হতাশায়, ক্লান্তিতে বা সঙ্গীর প্রতি বিরাগে, বা স্রেফ ভাল্লাগছে না বলেও। এই সম্পূর্ণ ক্রিয়াবিধি তখন আর কাজ করে না। ভেজে না মেয়েটির প্রবেশদ্বার। যারা ইনফার্টিলিটির চিকিৎসা করাচ্ছেন তাঁর ক্ষেত্রে নারীশরীরের শুষ্কতার আর একটি কারণও আজকাল যুক্ত হচ্ছে— ক্লিনিকে নির্দিষ্ট করে দেওয়া তারিখে, নির্দিষ্ট করে দেওয়া ভঙ্গীতে মাসের পর মাস মেলামেশা করতে করতে গোটা ব্যাপারটা একটা যান্ত্রিকতায় পর্যবসিত হয়। এই শুকনো পথে পুরুষ যদি জোর করে প্রবেশ করতে চায় তবে তাতে যন্ত্রণা দু'জনেরই— বিশেষত মেয়েটির। তার প্রবেশপথের কোমল দেওয়াল ঘর্ষণে আহত হয়, কখনও কখনও রক্তাক্তও। ফলে টয়লেট করতে অসুবিধে, হাঁটতে কষ্ট। সবচেয়ে বড় কথা এমন ঘটনা বারবার ঘটতে থাকলে মেয়েটির মনে এক তীব্র আতঙ্ক আর অনীহা জন্ম নেয়। তার মন সায় দেয় না, সায় দেয় না তার শরীর। কোনও দম্পতির পক্ষেই সে বড় সুখের সময় নয়। মেয়েটির ভয় ভাঙিয়ে আবার তাকে উদ্দীপিত করা তখন বড় জরুরি।

এখানেই আসছে foreplay-র কথা। মাঠে নামার আগে যেমন ওয়র্ম আপ, মূল ক্রীড়ায় ঢোকার আগে তেমন ফোরপ্লে— সহজ কথায় 'আদর', শক্ত বাংলায় যাকে বলে 'শৃঙ্গার'। তত্ত্বটা হল, নারীশরীরের বিশেষ বিশেষ স্থানে স্পর্শ করলে সে উত্তেজিত হয়। এই স্থান এক-একজনের ক্ষেত্রে এক এক রকম। এমনকী ঘাড়ের পেছনে, নীচের ঠোঁট, পায়ের বুড়ো আঙুলও হতে পারে কারও কারও জিয়ন অঙ্গ, যেখানে প্রিয়জনের ছোঁয়া পেলেই জেগে উঠবে নারী।

স্বাভাবিক প্রবৃত্তিতে এসব স্বতঃস্ফূর্তভাবেই হয়। কিন্তু এমন শৈত্যের

সংকটে এখন দু'জনকেই খুঁজে খুঁজে বার করতে হবে এই স্পর্শ-সুখের উত্তেজনা। মেয়েটি আবার উষ্ণ হবে, উন্মুখ হবে।

• নেশা: অতিরিক্ত তামাক বা অ্যালকোহল দুটি নেশাই সামলে রাখতে হবে।

• মানসিক চাপ: জানি, আজকের যুগে দুশ্চিন্তা-দুর্ভাবনা এড়িয়ে যাওয়া প্রায় অসম্ভব। কিন্তু প্রজননের এই চরম শত্রুটিকে মোকাবিলা না করে উপায় নেই। তীব্র মানসিক চাপ মেয়েদের হরমোন এবং পুরুষদের শুক্রাণু দু'জনের কাউকেই ছেড়ে কথা বলে না। তা ছাড়া শুধু অফিস আর বাড়ির চেনা টেনশন নয়, বাচ্চা আসছে না বলে মানসিক চাপ, আবার মানসিক চাপ আছে বলে বাচ্চা আসছে না— এমন দুষ্ট চক্রের ফাঁদেও কাউকে কাউকে ঘুরপাক খেতে হয়।

• লাইফস্টাইল: কত্তা ডিউটি সেরে রাত করে বাড়ি ফিরলেন তো গিন্নির পুল কার হর্ন বাজাতে বাজাতে হাজির। গিন্নির ওভ্যুলেশনের সময় হল তো কত্তা তখন ট্যুরে হাজার মাইল দূরে। বাড়িতে রান্না না করে দু'বেলা জাঙ্ক ফুড খেয়ে পেট ভরানো। সামাজিকতার নামে নিয়মিত লেট নাইট পার্টি আর মদ্যপান। এসব একেবারে এই জেনারেশনের সমস্যা। ডাক্তারবাবুরাও অনেক সময় বাস্তব পরিস্থিতি বুঝতে না পেরে ধমক ধামক দেন। তাই সমাধান বার করতে হবে দু'জনকেই। সুস্থভাবে দু'জন দু'জনের কাছাকাছি থাকার সুযোগটা নিজেদের উদ্যোগেই যতটা সম্ভব বাড়াতে হবে।

• সেক্সুয়াল ইল্লিটারেট: কথাটা নতুন। কিন্তু সমস্যাটা পুরনো। আক্ষরিক বাংলায় বলা যেতে পারে 'যৌন-নিরক্ষরতা'। নারীশরীরের গলিঘুঁজি থেকে আরম্ভ করে প্রাসঙ্গিক অনেক বিষয়েই অজ্ঞতা থাকতে পারে। আমাদের সমাজে যৌনশিক্ষার যথাযথ পাঠ এখনও সহজলভ্য না হওয়ার জন্যেই সমস্যাটা এমন ব্যাপক।

বিবাহপূর্ব যৌনতা এখন আর ছি-ছি করার মতো কোনও ইস্যু নয়। সুযোগ বা মানসিকতা অনুসারে এই পথে কেউ এগোতে চাইলে তাকে সেফ সেক্সের অ-আ-ক-খ-টুকু শুধু মনে করিয়ে দিতে হবে। কিন্তু এখনও এর সম্পূর্ণ উলটো মেরুতে বাস করছে বহু ছেলেমেয়ে। হ্যাঁ, দায়িত্ব নিয়ে বলছি, এখনও। আজকের যুগে বিয়ের পর এরা বেশ সমস্যায় পড়ছে। পাত্র-পাত্রী

দু'জনেই এমন ধারা নিরক্ষর হলে একরকম সমস্যা, আর দু'জনের মধ্যে একজন জ্ঞানগম্যিয়লা হলে সমস্যা আর একরকম।

এমন অনভিজ্ঞ ছেলেমেয়েদের বিয়ের আগে একটু কাউন্সেলিং করে নেওয়াই ভাল। সবসময় যে পেশাদার কাউন্সেলারের কাছেই যেতে হবে তা নয়। বয়সে বা অভিজ্ঞতায় এগিয়ে থাকা যে-কোনও বিশ্বস্ত বিবাহিত বন্ধুর সাহায্য নেওয়া যেতে পারে। বিয়ের পর 'ও তো খুঁজেই পাচ্ছিল না'-গোছের ক্যাবলামো এখন আর বরদাস্ত করা যায় না।

এবার জন্মনিয়ন্ত্রণের কথা

মায়ের শরীরে সন্তান আসার কারিকুরি জানা হয়ে যাওয়ার পর সেই সন্তান আসা রুখে দেওয়ার কায়দা-কানুন বোঝা অনেক সহজ হবে। খুব সংক্ষেপে আমরা পুরো বিষয়টা আর একবার ঝালিয়ে নিই:

মহিলার শরীরের ডিম্বাশয় থেকে ডিম্বাণু বা ওভাম বেরোচ্ছে। পুরুষের শরীরের শুক্রাশয় থেকে বেরোচ্ছে শুক্রাণু বা স্পার্ম। নারীশরীরে প্রবিষ্ট হওয়ার পর স্পার্ম সাঁতার কাটতে কাটতে জরায়ুর ভেতরে ঢুকে তার নালিতে এসে ডিম্বাণুর সঙ্গে মিলিত হচ্ছে, যাকে বলে নিষেক বা ফার্টিলাইজেশন। এরপর নিষিক্ত ডিম্বাণু ফিরে আসছে জরায়ুতে। আশ্রয় নিচ্ছে তার দেওয়ালে। সেখানে বারংবার কোষ বিভাজন হতে হতে তার আকার বাড়তে থাকছে, ভবিষ্যতের সন্তান ধীরে ধীরে রূপ পাচ্ছে।

সফল গর্ভধারণের এই যে বিভিন্ন ধাপ, এক এক জন্মনিয়ন্ত্রণ পদ্ধতি এরই এক এক ধাপে প্রভাব বিস্তার করে সন্তান আসার ব্যাপারটা ভেস্তে দেয়:

- পিল তার হরমোন দিয়ে ডিম্বাশয় থেকে ডিম্বাণু তৈরি রুখে দিচ্ছে।
- মহিলাদের অপারেশন জরায়ু-নালিকে বেঁধে দেওয়ায় ডিম্বাণুর সঙ্গে স্পার্মের যোগাযোগ ঘটতে দিচ্ছে না।
- পুরুষদের অপারেশন শুক্রাশয় থেকে উৎপন্ন স্পার্মকে তার বেরিয়ে আসার মাঝপথে আটকে রাখছে।
- কনডোম বা অন্য আবরণী নারীশরীরে ঢুকে পড়া স্পার্মকে জরায়ুর মধ্যে ঢুকতে বাধা দিচ্ছে।

• যদি বা ওভাম-স্পার্মের নিষেক হল, কপার-টি এই নিষিক্ত ওভামকে জরায়ুর দেওয়ালে তিষ্ঠোতে দেবে না।

এই হল বিভিন্ন জন্মনিয়ন্ত্রণ পদ্ধতির কাজের ধারা। আলাদা আলাদা করে বিভিন্ন পদ্ধতি নিয়ে তো আলোচনা হবেই। কিন্তু তাদের কাজের একটা মূল নীতির কথা এই প্রসঙ্গে খেয়াল করিয়ে দিই— এক এক পদ্ধতি এক এক কায়দায় সন্তান ধারণ আটকে দিচ্ছে ঠিকই, কিন্তু কেউই নারী-পুরুষের শারীরিক সান্নিধ্যে কোনও সমস্যা সৃষ্টি করে না। মানে, ইচ্ছেমতো সহবাস করা সত্ত্বেও গর্ভধারণ রোধ করাই কন্ট্রাসেপটিভের মূল বৈশিষ্ট্য।

কার ওপর কতটা ভরসা

কোনও পদ্ধতি গ্রহণ করার ক্ষেত্রে তার ব্যবহারে সুবিধে, পার্শ্বপ্রতিক্রিয়া, সহজলভ্যতা ইত্যাদির সঙ্গে সঙ্গে আর একটি জরুরি বিষয় মাথায় রাখতেই হবে। সেটা হল, সেই পদ্ধতির কার্যকারিতা।

এই কার্যকারিতা মাপার জন্য জন্মনিয়ন্ত্রণ পদ্ধতিগুলির ব্যর্থতার হার আলাদা আলাদা করে হিসেব করা হয়। মানে, কোন পদ্ধতি ব্যবহার করে ক'টি অনাকাঙ্ক্ষিত প্রেগনেন্সি চলে আসছে সেটি জানতে পারলেই সেই পদ্ধতির ব্যর্থতা জানা হয়ে গেল। বলা বাড়তি, যে পদ্ধতির ব্যর্থতার হার যত কম, তার কার্যকারিতা তত বেশি।

এই ব্যর্থতা মাপার যে-ক'টি পদ্ধতি আছে তার মধ্যে সবচেয়ে পরিচিত পদ্ধতিটির নাম 'পার্ল ইনডেক্স'। বিজ্ঞানী রেমন্ড পার্ল এই পদ্ধতির প্রচলন করেন। প্রতি ১০০ জন মহিলা কোনও একটি পদ্ধতি যদি লাগাতার ব্যবহার করে যান তা হলে এক বছরের মধ্যে তাঁদের মধ্যে যত জন প্রেগন্যান্ট হয়ে গেলেন সেটিই সেই পদ্ধতির পার্ল ইনডেক্স। যেমন, যদি বলা হয় কোনও পদ্ধতির পার্ল ইনডেক্স = ৩ তার মানে ১০০ জন মহিলা এক বছর ধরে এই পদ্ধতি ব্যবহার করে গেলে সেই বছরের মধ্যে কোনও না কোনও সময় ৩ জন অনিচ্ছায় গর্ভবতী হয়ে পড়বেন।

এই সূচকের ক্ষেত্রে মুশকিল হল, কোনও একটি পদ্ধতি অন্তত এক বছর ধরে ব্যবহার করলে তবেই ঠিকঠাক হিসেব করা সম্ভব। এই সীমাবদ্ধতা

কাটাবার জন্য এসেছে ‘লাইফ টেবল’ বিশ্লেষণ পদ্ধতি। এখানে ব্যবহারকারীর প্রতি মাসের ব্যর্থতা হিসেবে রাখা হয়। ফলে কোনও বিশেষ পদ্ধতির নিজস্ব ত্রুটি এবং ব্যবহারকারীর প্রয়োগগত ত্রুটি দুটিকেই নজরে আনা সম্ভব। বিভিন্ন পদ্ধতির কথা বলতে গিয়ে তাদের ব্যর্থতার কথা তো উঠবেই। তা ছাড়া পরিশিষ্টেও এক তালিকা দেওয়া রইল।

জন্মনিয়ন্ত্রণে অন্য যাদের হাত

আমরা শুধু জন্মনিয়ন্ত্রণ পদ্ধতি নিয়েই কথা বলতে বসেছি। কিন্তু এই ফাঁকে ছোট করে অন্য একটি প্রসঙ্গ ছুঁয়ে যাই। কোনও একটি পরিবার বা এলাকার গর্ভধারণ ক্ষমতা সেখানের জন্মনিয়ন্ত্রণ পদ্ধতি ব্যবহার ছাড়াও আরও অনেক বিষয়ের ওপর নির্ভর করে। অনেক ক্ষেত্রে তাদের প্রভাবই মূল নির্ণায়কের ভূমিকা নেয়। এখানে তেমন কয়েকটি বিষয়ের সঙ্গে একটু পরিচয় করিয়ে রাখি:

- শিশুমৃত্যু— যেখানে শিশুমৃত্যুর হার যত বেশি সেখানে সন্তানের অকালমৃত্যুর আশঙ্কায় গর্ভধারণের হারও তত বেশি।
- বিয়ের বয়স— একটি হিসেবে দেখা গেছে, মেয়েদের বিয়ের গড় বয়স ১৬ বছর থেকে বাড়িয়ে ২০-২১-এ নিয়ে যেতে পারলে শিশু জন্মের হার ২০-৩০ শতাংশ অবধি কমিয়ে ফেলা যাবে। বিংশ শতাব্দীর মাঝামাঝি থেকে ইংল্যান্ডে জন্মহার নিয়ন্ত্রণের সবচেয়ে গুরুত্বপূর্ণ কারণ মহিলাদের অপেক্ষাকৃত বেশি বয়সে বিয়ে।
- পুত্রার্থে— পরপর দুটি বা তিনটি মেয়ে হওয়ার পরেও সসংকোচে যাঁরা আবার গর্ভধারণ করছেন তাঁদের প্রায় সবার লক্ষ্য অন্তত একটি ছেলে হওয়া। ভারতবর্ষে ২০০৩ সালে করা এক সমীক্ষায় দেখা গেছে, পুত্র সন্তানের প্রতি এই দুর্বলতা কাটিয়ে উঠতে পারলে গর্ভধারণের হার ৮ শতাংশ কমে যাবে।
- শিক্ষা— শিক্ষা আনে সচেতনতা। তাই সেখান থেকে আসছে নিয়ন্ত্রিত গর্ভধারণ। আমাদের দেশে কেরলের সঙ্গে বিহার-উত্তরপ্রদেশের তুলনা করলেই বোঝা যাবে, শিক্ষার হার জন্মনিয়ন্ত্রণের ক্ষেত্রে কতটা গুরুত্বপূর্ণ।

• মাথা-পিছু আয়— যত বাড়বে প্রেগনেন্সির হারও ততই কমবে। অনেক জনস্বাস্থ্য বিশেষজ্ঞ বলে থাকেন, আর্থিক উন্নতি সবচেয়ে কার্যকর জন্মনিয়ন্ত্রণ পদ্ধতি।

• ধর্ম ও জাতপাত— ধর্মীয় অনুশাসন জন্মহারকে অনেকটাই নিয়ন্ত্রণ করে। যেমন, ক্যাথলিক মতে কৃত্রিম জন্মনিয়ন্ত্রণ পদ্ধতি ব্যবহার বা গর্ভপাত করানো এক বড় পাপ। মুসলিমদের মধ্যেও এমন কিছু ধর্মীয় বিধিনিষেধ প্রচলিত। কিছু এলাকার গ্রামীণ লোকবিশ্বাসও জন্মনিয়ন্ত্রণের পরিপন্থী। আমাদের দেশে কন্ট্রাসেপটিভ ব্যবহারের ক্ষেত্রে হিন্দু এবং খ্রিস্টানদের তুলনায় মুসলমানরা এখনও পেছিয়ে।

• পুষ্টি— প্রত্যক্ষ কোনও কারণ আছে কিনা তা খুব একটা স্পষ্ট না হলেও, গোটা পৃথিবী জুড়ে স্বাস্থ্যবান জনগোষ্ঠীরমধ্যে জন্মহার তুলনামূলকভাবে কম। আর বিপরীত তথ্যও সমানভাবে সত্যি, অপুষ্টি-আক্রান্ত মানুষরা বেশি সন্তানের জন্ম দেয়।

• শিল্পায়ন— কলকারখানা স্থাপন, প্রযুক্তির উন্নতি, নগরায়ন জন্মহার কমায়। বিভিন্ন সমীক্ষায় দেখা গেছে, যে দেশের গ্রামীণ জনসংখ্যা যত বেশি সে দেশের জন্মহারও তত বেশি। হয়তো কৃষিকাজে লোকবলের প্রয়োজন বেশি হওয়ায় এখনও গ্রামের মানুষের এক বড় অংশ অপেক্ষাকৃত বেশি সন্তান চায়।

• এ ছাড়াও সমাজে নারীর স্থান, রোজগারে বাড়ির বউয়ের অংশগ্রহণ, স্তন্যপানের রেওয়াজ, বিধবা বিবাহের সুযোগ ইত্যাদি নানা বিষয় জন্মনিয়ন্ত্রণ ব্যবস্থাকে যথেষ্ট প্রভাবিত করে।

প্রকৃতির পথে

সম্প্রতি ট্রেন্ড বদলাচ্ছে। কোনও কৃত্রিম পদ্ধতি ব্যবহার না করে জন্মনিয়ন্ত্রণের লক্ষ্য অর্জনের প্রতি সব মানুষের যে এক স্বাভাবিক ঝোঁক থাকে তাকে এখন চিকিৎসাবিজ্ঞানীরাও মর্যাদা দিতে চাইছেন। চাইছেন এই প্রাকৃতিক পদ্ধতিগুলোর রহস্যকে আরও স্পষ্টভাবে বুঝে নিতে, যাতে নির্ভয়ে এদের ওপর ভরসা রাখা যায়। আদর্শ ট্রেনারের মতো ব্যর্থতার কারণ খুঁজে বার করে আবার এদের পৌঁছে দিতে চাইছেন, সাফল্যের সম্মানী ট্র্যাকে।

শিক্ষিত, স্মার্ট দুই দম্পতি। এক যুগলের সবে বিয়ে হয়েছে, আর এক যুগল এখন বছরখানেকের এক ফুটফুটে সন্তান নিয়ে মজে। দুই দম্পতিকেই স্বাস্থ্যকর্মী দিদিমণি জিজ্ঞেস করলেন, আপনারা কি এখন বাচ্চা চান?

দুই দুগুনে চারজনেই প্রবলভাবে মাথা নাড়লেন, না না এখনই নয়।

তা হলে আপনারা কী ব্যবস্থা নিচ্ছেন?

মুচকি হেসে উভয় দম্পতিই বললেন, আমরা কিছু ব্যবহার করি না, নিজেরাই সাবধান থাকি।

স্বাস্থ্যকর্মী ধমক দিলেন। ডাক্তারবাবু বোঝালেন এমন ব্যবস্থার বিপদ। দুই দম্পতি গম্ভীর মুখে শুনলেন। কিন্তু মনে মনে হাসলেন। কারণ ওঁরা সিদ্ধান্ত নিয়ে ফেলেছেন, কোনও মেথড ওঁরা নেবেন না।

স্বাস্থ্যকর্মী দিদিমণি বিরক্ত মুখে 'নো কন্ট্রাসেপটিভ' কলামে দুটো টিক মারলেন। অর্থাৎ দুনিয়া জুড়ে যেসব মানুষ জন্মনিয়ন্ত্রণের ধার ধারে না, অনেকগুলো করে যাদের বাচ্চা হয়, সন্তানের জন্ম দিয়ে দিয়ে শারীরিক ও অর্থনৈতিকভাবে যারা আরও দুর্বল হয়ে পড়ে সেইসব বে-আক্কেল মানুষজনের দলে এই দুই শিক্ষিত, সচেতন, সুখী দম্পতিকে ঢুকিয়ে দেওয়া

হল। এখনই বাচ্চা না নেওয়ার বিষয়ে পুরোপুরি মোটিভেটেড থাকা সত্ত্বেও এঁরা দুঃখজনকভাবে জায়গা পেলেন জন্মনিয়ন্ত্রণ-সংক্রান্ত সংখ্যাতত্ত্বের সবচেয়ে অসম্মানজনক শ্রেণিতে।

স্বাস্থ্যকর্মীকে দোষ দেওয়ার প্রশ্নই ওঠে না। কারণ এটিই স্বীকৃত ধারণা যে, 'সাবধান থাকার' প্রাকৃতিক পদ্ধতিকে বিশ্বাস করা যায় না। চিকিৎসাবিজ্ঞানীরা দেশে দেশে সমীক্ষা করে দেখেছেন, এইসব পদ্ধতির ব্যর্থতার হার খুব বেশি।

কিন্তু সম্প্রতি ট্রেন্ড বদলাচ্ছে। কোনও কৃত্রিম পদ্ধতি ব্যবহার না করে জন্মনিয়ন্ত্রণের লক্ষ্য অর্জনের প্রতি সব মানুষের যে এক স্বাভাবিক ঝোঁক থাকে তাকে এখন চিকিৎসাবিজ্ঞানীরাও মর্যাদা দিতে চাইছেন। চাইছেন এই প্রাকৃতিক পদ্ধতিগুলোর রহস্যকে আরও স্পষ্টভাবে বুঝে নিতে, যাতে নির্ভয়ে এদের ওপর ভরসা রাখা যায়। আদর্শ ট্রেনারের মতো ব্যর্থতার কারণ খুঁজে বার করে আবার এদের পৌঁছে দিতে চাইছেন, সাফল্যের সম্মানী ট্র্যাকে।

ভাবুন একবার, তেমনটি যদি সত্যি হয় কত ভাল হবে। মনে করে কোনও ওষুধ খাওয়া নেই; বেড়াতে যাওয়ার স্যুটকেসের এক কোণে কোনও গোপন প্যাকেট নেওয়া নেই; গোমড়া ডাক্তারবাবু বা রাগী নার্সিং স্টাফের কাছে আব্রু বিসর্জন দেওয়া নেই; ওষুধের দোকানদার গোঁফের কোণে হাসছেন কিনা সে অস্বস্তি নেই; এক পয়সা খরচা নেই; ধর্মগুরুর চোখ রাঙানি নেই। শুধু আছে দু'জনের বোঝাপড়া, দুজনের বিশ্বস্ততা। আর তাতেই উদ্দেশ্য হাসিল। মানে আপনারা যখন চাইবেন বাচ্চা আসবে। বা আরও ঠিকঠাক বললে, আপনারা যখন চাইবেন না বাচ্চা আসবে না। বিনা-মেথড জন্মনিয়ন্ত্রণ, যাকে ডাক্তারি পরিভাষায় কন্ট্রাসেপশনের ন্যাচারাল মেথড বলে, তার এটাই মূল ফিলজফি।

কিন্তু সব সুখ-স্বপ্নের মতো এখানেও রয়েছে হরেক 'কিন্তু' আর 'তবে'-র কাঁটা। ন্যাচারাল মেথডের বিরুদ্ধে সবচেয়ে বড় বদনাম তার নির্ভরযোগ্যতা নিয়ে। মানে তার ব্যর্থতার হার। ডাক্তারবাবুরা সাবধান করে দেন, "না, না, শুধু সাবধানে থাকি বললে চলবে না। একটা কোনও মেথডে আসুন। জানেন, অ্যাবরশন ক্লিনিকে বেশিরভাগ ভিড়টা হয় এইসব ন্যাচারাল মেথডের ওপর ভরসা করতে গিয়ে?"

ডাক্তারবাবুর কথাটা কোনওমতেই অস্বীকার করা যাবে না ঠিকই। তবু বলা দরকার, চাকা এখন ঘুরছে। বিশ্বজুড়ে বদলাচ্ছে এই বিষয়ে বিশেষজ্ঞদের অভিমত। গরিব-বড়লোক, শিক্ষিত-অশিক্ষিত, সাদা চামড়া-কালো চামড়া, বিবাহিত-বিবাহবহির্ভূত সব ধরনের নারী-পুরুষের স্বাভাবিক ঝোঁকের কথা মাথায় রেখেই বিশ্ব স্বাস্থ্য সংস্থা দীর্ঘদিন ধরে নানা সমীক্ষা চালাচ্ছে। আর সেই সমীক্ষায় দেখা যাচ্ছে, ন্যাচারাল মেথডের ব্যর্থতার আসল কারণ এই পদ্ধতি সম্পর্কে নারী-পুরুষের শোচনীয় অজ্ঞতা। ঠিকমতো না জেনে, না বুঝে পদ্ধতিটি ব্যবহার করতে গিয়েই ঘটছে বিপদ। আর বদনাম হচ্ছে ন্যাচারাল মেথডের।

তাই আসুন সেই অজ্ঞতাকে দূর করি। জেনে বুঝে নিই পৃথিবীর সবচেয়ে প্রাচীন জন্মনিয়ন্ত্রণ পদ্ধতিগুলোর পেছনের বিজ্ঞানটুকুকে। তারপর তো চয়েস আপনাদের হাতে। পছন্দ হলে ব্যবহার করবেন, না পছন্দ হলে ক্ষতি নেই— আরও তো কত মেথড রইল।

পদ্ধতি এক: হিসেব কষে দিন বাছাই

আগে বলা হত 'সেফ পিরিয়ড' বা 'রিদ্‌ম মেথড'। এখন কিছু সংস্কারের পর আরও কার্যকর এবং বাস্তবসম্মত করে এই পর্যায়ের পদ্ধতিগুলোকে এক শক্ত নামে ডাকা হচ্ছে: 'ফার্টিলিটি অ্যাওয়ারনেস-বেসড মেথডস'। কিন্তু নাম যতই গালভরা হোক, মোদ্দা উদ্দেশ্যটা একই— ঋতুচক্রের যে দিনগুলোতে মিলিত হলে গর্ভসঞ্চারের সম্ভাবনা রয়েছে সেই দিনগুলোকে চিহ্নিত করা বা আরও স্পষ্ট কথায়, যে দিনগুলোতে মিলিত হলে গর্ভসঞ্চারের আশঙ্কা নেই সেই দিনগুলোকে চিনে নেওয়া। আজকাল বিশেষ রকমের ট্রান্সভ্যাজাইনাল আলট্রাসোনোগ্রাফি করে প্রায় নিখুঁতভাবে ফার্টাইল পিরিয়ড বা উর্বরকাল চিহ্নিত করা যাচ্ছে। কিন্তু সেই প্রযুক্তিনির্ভর খরচসাপেক্ষ পদ্ধতি প্রতি মাসে সুস্থ দম্পতির পক্ষে ব্যবহার করার কোনও প্রশ্নই উঠছে না। আমরা এখানে বলছি প্রাকৃতিক ব্যবস্থার কথা।

এই চেষ্টা বহু প্রাচীন। ভারত, গ্রিস, রোম, আফ্রিকার আদিকালের পুঁথিপত্রে দেখা গেছে এই বিষয়ে হরেক পরামর্শ আর নির্দেশ। কিন্তু দুঃখের বিষয়, সে সবই ভুলে ভরা উদ্ভট। যেমন হিন্দু শাস্ত্র অনুসারে নারীর পক্ষে

সবচেয়ে উর্বরা সময় তার ঋতুস্নানের (অর্থাৎ পিরিয়ডের ৪র্থ দিন) ঠিক পরে। এসব মানতে গিয়ে আগের আগের যুগের কত মহিলাকে কত অবাঞ্ছিত প্রেগনেন্সির দায় নিতে হয়েছে কে জানে।

১৯২৯ সালে অস্ট্রিয়ার Knaus এবং জাপানের ওগিনো আলাদাভাবে গবেষণা চালিয়ে প্রায় একই সময়ে সিদ্ধান্তে পৌঁছলেন: মহিলাদের ওভ্যুলেশন ঘটে পরের পিরিয়ডের ১২-১৬ দিন আগে। এখনও পর্যন্ত এই সিদ্ধান্তকেই প্রায় নির্ভুল বলে ধরা হয়। তবে ১৯৬০-এর দশকে রেডিয়ো-ইমিউনো-অ্যাসে পদ্ধতি আবিষ্কৃত হওয়ার পর ওভ্যুলেশনের নানান পর্যায়ের টাইমিং এখন আরও নিখুঁতভাবে নির্ণয় করা যাচ্ছে।

এই মওকায় ওভ্যুলেশন সম্পর্কে ছোট্ট করে একটু বলে নিই।

মহিলাদের দু'দিকের ওভারি বা ডিম্বাশয় মিলিয়ে ৩০০-৪০০টি ওভাম বা ডিম্বাণু থাকে। পুরো প্রজননক্ষম বয়স জুড়ে প্রতি মাসে যে-কোনও একদিকের একটি ওভারি থেকে একটি পরিণত ওভাম মুক্তি পেয়ে জরায়ুতে আসার সুযোগ পায়। একে বলে ওভ্যুলেশন। ফার্টিলাইজেশন বা নিষেক না হলে ১-৩ দিন (অধিকাংশ ক্ষেত্রে ২৪ ঘণ্টা) পরেই সে নিস্তেজ হয়ে যায়। সুতরাং স্পার্মের হাতে সময় ওইটুকুই। সহবাসের পর স্পার্ম জরায়ুতে ঢুকতে সময় নেয় এক থেকে দেড় ঘণ্টা। তার ফার্টিলাইজ করার ক্ষমতা থাকে ২-৭ দিন (অধিকাংশ ক্ষেত্রে ৪ দিন)। এইসব সংখ্যাগুলো মাথায় রেখেই ঋতুচক্রের 'নিরাপদ' দিনের হিসেব রাখার নানা উপায়।

তার মধ্যে কয়েকটির কথা জেনে রাখুন, যাতে আশঙ্কার সেই দিনগুলো মেলামেশা এড়িয়ে বা কনডোম ব্যবহার করে জন্মনিয়ন্ত্রণ নিশ্চিত করতে পারেন:

• ক্যালেন্ডার মেথড— ৬-৮ মাস ধরে পিরিয়ডের শুরুর তারিখগুলোকে ক্যালেন্ডারে দাগিয়ে রাখুন। প্রতি দু'টি তারিখের মধ্যবর্তী দিনগুলি হল ঋতুচক্রের মেয়াদ, চলতি কথায় 'সাইকল'। এবার এই ৬-৮ মাসের হিসেব অনুসারে দেখুন আপনার সংক্ষিপ্ত আর দীর্ঘতম সাইকল কত কত দিনের। এটাই আপনির নিজস্ব বেসিক ডেটা। এবার দুটো সহজ পাটিগণিত:

আপনার উর্বর সময়কালের প্রথম দিন = (আপনার সবচেয়ে কম দিনের সাইকল) —মাইনাস ১৮।

আর আপনার উর্বর সময়কালের শেষ দিন = (আপনার সবচেয়ে বেশি দিনের সাইকল)— মাইনাস ১০।

এই সময়কালটা জন্মনিয়ন্ত্রণের পক্ষে বিপজ্জনক বা আনসেফ। এই সময়ে সহবাস বাদ দিলে বা এই সময়টায় কনডোম জাতীয় কোনও পদ্ধতি ব্যবহার করলে বাচ্চা আসার আশঙ্কা আটকানো যাবে।

আপাতভাবে বিষয়টা যতটা সরল মনে হয় ততটা সরল কিন্তু নয়।

নয়, কারণ প্রতি ৫ জনের মধ্যে ১ জন মহিলারই অনিয়মিত চক্র। ধরা যাক এমন একজনের ৬-৮ মাসের হিসেব থেকে পাওয়া গেল, তাঁর সবচেয়ে ছোট আর সবচেয়ে বড় সাইকল যথাক্রমে ২৬ আর ৩২ দিন। আগের অঙ্কে ফেলে দেখুন, জন্মনিয়ন্ত্রণ করতে গেলে তাঁদের সংযত থাকতে হবে পিরিয়ডের ৮ম থেকে ২১তম দিন। এমন হিসেব যে কোনও যুগলকে হতাশ করে দেওয়ার পক্ষে যথেষ্ট।

তাই খুঁজতে হবে এমন পদ্ধতি যেখানে আরও নিখুঁত আর নির্দিষ্টভাবে 'নিরাপদ' দিনগুলিকে চিনে নেওয়া যায়।

• তাপমাত্রার হেরফের— থিয়োরিটা হল, ওভ্যুলেশনের সময়ে প্রোজেস্টেরন হরমোনের প্রভাবে মহিলাদের শরীরে তাপমাত্রা (বেসাল বডি টেম্পারেচার) ০.৪-০.৮ ডিগ্রি ফারেনহাইট বা ০.২-০.৪ ডিগ্রি সেন্টিগ্রেড বাড়ে।

তাপমাত্রার এত সূক্ষ্ম হেরফের মাপার জন্য বিশেষ থার্মোমিটার পাওয়া যায় বা ঘরোয়া থার্মোমিটার দিয়েও কেউ কেউ কাজ চালান। সকালবেলা ঘুম থেকে উঠে বিছানা ছাড়ার আগেই রোজ যদি টেম্পারেচার মেপে গ্রাফ পেপারে প্লট করা যায় তা হলে ওভ্যুলেশনের দিনের একটা ধারণা পাওয়া যাবে।

তাপমাত্রা বাড়তে শুরু করার ৩ দিনের মধ্যে ওভ্যুলেশন ঘটে এটা মাথায় রাখলে মনে হবে এটি খুবই সুবিধেজনক এক পদ্ধতি, কিন্তু কার্যক্ষেত্রে দেখা যাচ্ছে কখনও কখনও ওভ্যুলেশন হয়ে যাওয়ার ১-২ দিন পরে টেম্পারেচার বাড়ছে। সুতরাং শুধু এই পদ্ধতির ভরসায় থেকে রাত্তিরে নিশ্চিন্ত ঘুম হওয়া অসম্ভব।

• রসের খোঁজ—যোনিপথে আঙুল ঢুকিয়ে জরায়ু-মুখ বা সারভিক্স অবধি পৌঁছে গেলে যে ভেজা ভেজা রস পাওয়া যায়, ওভ্যুলেশনের সময় তার কিছু পরিবর্তন হয়। মূলত ইস্ট্রোজেন হরমোনের প্রভাবেই এই রস পরিমাণে বাড়ে, জলীয়ভাব বেশি হয়, পিচ্ছিলতা আসে। এই রসে সাঁতার কেটেই স্পার্মের পক্ষে সারভিক্স পেরিয়ে জরায়ুতে ঢোকা সহজ হয়।

বুড়ো আঙুল আর তর্জনীর মধ্যে এই রস নিয়ে আঙুল সামান্য ফাঁক করলে রস সুতোর মতো টানটান হয় বা স্ট্রেচ করে (Spinnbarkeit Test)। ঋতুচক্রের শেষ যেদিন পর্যন্ত এমন স্ট্রেচ করবে তার তিন দিন পর চতুর্থ দিন থেকে জন্মনিয়ন্ত্রণের পক্ষে 'সেফ' সময় শুরু। একে বলে 'বিলিংস মেথড'। এই সময় পেরিয়ে গেলে প্রোজেস্টেরন হরমোনের প্রভাবে সারভিক্সের নিঃসরণ কমতে কমতে জরায়ু-মুখ আবার প্রায় শুকনো হয়ে যায়।

• দুই পদ্ধতির হাত ধরাধরি— তাপমাত্রার হেরফের মাপাই বলুন কিংবা রসের খোঁজ, দুটির কোনওটিকেই বেশ সহজ সরল বলা চলবে না কোনও মতেই, হিসেবে গোলমাল হওয়ার আশঙ্কা পদে পদে। বিশেষজ্ঞরা তাই পরামর্শ দিচ্ছেন, 'সেফ পিরিয়ড' খোঁজার জন্য এই দুই পদ্ধতিকে একসঙ্গে ব্যবহার করতে। যাতে একটির হিসেবে ভুল হলে অপর হিসেবটি তাকে সামলে দিতে পারে। দুই পদ্ধতির নাম মিলিয়ে তাই এই যুগলবন্দীর নাম দেওয়া হয়েছে 'সিমটো-থার্মাল'।

এই পদ্ধতি অনুসারে:

'আনসেফ পিরিয়ড' শুরু হচ্ছে যেদিন সারভিক্স বা জরায়ু-মুখের রস পরিমাণে বেড়ে 'স্ট্রেচ' করতে শুরু করল সেদিন।

আর 'আনসেফ পিরিয়ড' শেষ হচ্ছে বা 'সেফ পিরিয়ড' শুরু হচ্ছে 'বেসাল বডি টেম্পারেচার' বাড়তে শুরু করার ৩য় দিন অথবা সারভিক্সের রস শেষ যেদিন 'স্ট্রেচ' করবে তার থেকে ৪র্থ দিন— এই দুই হিসেব একই দিন নির্দেশ করলে কোনও খটকাই নেই, কিন্তু তেমনটি না হলে দুই হিসেবের মধ্যে যে দিনটি পরে আসছে সেই দিনটি অবধি ধৈর্য ধরাই ভাল।

এই পদ্ধতি ঠিকভাবে গোটা বছর ধরে অনুসরণ করে গেলে ১০০ জন মহিলার মধ্যে মাত্র ২ জন ব্যর্থ হন। সুতরাং এই পদ্ধতির জুটিকে সাবাস জানাতেই হয়।

• আজ-কাল-পরশুর হিসেব— সারভিক্সের রস নিঃসরণের বৈশিষ্ট্যকে কাজে লাগিয়ে ইনস্টিটিউট অফ রিপ্রোডাক্টিভ হেলথ অফ জর্জটাউন ২০০৫ সালে এই অপেক্ষাকৃত সহজ পদ্ধতি চালু করেছেন।

এখানে জন্মনিয়ন্ত্রণে ইচ্ছুক ভদ্রমহিলাকে দুটি প্রশ্ন করা হচ্ছে:

১. গতকাল কি আপনার সারভিক্সে 'স্টিকি' রস ছিল?

আর ২. আজ কি আপনার সারভিক্সে 'স্টিকি' রস আছে?

এই দুই প্রশ্নের কোনও একটির উত্তর 'হ্যাঁ' হলেই বুঝতে হবে আপনি ফার্টাইল পিরিয়ডে রয়েছেন অর্থাৎ জন্মনিয়ন্ত্রণের হিসেবে 'আনসেফ' সময়ে। অনিয়মিত ঋতুচক্র যাঁদের তাঁদের ক্ষেত্রেও দেখা যাচ্ছে এই পদ্ধতি কার্যকর। তবে এই পদ্ধতিতেও 'সাবধানী' হওয়ার সময়কালটা বেশ দীর্ঘ: ১০-১৫ দিন।

• মন জপ দিন— জর্জটাউনের যে ইনস্টিটিউটের কথা বলছিলাম তারাই ওই ২০০৫ সালেই বার করেছে আর একটি সহজবোধ্য পদ্ধতি। তাঁরা দেখেছেন ২৬-৩২ দিনের মধ্যেই অধিকাংশের ঋতুচক্র এবং সাধারণত ১৩-১৭ দিনের মধ্যে তাঁদের ওভ্যুলেশন হয়। সুতরাং পিরিয়ডের ৮-১৯ তম দিনের মধ্যে তাদের ফার্টিলিটি পিরিয়ড বা নিষেক-কাল বা আনসেফ সময়।

এই থিয়োরির ওপর ভিত্তি করে তাঁরা এক মালা তৈরি করেছেন। ৩২টা পুঁতি দিয়ে ছবিতে যেমন দেখানো হয়েছে তেমন একটা মালা নিজেরাও বানিয়ে নিতে পারেন।

যেদিন পিরিয়ড শুরু হচ্ছে লাল পুঁতিটির ওপর একটা রাবার ব্যান্ড বাঁধুন। তারপর প্রতিদিন তীর বরাবর রাবার ব্যান্ডকে এক পুঁতি করে এগিয়ে নিয়ে যান।

যেদিনগুলোতে আপনার ব্যান্ড খয়েরি পুঁতির ওপর আছে ততদিন আপনি নিশ্চিন্ত। আর সাদা পুঁতির ওপর ব্যান্ড মানেই আপনি এখন ফার্টিলিটি পিরিয়ডের মধ্যে। পরের পিরিয়ড শুরু হয়ে গেলে সেই দিনই রাবার ব্যান্ডকে আবার নিয়ে যেতে হবে লাল পুঁতির ওপর।

যদি ব্যান্ড গাঢ় খয়েরি পুঁতিতে আসার আগেই আপনার পরে পিরিয়ড শুরু হয়ে যায়, অথবা শেষ পুঁতিতে পৌঁছে যাবার পরেও আপনার পরের

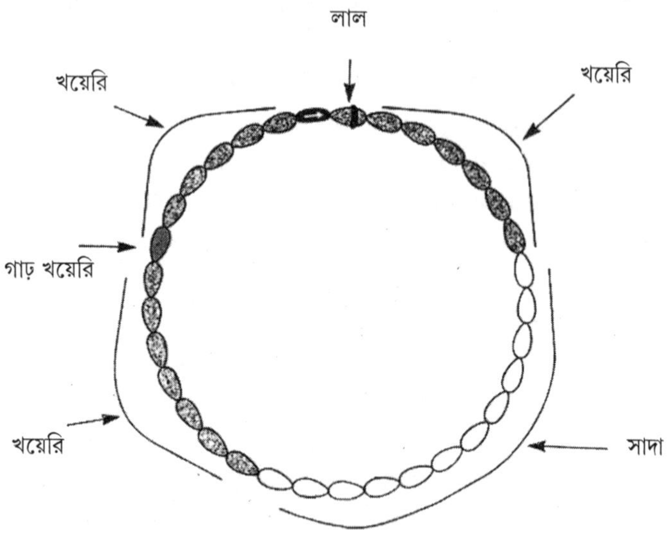

পিরিয়ড না শুরু হয় তবে বুঝতে হবে আপনার সাইক্‌ল ২৬-৩২ দিনের সীমা মানছে না। যে-কোনও ১২ মাসের মধ্যে এমন ঘটনা দু'বার বা তার বেশি হলে, দুঃখিত, আপনি সেই ২৫-৩০ শতাংশ মহিলার দলে পরে যাচ্ছেন যাদের জন্য এই পদ্ধতি ঠিকঠাক কার্যকর নয়।

কিন্তু যাদের ক্ষেত্রে কার্যকর এমন ১০০টি জুটি এক বছর ধরে এই পদ্ধতি ব্যবহার করলে ব্যর্থতার হার ৫ শতাংশ— মানে বহুবিজ্ঞাপিত কনডোমের চেয়ে কোনও অংশে কম নয়।

কিছু শঙ্কার কথা

যে পদ্ধতিতেই 'সেফ পিরিয়ড' নির্ণয় করা হোক, হিসেবের একটু ভুলচুক হলেই যে প্রেগনেন্সি চলে আসতে পারে, সেকথা আমরা আগেই বুঝে গেছি। কিন্তু এখানে শঙ্কা শুধু সেই ব্যর্থতা নিয়ে নয়। জন্মনিয়ন্ত্রণের সেই ব্যর্থতা থেকে যে গর্ভসঞ্চার হচ্ছে তার গুণমান নিয়েও এক শঙ্কার জায়গা আছে।

একটু ব্যাখ্যায় আসি।

ধরা যাক, 'আনসেফ পিরিয়ড'-এর ১ম দিনের হিসেব কষতে আমাদের কিছু ভুল হল। ফলে জরায়ুতে ৪-৫ দিন আগের যৌনমিলন থেকে উপস্থিত হওয়া স্পার্মের সঙ্গে নিষেক হল নতুন মুক্তি পাওয়া ওভামের।

আবার ধরা যাক, 'আনসেফ পিরিয়ড'-এর শেষ দিন হিসেব করতে আমরা ভুল করে ফেললাম। সেক্ষেত্রে দিন তিনেকের পুরনো ওভামের সঙ্গে নিষেক হল টাটকা যৌনমিলন থেকে ছাড়া পাওয়া ছটফটে স্পার্মের।

এখন, এই যে 'বয়স্ক' স্পার্ম/ওভাম নিষিক্ত হয়ে যে গর্ভসঞ্চার হল, সেই প্রেগনেন্সি 'যাকগে এসে যখন গেছে থাক' ভেবে আমরা যদি নষ্ট না করি তা হলে কি এই ভ্রূণ ত্রুটিযুক্ত হবে? মানে এই প্রেগনেন্সি থেকে যে সন্তান জন্মাবে তার কি কোনও দোষ থাকার আশঙ্কা রয়েছে?

এই শঙ্কাটি নিয়ে বিজ্ঞানীরা বিস্তর ভাবনা-চিন্তা করেছেন। নানা সমীক্ষা চালিয়েছেন। এক এক সমীক্ষায় উঠে এসেছে এক একরকম আশঙ্কা। কোনও সমীক্ষা ইঙ্গিত করেছে, এক্ষেত্রে অ্যাবরশনের সম্ভাবনা বাড়ছে, কোনও সমীক্ষায় মনে হয়েছে জন্মগত দৈহিক ত্রুটি বা জিনঘটিত রোগের সম্ভাবনা বাড়ছে। কোনও সমীক্ষায় আবার হিসেবে দেখা গেছে 'আনসেফ পিরিয়ড'-এর শেষ দিনের গণনায় ভুল হলে 'বয়স্ক' ওভামের সঙ্গে নিষেকে পুত্রসন্তান হবার সম্ভাবনা বেড়ে হচ্ছে প্রায় ৫৮ শতাংশ।

কিন্তু বিশ্ব স্বাস্থ্য সংস্থা বিভিন্ন দেশের নানা কেন্দ্র মিলিয়ে এক যথেষ্ট বড় সমীক্ষা চালিয়ে ১৯৮৪ সালে যে ফল প্রকাশ করেন, তাতে দেখা যাচ্ছে এই ধরনের সম্ভাবনা বা আশঙ্কার কোনওটিরই কোনও ভিত্তি নেই।

আর একটু স্পষ্টভাবে বলা যাক, 'সেফ পিরিয়ড' নির্ণয়ের গোলমালে কোনও প্রেগনেন্সি চলে এলে সে অনাকাঙ্ক্ষিত ফসল রাখবেন কিনা সে সিদ্ধান্ত অবশ্যই আপনাদের, কিন্তু রাখলে গর্ভস্থ সন্তান নিয়ে বাড়তি আশঙ্কার কোনও কারণ নেই।

পদ্ধতি দুই: বাইরে ফেলা, না ফেলা

ডাক্তারি পরিভাষায় বলে 'উইথড্রয়াল মেথড' বা 'কয়টাস ইন্টারাপটাস'। সঙ্গমের তুঙ্গ মুহূর্তে পুরুষ তার সঙ্গিনী থেকে বেরিয়ে আসে। শুক্রাণু ভরপুর

উষ্ণ বীর্য ধারণের দায় থেকে রেহাই পায় যোনিপথ। ফলে ঋতুচক্রের হিসেব যাই হোক সন্তানধারণের কোনও প্রশ্নই ওঠে না।

কোনও অজ্ঞাত কারণে খ্রিস্টান ধর্মশাস্ত্রে এই পদ্ধতির বিরোধিতা করা হয়েছে। বাইবেলে দেখা যাচ্ছে (জেনেসিস ৩৮: ৭ থেকে ১০), তার 'বীজ মাটিতে ফেলা'-র কারণে ঈশ্বর ওনান-এর ওপর অসন্তুষ্ট হচ্ছেন। পরে তিনি তাকে হত্যাও করেন, যদিও তা এই 'পাপের জন্য' না কি তার পিতার অবাধ্য হওয়ার জন্য সেটা খুব স্পষ্ট নয়। অভিধানে 'ওনানিসম্' শব্দটির দুটি অর্থ: 'হস্তমৈথুন' আর 'কয়টাস ইন্টারাপটাস'।

মুসলিম ধর্মে এই পদ্ধতির নাম 'আল-অজল' অথবা 'আজল'। স্ত্রীর সায় থাকলে, মহম্মদ এই পদ্ধতিতে আপত্তিকর কিছু দেখেননি।

সমাজবিজ্ঞানীরা ধারণা করেন, অষ্টাদশ এবং উনবিংশ শতাব্দীতে ইংল্যান্ডসহ ইউরোপে জনসংখ্যা নিয়ন্ত্রণের পেছনে অনেকটা ভূমিকা নিয়েছিল দায়িত্ববান পুরুষের এমন হিসেবি সংযম। এখনও ফিলিপাইনস, পেরু, মরিশাস, জাপানের মতো কিছু কিছু দেশে ১৫-২০ শতাংশ দম্পতি এই পদ্ধতির আশ্রয় নেন। এক বছর ধরে ১০০ জন যুগল ঠিকভাবে ব্যবহার করলে এই পদ্ধতির ব্যর্থতার হার ১-৯ শতাংশ।

একসময় ধারণা করা হত, এই পদ্ধতির ফলে মহিলাদের পেলভিসে কনজেশন হয়, বা ঋতুচক্রের কিছু সমস্যা দেখা দেয়। আর একটি ধারণা ছিল, বীর্য বেরনোর আগে পুরুষের যে রস নিঃসরণ হয় তাতে যত সামান্য পরিমাণই শুক্রাণু থাকুক তা থেকে ফার্টিলাইজেশন সম্ভব। কিন্তু সেসব ধারণা অনেকদিন আগেই ভুল প্রমাণিত হয়েছে।

প্রাচীন চিন ও ভারতবর্ষে আর একটি পদ্ধতির প্রচলন ছিল, যাকে বলা যায় 'বীর্য প্রত্যাগমন' (coitus reservatus)। এক্ষেত্রে নারীর সঙ্গে সঙ্গম হত ঠিকই কিন্তু পুরুষ তার বীর্য ত্যাগ করত না, ধারণ করে রাখত। কুণ্ডলিনী যোগ-এ সমর্থ ব্যক্তির পক্ষেই একমাত্র এমন সংযম নাকি সম্ভব। বিশ্বাস করা হত, এর ফলে নারী তার শক্তি স্ফূরণের সুযোগ পেত আর পুরুষও তার শক্তিক্ষয় এড়াতে পারত।

আমার-আপনার মতো যোগাভ্যাসে অনভ্যস্ত সাধারণ মানুষের জন্য এক চিনে উপায় আছে। তাঁরা বলেছেন, অণ্ডথলি আর মলদ্বারের মাঝামাঝি জায়গায় আঙুল দিয়ে চেপে রেখে সহবাস করলে এই একই ফল পাওয়া

যাবে, অর্থাৎ সবকিছুই হবে কিন্তু বীর্যপাত হবে না। তাঁরা মনে করতেন, অবরুদ্ধ বীর্য মেরুদণ্ডে গিয়ে নানা যোগ-বর্ণিত চক্রের পথ ধরে সিধে মস্তিষ্কে গিয়ে হাজির হয়। মস্তিষ্কে বীর্য কী কাজে আসে তা নিয়ে চিনা পণ্ডিতরা কেমন ব্যাখ্যা দিয়েছিলেন সে সম্পর্কে আমাদের মস্তিষ্ক ভারাক্রান্ত করে লাভ নেই। কারণ অনেক আগেই জানতে পারা গেছে, এমন আঙুল চেপে সংগমের ফল মোটেও তেমন অলৌকিক কিছু হয় না। আটকে যাওয়া বীর্য আদতে মূত্রথলিতে গিয়ে হাজির হয়। পরে মূত্রের সঙ্গে বাইরে বেরিয়ে যায়। মানে বীর্য 'সংরক্ষণ'-এর তত্ত্বটি মোটেই ধোপে টেঁকে না।

আর বাইরে ফেলা বা না ফেলা, এই দুই পদ্ধতির বিরুদ্ধেই অতৃপ্তির বেরসিক অভিযোগটিকে এড়িয়ে যাবার কোনও উপায় নেই।

পদ্ধতি তিন: দুগ্ধপোষ্যের বাড়তি লাভ

কুরআন নির্দেশ দিয়েছে: যদি পিতা চায় তার সন্তান পূর্ণ মুদ্দতকাল পর্যন্ত দুধ সেবন করতে থাকুক, তখন মায়েরা নিজেদের সন্তানদের দু'বছর দুধ সেবন করাবে। সেই অবস্থায় স্বামী-স্ত্রী বিবাহ বিচ্ছিন্ন হয়ে গেলে এই সময়কালে সন্তানের পিতাকে নিয়মিতভাবে মায়েদের খোরাক-পোশাক দিয়ে যেতে হবে (২:২৩৩)।

মায়ের দুধ তৈরি মূলত নিয়ন্ত্রণ করে প্রোল্যাকটিন নামে এক হরমোন। আর এই প্রোল্যাকটিন ঋতুচক্রের পক্ষে গুরুত্বপূর্ণ দুই হরমোন ইস্ট্রোজেন ও প্রোজেস্টেরনকে নিয়ন্ত্রণে রাখে। ফলে বাচ্চাকে বুকের দুধ খাওয়ানোর সময়টা মাসিক ঋতুচক্র এবং ওভ্যুলেশন দুটোই বন্ধ থাকে বেশ কয়েক মাস। তারপর বাচ্চা মায়ের দুধ পান আস্তে আস্তে কমিয়ে দিলে ফার্টিলিটি বা উর্বরতা আবার ফিরে আসে।

কিন্তু এই সত্যটি ঠিকঠাক জানতে মানব সভ্যতাকে অপেক্ষা করতে হয়েছে গত শতাব্দীর মাঝামাঝি অবধি। তার আগে শতাব্দীর পর শতাব্দী জুড়ে না জেনে প্রকৃতির এই অনাবিল বদান্যতার সুযোগ পেয়েছে বহু প্রজন্ম। আবার এই সত্য না জানার কারণেই স্তন্যপানকে এড়িয়ে গেছে আর্থ-সামাজিকভাবে সমাজের উঁচুতে থাকা বেশ কিছু মানুষ। বহু প্রাচীনকাল থেকেই গ্রিক ও রোমান অভিজাত শ্রেণি ধাত্রীর স্তন্যে নিজেদের সন্তানকে

প্রতিপালিত করত। ক্রমে এই ব্যবস্থা ইউরোপ-আমেরিকাসহ পৃথিবীর বিভিন্ন অংশেই ছড়িয়ে পড়ে। সেকালে নিজের সন্তানকে স্তন্যপান না করানোর প্রবণতা মূলত এক বড়লোকি বিচ্যুতি।

ক্রমে 'বটল ফিডিং' ব্যবস্থা চালু হওয়ার পর এই প্রবণতা দ্রুত বাড়তে থাকে। শুধু শিশুর আদর্শ পুষ্টির উৎসই নয়, প্রাকৃতিক এই জন্মনিয়ন্ত্রণ পদ্ধতির সুবিধে থেকেও মানুষ অজান্তেই দূরে চলে যেতে থাকে।

ঠাকুরবাড়ির অন্দরমহল সংক্রান্ত এক স্মৃতিচারণ শোনাই, "সেকালের ধনিগৃহের আর একটি বাঁধা দস্তুর জোড়াসাঁকোয় চলিত ছিল— শিশুরা মাতৃস্তন্যের পরিবর্তে ধাত্রীস্তন্যে পালিত ও পুষ্ট হত। ভূমিষ্ঠ হওয়া মাত্র মায়ের কোল-ছাড়া হয়ে তারা এক একটি দুগ্ধদাত্রী দাই ও এক একটি পর্যবেক্ষণকারিণী পরিচারিকার হস্তে ন্যস্ত হত, মায়ের সঙ্গে তাদের আর কোনও সম্পর্ক থাকত না।" (সরলা দেবী। জীবনের ঝরাপাতা। সাহিত্য সংসদ, ১৮৭৯ শকাব্দ। পৃ. ১)

সরলা দেবী রবীন্দ্রনাথের 'ন-দিদি' স্বর্ণকুমারী দেবীর কন্যা। এই সঙ্গে এই নিবন্ধের পক্ষে একটি প্রাসঙ্গিক তথ্য একটু অশোভনভাবে দিয়ে রাখি: রবীন্দ্রনাথের পিতা দেবেন্দ্রনাথের মোট ১৫ সন্তান, আর রবীন্দ্রনাথের স্ত্রী মৃণালিনী দেবী ৩০ বছরেরও কম বয়সে মারা যাবার আগে পাঁচ সন্তানের জন্মদান করেছেন। এই তথ্য প্রসঙ্গে কোনও মন্তব্য প্রকাশ না করাই ভাল।

বরং আমরা চোখ বোলাই বিশ্ব স্বাস্থ্য সংস্থা প্রকাশিত কিছু সাম্প্রতিক তথ্যের ওপর। বিভিন্ন দেশে এক বছরের কম বয়সী যেসব বাচ্চা শুধুমাত্র মাতৃস্তন্য পান করছে (এক্সক্লুসিভ ব্রেস্ট ফিডিং) শুধুমাত্র তাদের মায়েদের ওপর সমীক্ষা চালিয়েই এসব তথ্য সংগৃহীত:

- অস্ট্রেলিয়ায় মাত্র ১.৭ শতাংশ মা প্রথম ৬ মাসে, ৭ শতাংশ মা প্রথম ১২ মাসে বুকের দুধ খাইয়ে যাওয়া সত্ত্বেও গর্ভবতী হয়েছেন।
- চিলির সানতিয়াগোতে ৪২২ জন স্তন্যদায়ী মায়ের মধ্যে মাত্র ১ জন সন্তান-জন্মের ৬ মাসের মধ্যে গর্ভবতী হয়েছেন। অর্থাৎ এক্ষেত্রে জন্মনিয়ন্ত্রণে স্তন্যদানের সাফল্যের হার প্রায় ১০০ শতাংশ।
- চিলিতে সামগ্রিক সমীক্ষার ফল বিশ্লেষণ করে দেখা যাচ্ছে, সন্তান জন্মের প্রথম ৬ মাসের মধ্যে মাসিক শুরু না হলে এক্সক্লুসিভ ব্রেস্ট ফিডিং প্রাকৃতিক জন্মনিয়ন্ত্রণ করতে পারে ৯৯.১ শতাংশ পর্যন্ত। কিন্তু এই ৬ মাসের

মধ্যে মাসিক শুরু হয়ে গেলে জন্মনিয়ন্ত্রণে সাফল্যের হার নেমে আসে ৮৩ শতাংশে।

• পাকিস্তানে যেসব মহিলার সন্তান জন্মের প্রথম ১২ মাসের মধ্যে মাসিক শুরু হয় না তাঁদের ক্ষেত্রে দেখা যাচ্ছে স্তন্যদান জন্মনিয়ন্ত্রণের ব্যাপারে ৯৮.৯ শতাংশ ক্ষেত্রে সফল।

• বলা হয়, এই প্রকৃতিপ্রদত্ত পদ্ধতিটি না থাকলে বাংলাদেশের জন্মহার প্রায় ডবল হয়ে যেত। চিনেও এই পদ্ধতি অত্যন্ত জনপ্রিয়।

বোঝাই যাচ্ছে প্রাকৃতিক জন্মনিয়ন্ত্রণ পদ্ধতি হিসেবে ব্রেস্ট ফিডিংয়ের কার্যকারিতায় দেশে দেশে আজ প্রশ্নাতীতভাবে প্রমাণীত।

বিশ্ব স্বাস্থ্য সংস্থার সিদ্ধান্ত অনুসারে এই ন্যাচারাল জন্মনিয়ন্ত্রণ পদ্ধতিকে পুরোপুরি কার্যকর করতে কয়েকটি শর্ত মানতে হবে:

১. বাচ্চাটি দিনে এবং রাতে তার খাদ্যের অন্তত ৮৫ শতাংশ পাবে তার মায়ের দুধ থেকে। মা তাঁর সন্তানকে ২৪ ঘণ্টার মধ্যে ৫-৬ বার স্তন্যপান করাবেন, অথবা ২৪ ঘণ্টার মধ্যে ১ ঘণ্টা স্তন্যপানে ব্যয়িত হবে।

২. বাচ্চাটির জন্মের পর এখনও মায়ের পিরিয়ড শুরু না হওয়াই বাঞ্ছনীয়। শুরু হয়ে গেলে কার্যকারিতা খানিকটা কমে যাবে।

৩. বাচ্চাটির বয়স ৬ মাসের মধ্যে।

এই শর্ত পূরণ করলে এই পদ্ধতির ব্যর্থতার হার ১ শতাংশ। সেই পরিচিত শ্লোগানকে একটু বদলে বলা যাবে, মাতৃদুগ্ধই জন্মনিয়ন্ত্রণ।

কিছু ভ্রান্ত পদ্ধতি, কিছু মিথ

কিছু কিছু পদ্ধতিকে দীর্ঘদিন ধরে জন্মনিয়ন্ত্রণের প্রাকৃতিক উপায় হিসেবে বিশ্বাস করে আসা হয়েছে। অথচ এদের পেছনে কোনও বৈজ্ঞানিক ভিত্তি নেই। এই আলোচনার শেষ পর্যায়ে এসে, আসুন আমরা তাদের চিনে নিই:

• সঙ্গমের পরপরই মহিলা তাঁর অঙ্গ ধুয়ে ফেললে বা ডুশ নিলে জন্মনিয়ন্ত্রণে কোনও লাভ হয় না। বরং বীর্যরসের চরিত্র এবং স্ত্রী জনন অঙ্গের গঠনগত বৈশিষ্ট্য এমন যে তাতে বীর্যের পক্ষে জরায়ুর ভেতরে ঢোকার সুযোগ আরও বাড়ে।

• বীর্যপাতের পর কোকাকোলা জাতীয় লেমোনেডের বোতল ঝাঁকিয়ে যোনিতে প্রবেশ করালে জন্মনিয়ন্ত্রণে কোনও লাভ তো হয়ই না, উলটে ছত্রাক জাতীয় সংক্রমণের আশঙ্কা বাড়ে।

• মহিলার জীবনের প্রথম সহবাসে গর্ভধারণ হয় না, এমন ধারণা সর্বৈব ভুল।

• ঋতুচক্রের প্রথম কয়েক দিন গর্ভধারণের সম্ভাবনা কম থাকে ঠিকই, কিন্তু তাই বলে ঋতুমতী থাকাকালীন সঙ্গমে প্রেগন্যান্সির কোনও ভয় নেই তা কখনওই বলা যাবে না।

• সঙ্গমের কিছু ভঙ্গীতে বাচ্চা আসার সম্ভাবনা বেশি বটে, কিন্তু সঙ্গমের এমন কোনও ভঙ্গী নেই যাতে বাচ্চা আসা প্রতিরোধ করতে পারা যায়। বীর্যপাতের শক্তিশালী গতি, সঙ্গমকালীন জরায়ুর সংকোচন এবং সর্বোপরি শুক্রাণুর সাঁতার দেওয়ার ক্ষমতা অভিকর্ষজ শক্তিকেও এড়িয়ে যেতে পারে। তাই ‘দাঁড়ানো’ বা ‘ওম্যান অন টপ’ কোনও ভঙ্গীই জন্মনিয়ন্ত্রণের গ্যারান্টি দিতে পারে না।

• সঙ্গমের পর জোরে জোরে হাঁচা বা তড়িঘড়ি মূত্রত্যাগও কোনও কাজের নয়।

চরম সংযম

গালভরা ইংরেজি প্রতিশব্দটি হল ‘অ্যাবস্টিনেন্স’। অর্থাৎ কিনা, যৌন মিলনে পুরোপুরি ইতি। তাত্ত্বিক দিক থেকে এর থেকে সফল পদ্ধতি আর হয় না। কিন্তু আজকের সমাজে এই অতি সরলীকরণের যে-কোনও বাস্তব ভিত্তি নেই এবং এই পরামর্শ দেবেন যে চিকিৎসক তাঁর পেশাগত ভবিষ্যৎ যে তুমুল সংকটে সেসব নিয়ে অযথা শব্দ খরচ করে কোনও লাভ নেই।

আমরা শুধু ইতিহাসের কথা একটু মনে করিয়ে দিই, যখন প্রায় কোনও স্বীকৃত জন্মনিয়ন্ত্রণ পদ্ধতি সম্পর্কেই সাধারণ মানুষের কোনও ধারণা ছিল না, সে সময় বারংবার সন্তান প্রসবের শারীরিক ও আর্থিক ধকল দম্পতিরা কী করে সামলাতেন? খটকাটা বাড়িয়ে দিচ্ছে সংখ্যাতত্ত্বের হিসেব: কোনওরকম পদ্ধতি ব্যবহার না করলে দম্পতি-পিছু যত প্রসব হওয়ার কথা

পৃথিবীর প্রায় সমস্ত প্রান্তেই শতকের পর শতক জুড়ে সংখ্যাটা তার থেকে বেশ কম থেকেছে।

কারণটা তা হলে নিশ্চয় ওই অ্যাবস্টিনেন্স। প্রয়োজনভিত্তিক যৌন উপবাস।

আর একটি অরুচিকর সম্ভাবনার কথাও কোনও কোনও সমাজবিজ্ঞানী বলে থাকেন। সেটা হল পায়ু-সঙ্গম। পেরুতে প্রায় দেড় হাজার বছরের পুরোনো কিছু মৃৎশিল্পের নমুনা পাওয়া গেছে; সেখানে দেখা যাচ্ছে এক কচি শিশু চিৎপটাং হয়ে শুয়ে আছে আর তার ঠিক পাশটিতে পূর্ণবয়স্ক এক নারী ও এক পুরুষ বাচ্চাটির দিকে মুখ করে চাদর মুড়ি দিয়ে পরপর শুয়ে। বিশেষজ্ঞদের বলিহারি, এমন এক বিশুদ্ধ পারিবারিক চিত্রের মাঝে তাঁরা পায়ু-সংগমের প্রমাণ খুঁজতে চেয়েছেন। কোলের শিশুটির জন্মের পর অভিপ্রেত ব্যবধান নিশ্চিত করতে তখনকার অনেক দম্পতিই নাকি এমন 'ভিন্ন পথ' ধরতেন।

বিশিষ্ট ফরাসি লেখিকা মার্কিজ, দ্য সেভেঞে ১৬৭১ সালে তাঁর বাইশ বছরের মেয়েকে একটি চিঠি লেখেন, মেয়ে তখন সবে তার তৃতীয় সন্তানটি প্রসব করেছে: 'তোমায় অনুরোধ করি, বাছা, বিছানা দুটির ওপর ভরসা কোরো না। ওসব লোভে ফেলার ফাঁদ। তোমার ঘরে [কাজের মেয়ে] কাউকে নিয়ে শোও।... যদ্দিন না শরীর সারছে, এই আলাদা শোওয়ার চমৎকার ব্যবস্থাটি চালিয়ে যাও। ...তোমাকে স্বামীকে আমার স্নেহের চুম্বন পাঠাচ্ছি। তোমার ঘরে নয়, ও ওর নিজের ঘরে থাকলেই ওকে আমার বেশি ভাল লাগে।'

শ্রীরামকৃষ্ণদেব সমস্যাটিকে নিজের মতো করে ধরেছিলেন, 'যা ছেলে হয়েছে তাদেরই খাওয়াতে পারে না, পরাতে পারে না, ভাল ঘরে রাখতে পারে না, আবার বছরে বছরে ছেলে হয়!' এর সমাধানও তিনি বাতলেছেন, 'দুই-একটি ছেলে হলে স্ত্রী-পুরুষ দুইজনে ভাই-বোনের মতো থাকবে, আর ঈশ্বরকে সর্বদা প্রার্থনা করবে, যাতে ইন্দ্রিয় সুখেতে মন না যায়, ছেলেপুলে আর না হয়।' উল্লেখ্য, ২২ অক্টোবর ১৮৮৫ এই পরামর্শ তিনি দিচ্ছেন চিকিৎসক মহেন্দ্রলাল সরকারের উপস্থিতিতে।

যৌন উপবাস নিয়ে আর বেশি কথা বাড়াব না। শুধু এক প্রাচীন খ্রিস্টিয় অনুশাসনের কথা বলি। সেখানে ধার্মিক দম্পতিদের কেবল এই নির্দিষ্ট

কয়েকটি দিন শারীরিক মেলামেশা বন্ধ রাখতে বলা হয়েছে, হ্যাঁ কেবলমাত্র এই ক'টা দিন: প্রত্যেক বৃহস্পতিবার যেহেতু ওই দিন প্রভু যিশু গ্রেপ্তার বরণ করেন, প্রত্যেক শুক্রবার যেহেতু ওইদিন প্রভু যিশুর মৃত্যু হয়, কুমারী মাতা মেরির প্রতি শ্রদ্ধা জানাতে প্রত্যেক শনিবার, প্রভু যিশুর পুনরুত্থানের দিন হিসেবে প্রত্যেক রবিবার এবং মৃত মানুষদের আত্মার স্মরণে প্রতি সোমবার। এছাড়া ৪০ দিন ব্যাপী 'লেন্ট' পালনের সময়, ঈস্টারের পর নবান্ন উৎসবে, বড়দিনে আর প্রভু যিশুর শেষ ভোজন সংক্রান্ত উৎসবের সময় যৌনাচার নিষিদ্ধ। এরপর খুঁজে পেতে যে ক'টা দিন সহবাস করা যাবে তার জন্য এক জবরজং পোশাক নির্দিষ্ট, শরীরের ছোঁয়াছুঁয়ি যথাসম্ভব কম রাখতে পোশাকটির বিশেষ বিশেষ জায়গায় ফুটো।

...অলমিতি।

কনডোম ও অন্য নানা আবরণী

শুধু জন্ম নিয়ন্ত্রণ নয়, মৃত্যু নিয়ন্ত্রণেও কনডোম সমান কার্যকরী। কথাটা ব্যাখ্যা করার নিশ্চয় প্রয়োজন নেই। এইডস সচেতনতার প্রচারে সারা বিশ্বেই এখন কনডোমের ওপর সবচেয়ে বেশি ভরসা। সবচেয়ে বেশি ফোকাস।

সে এক বিলিতি রাজার কেচ্ছা। ইংল্যান্ডের সিংহাসনে তখন রাজা দ্বিতীয় চার্লস (১৬৬০-৮৫)। আমোদে-প্রমোদে কাটছে তাঁর সময়। হঠাৎ রাজামশাইয়ের খেয়াল হল, তাঁর অবৈধ সন্তানের সংখ্যা যেন মাত্রা ছাড়িয়ে যাচ্ছে। চক্ষুলজ্জার কিঞ্চিৎ তলানি বোধহয় তাঁর তখনও রয়ে গিয়েছিল। তিনি তলব করলেন রাজচিকিৎসক ডা. কনডোম-কে।

ডাক্তারবাবু অনেক ভেবেচিন্তে তৈরি করে দিলেন এক আচ্ছাদনী। মিলনের আগে উন্মুখ অঙ্গটিকে রাজামশাই সেই আচ্ছাদন দিয়ে আবৃত করে দিলেই আর চিন্তা নেই। বীর্য আটকে পড়বে সেই পর্দায়।

জন্মনিরোধের এই সহজ সরল পদ্ধতিটি এরপর থেকে ওই ডাক্তারবাবুর নামেই সারা বিশ্বে পরিচিত হয়ে গেল। লোকে জানল না সম্ভোগী এক রাজার অব্যর্থ মুশকিল আসানের কাহিনী। মনে রাখল না উর্বর মস্তিষ্কের সেই চিকিৎসককেও। শুধু প্রায় সব দেশের ভাষাতেই সাদরে প্রবেশ করল এক বিজাতীয় শব্দ : কনডোম।

এমনকী 'কনডোম' শব্দের উৎস খুঁজতে গিয়ে কোনও কোনও ভাষাতাত্ত্বিক ডা. কনডোমের অস্তিত্বকেও অস্বীকার করতে চেয়েছেন। তাঁদের কেউ কেউ বলছেন, ল্যাটিন শব্দ কনডাস (Condus= আধার/ ধারক) > কনডাম (Condum) > কনডোম। আবার আর এক দল উৎস খুঁজতে খুঁজতে পৌঁছে

গেছেন পৃথিবীর আর এক প্রান্তের শব্দভাণ্ডারে। তাঁদের মতে পার্সি শব্দ 'কেন্দু' থেকে আদতে 'কনডোম' শব্দের উৎপত্তি, যার মানে 'জন্তুর খাদ্যনালি দিয়ে তৈরি, তরল ধরে রাখার এক লম্বা পাত্র'।

কনডোমের কাজের কথা যদি কল্পনা করি, তা হলে এই দুটো সম্ভাবনার কোনওটিকেই অযৌক্তিক বলা যাবে না। বিশেষত দ্বিতীয় সম্ভাবনাটিকে। কারণ, কনডোম আগে সত্যিই জন্তু-জানোয়ারের খাদ্যনালি দিয়েই তৈরি হত এবং তা তৈরি হত ডা. কনডোমের আগে থেকেই।

তা-ই যদি হয়, তা হলে আর ডা. কনডোমের কৃতিত্ব কী রইল?

কৃতিত্ব, এটি ব্যবহারের উদ্দেশ্য নির্ধারণে। বিষয়টির একটু ব্যাখ্যা প্রয়োজন।

তিন হাজার বছরের পুরনো এক গ্রিক চিত্রে কনডোম পরা এক পুরুষের সন্ধান পাওয়া গেছে ভেবে অনেকে উচ্ছ্বসিত হয়েছিলেন। কিন্তু পুরুষাঙ্গে কিছু জড়ানো থাকলেই তাকে কনডোমের পূর্বপুরুষ হিসেবে স্বীকৃতি জানানো হবে, ঐতিহাসিকরা কোনওকালেই এতটা নির্বিরোধী নন। তাঁরা বলবেন, হতেই পারে ওটা কোনও প্রচলিত প্রথা কিংবা অন্তর্বাসের অংশ।

তবে গ্রিক পুরাণের বর্ণনা অনুসারে এটা নিশ্চিত, ১৫০ খ্রিস্টাব্দ নাগাদ ছাগলের মূত্রথলি দিয়ে বানানো এক আবরণী পুরুষেরা সঙ্গমের সময় ব্যবহার করত। তবে তার উদ্দেশ্য জন্মনিয়ন্ত্রণ নয়, সংক্রমণ প্রতিরোধ।

ষোড়শ শতকের মাঝামাঝি ইতালীয় চিকিৎসক গ্যাব্রিয়েল্লো ফ্যালোপিয়াস পুরুষাঙ্গের সামনের অংশে এক পাতলা আবরণী বিশেষ কিছু রসে ভিজিয়ে ব্যবহারের বিধান দিয়ে গেছেন। তাঁর সে উপদেশও জন্মনিয়ন্ত্রণের কথা মাথায় রেখে নয়—সংক্রামক রোগগ্রস্ত সঙ্গিনী থেকে পুরুষকে, অথবা রোগগ্রস্ত সঙ্গী থেকে মেয়েটিকে বাঁচানোর জন্য। বলা দরকার, ডা. ফ্যালোপিয়াসের মূল পরিচয় তিনি আদি যুগের এক বিশিষ্ট সিফিলিস বিশেষজ্ঞ।

ডা. কনডোমের কৃতিত্ব এখানেই। যৌনরোগ-প্রতিরোধী এক ব্যবস্থা যে জন্মনিয়ন্ত্রণেও ব্যবহার করা যায় সে কথা তিনি ঠিকঠাক বুঝতে পেরেছিলেন, আর তাকে রাজকীয় মর্যাদা দেওয়ার সাহস দেখিয়েছিলেন।

তারপর থেকে যে কত রাজা-রাজরা, মান্যি-গণ্যির সম্মান বাঁচিয়েছে এই কনডোম, তার হিসেব কে রাখে!

একটি উদাহরণ অবশ্য নথিপত্রে প্রমাণ রেখে গেছে। ১৭৪৯ সাল নাগাদ ফ্রান্সের রাজা পঞ্চদশ লুই প্যারিস এমব্যাসির ব্রিটিশ সেক্রেটারি কলোনেল জোসেফ ইয়র্ককে দিয়ে ইংল্যান্ড থেকে কনডোম আনানোর ব্যবস্থা করেন। নিজেই হিসেব কষে জানান, তাঁর অন্তত ৩৩০টি চাই। জানা গেছে তাঁর এত আগ্রহের মূলেও রয়েছে অবৈধ সন্তানের বে-আক্কেল আধিক্য।

জন্মনিয়ন্ত্রণে কনডোমের ব্যবহার পরে প্রচলিত হলেও, পুরুষের বীর্যকে নারী শরীরের অভ্যন্তরে ঢুকতে বাধা দিলেই যে গর্ভধারণ আটকে দেওয়া যাবে এ-ধারণা কিন্তু বহু বহু পুরনো। ডা. ফ্যালোপিয়াসের তো বটেই, এমনকী খ্রিস্টজন্মেরও বহু শতক আগে থেকে। তফাত ছিল এইটুকুই, আগে এই বাধা দেওয়ার কাজটা করা হত নারীর শরীরে কোনও কিছু প্রবেশ করিয়ে।

সে প্রসঙ্গে যাওয়ার আগে খেয়াল করিয়ে দিই, যে-প্রাচীন সময়ের কথা আমরা বলছি তখন পুরুষের বীর্য থেকে গর্ভসঞ্চার হয়— এই বিশ্বাসের পেছনে মানুষের হাতে পর্যবেক্ষণ-জাত অভিজ্ঞতা ছাড়া তেমন কোনও অকাট্য প্রমাণ কিন্তু ছিল না। অষ্টাদশ শতকের শেষ অর্ধে ভ্যান লিউয়েন হক অণুবীক্ষণ যন্ত্র আবিষ্কারের পর বীর্যে শুক্রাণুর উপস্থিতি জানতে পারা গেল।

অথচ তার অনেক আগে থেকেই অনিচ্ছের গর্ভসঞ্চার এড়াতে মানুষ বীর্যের পথে বাধা দিয়ে আসছে। জ্যা-মুক্ত তীর আটকাতে সে যেমন ঢাল ব্যবহার করেছে, বর্ষণ থেকে শরীর বাঁচাতে মাথার ওপর আচ্ছাদন, ঠিক সেই রকম স্বাভাবিক প্রবৃত্তি থেকে বীর্যে সে বাঁধ দিতে শিখেছিল।

পুরুষের অঙ্গে বাঁধন দেওয়ার আগে থেকে শুরু হয়েছিল নারীর অঙ্গে আবরণী। সন্দেহ হয়, বাঁধ দেওয়ার এই বুদ্ধিটি এসেছিল বোধহয় মেয়েদের মাথাতে। গর্ভধারণের প্রায় পুরো ধকলটি যেহেতু মেয়েদের, তা থেকে রেহাই পাওয়ার আকুতিটাও নিশ্চয় তাদেরই বেশি।

তীব্র প্রয়োজনবোধ থেকে তাই প্রচলন হয়েছিল নারীর যোনিতে রাখার উপযোগী নানান বস্তুর—যার কিছু কিছু বীর্য প্রবেশে শুধু এক যান্ত্রিক বাধা সৃষ্টি করে; আর কারও কারও শুক্রকে নিষ্ক্রিয় করার বা মেরে ফেলার বাড়তি রাসায়নিক ক্ষমতাও রয়েছে। পৃথিবীর বিভিন্ন প্রান্তে বিভিন্ন ধরনের বস্তু এই কাজে লাগানো হত। জাপানি মহিলারা ব্যবহার করতেন বাঁশের মন্ড,

প্যাসিফিক দ্বীপপুঞ্জে ব্যবহৃত হত সামুদ্রিক আগাছা। এ ছাড়া মধু, ফটকিরি, নানান মশলা, তেল, লেবুর রস, উইলো গাছের পাতা, এমনকী কুমীরের মল ইত্যাদি বিচিত্র সব বস্তু বিভিন্ন এলাকার মহিলারা ব্যবহার করতেন। উদ্দেশ্য ওই একটিই : জন্মনিয়ন্ত্রণ।

খ্রিস্টের জন্মের আনুমানিক ১৮৫০ বছর আগে প্রাচীন মিশরীয় পুঁথিতে দেখা যাচ্ছে, মিলনের আগে স্ত্রী-যোনিতে প্রবেশ করানোর জন্য মধু, গঁদ এবং কুমীরের মল মিশ্রিত এক মন্ডের কথা বলা হচ্ছে।

আলেকজ়ান্দ্রিয়াতে শিক্ষালাভ করে রোম শহরে ডাক্তারি করতেন সোরানাস (৯৮-১৩৮ খ্রিস্টাব্দ)। এঁকে বিস্মৃত অতীতের এক সেরা স্ত্রীরোগ বিশেষজ্ঞের স্বীকৃতি দেওয়া হয়। ইনি গর্ভসঞ্চার এড়াতে মিলনের আগে বিভিন্ন তরলে ভেজানো নরম তুলো স্ত্রী-অঙ্গে প্রবেশ করানোর পরামর্শ দিতেন। তাঁর গবেষণাপত্রে এই তুলো ভেজানোর জন্য তিনি প্রায় ৪০টি বিভিন্ন ধরনের মিশ্রণের উল্লেখ করে গেছেন। তার মধ্যে বাদাম ও নানা ধরনের শাঁস ব্যবহারে তাঁর বিশেষ ভরসা ছিল। বোধহয় এই শাঁসের অম্লত্ব শুক্রাণুকে নিষ্ক্রিয় করে।

এরপর ফ্যালোপিয়াস বা কনডোমের মতো ডাক্তারবাবুদের বোধোদয় হল, বাঁধ যদি দিতেই হয় তবে গন্তব্যের অঙ্গে না দিয়ে উৎসের অঙ্গটিকে আবৃত করাই ভালো। 'জুতা আবিষ্কার'-এর চামার কুলপতি যেমন বুদ্ধি দিয়েছিলেন, 'নিজের দুটি চরণ ঢাকো, তবে ধরণী আর ঢাকিতে নাহি হবে'।

পরে দৌড় শুরু করেও পুরুষের আবরণী বা কনডোম অষ্টাদশ শতাব্দীর মধ্যেই জনপ্রিয়তায় নারীদের ব্যবহার্য আবরণীর তুলনায় ক্রমশ অনেক এগিয়ে গেল। এর মূলে রয়েছে কনডোম ব্যবহারের সুবিধে এবং তার কার্যকারিতা।

সে যুগের জনপ্রিয়তা অবশ্য নেহাতই সীমিত ক্ষেত্রে। সমাজের উচ্চশ্রেণীর ধনীদের মধ্যেই তার যা ব্যবহার। কারণ ভেড়া জাতীয় জন্তুর বৃহদন্ত্র থেকে তৈরি মহার্ঘ্য কনডোম তখন সাধারণ মানুষের ধরা-ছোঁয়ার বাইরে।

তাকে আপামর জনগণেশের আয়ত্বে নিয়ে এল আপাত-অসম্পর্কিত এক বৈজ্ঞানিক আবিষ্কার।

১৮৪৪ সাল নাগাদ রবার ভলকানাইজ় করার পদ্ধতি আবিষ্কার করলেন আমেরিকার হ্যানকক এবং গুডইয়ার। এই পদ্ধতিতে রবারকে গন্ধক জাতীয় পদার্থের সঙ্গে মিশিয়ে উচ্চ তাপে আরও কঠিন ও স্থিতিস্থাপক করে তোলা হয়। এই আবিষ্কার শুধু টায়ারের দুনিয়াতেই যুগান্তর আনল না, প্রভাব ফেলল নারী-পুরুষের ব্যক্তিগত শয়নকক্ষেও।

১৮৫০ সাল থেকেই প্রথমে মার্কিন দেশে এবং তারপর আস্তে আস্তে সারা বিশ্বে ছড়িয়ে পড়ল রবারের কনডোম। আর ১৯৩০ শতকের গোড়ার দিকে ল্যাটেক্স আবিষ্কারের পর কনডোম হল আরও সুরক্ষিত, আরও পাতলা, আর তাই আরও গ্রহণযোগ্য। এখন অবশ্য পলিউইরেথেন দিয়ে তৈরি কনডোম ল্যাটেক্সের চেয়েও পাতলা অথচ সুরক্ষিত। তা ছাড়া ল্যাটেক্সে যাদের অ্যালার্জি এই কনডোমে সুরাহা হয়েছে তাদেরও।

টাটকা হিসেবে, বিশ্বের প্রজননক্ষম দম্পতিদের প্রায় ১২ শতাংশ জন্মনিয়ন্ত্রণের জন্য কনডোম ব্যবহার করেন।

কনডোম সম্পর্কে তাই বিস্তারিত কথা বলতেই হবে। কিন্তু সেই আলোচনায় যাওয়ার আগে মহিলাদের ব্যবহার্য গর্ভরোধক আবরণীর আধুনিক রূপগুলো সংক্ষেপে দেখে নেওয়া যাক। এর মধ্যে রয়েছে ক্যাপ, ডায়াফ্রাম, ফিমেল কনডোম এবং টু-ডে। জনপ্রিয়তায় তারা অনেকটা পিছিয়ে, কিন্তু ঠিকভাবে ব্যবহার করতে পারলে তাদের কার্যকারিতাও নেহাত কম নয়।

জরায়ু-মুখের ক্যাপ

গ্রামের দিকে অনেকে কনডোমকেও ক্যাপ বলে। কিন্তু এখানে যে ক্যাপের কথা বলা হচ্ছে, সেটিকে জরায়ু-মুখে টুপির মতো আটকে দিতে হয়। অষ্টাদশ শতকে একটা লেবু অর্ধেক কেটে উলটো করে যোনিদ্বারে প্রবেশ করানোর এক রীতি ছিল। তারই উত্তরসূরী হল এই ক্যাপ। ১৮৬০ সাল নাগাদ নিউইয়র্কের স্ত্রীরোগ বিশেষজ্ঞ ই.বি.ফুট প্রথম এই পদ্ধতিটির ওপর আলোকপাত করেন। ১৯৩০-র দশকে এই পদ্ধতি বেশ জনপ্রিয় হয়।

ছোট ছিপির আকৃতির এই ক্যাপ জরায়ুমুখে ঠিকভাবে আটকে দেওয়ার ওপরেই এই পদ্ধতির কার্যকারিতা। মিলনের পর অন্তত ৮ ঘন্টা ক্যাপটি

স্থানান্তরিত করা যাবে না। কারণ তার আগে সরিয়ে নিলে যোনিদ্বারে আটকে থাকা কোনও সক্রিয় শুক্রাণু জরায়ুতে ঢুকে পুরো উদ্যোগটিই বানচাল করে দিতে পারে। ইচ্ছে করলে ক্যাপ টানা ৪৮ ঘন্টা অবধি যথাস্থানে আটকে রাখা যায়।

ক্যাপ হয় ৪ রকম মাপের। তাই কোনও চিকিৎসক বা অভিজ্ঞ স্বাস্থ্যকর্মীর কাছ থেকে আগে নিজের সাইজ নির্ধারণ করে নিতে হবে। তা ছাড়া ব্যবহারবিধিও জেনে নিতে হবে ঠিকঠাক। কিন্তু একবার জেনে নিয়ে তারপর থেকে মহিলাটি যে নিজেই প্রতিবার ব্যবহার করতে পারবেন সেটা আশা করাও অন্যায়।

ক্যাপের জনপ্রিয়তা হ্রাসের মূল কারণ এটিই— অন্যান্য সুবিধেজনক বিকল্প চলে আসায় মানুষ আর তার আব্রু ভেঙে বারবার ডাক্তারখানায় ছুটতে চায় না।

ডায়াফ্রাম

১৮৮০ সাল নাগাদ ডা. সি. হ্যাসে নামে এক জার্মান স্ত্রীরোগ বিশেষজ্ঞ নারী শরীরে ব্যবহারের উপযোগী এই আবরণীর ডিজাইন চূড়ান্ত করেন। নিজের নাম ব্যবহার না করে ‘উইলহেম পি. জে. মেনসিঙ্গা’ ছদ্মনামের আড়ালে তিনি এই আবিষ্কারের কথা ঘোষণা করলেন। সম্পূর্ণত মহিলা-নিয়ন্ত্রিত জন্মনিয়ন্ত্রণ পদ্ধতি হিসেবে এটিই প্রথম সাধারণ্যে প্রচলিত হয়।

এই ডায়াফ্রামের মূল সুবিধে এটি ক্যাপের মতো জরায়ু-মুখ খুঁজে অত ভেতরে আটকাবার ঝামেলা নেই। রবার বা প্লাস্টিকের তৈরি একটি ছোট সরার মতো দেখতে জিনিস, আর তার পরিধি বরাবর আটকানো এক ধাতব স্প্রিং সরাটিকে স্থিতিস্থাপক করে রেখেছে—মোটামুটি এই হল ডায়াফ্রাম। ডিজাইনারের নামে একে ‘মেনসিঙ্গা ডায়াফ্রাম’-ও বলা হয়, বা তাঁর দেশের পরিচয়ে ‘ডাচ ক্যাপ’।

স্প্রিংয়ের প্রভাব আর যোনিদ্বারের চারপাশের টান—এই দুই মিলে ডায়াফ্রাম ঠিক জায়গায় থাকে। থাকে মানে ওই ঘন্টা কয়েক। মিলনের আগে মহিলা নিজেই ওটি লাগিয়ে নেবেন আর পরে থাকবেন শুক্রাণু পুরোপুরি নিষ্ক্রিয় হওয়া অবধি, মানে মিলনের পরেও অন্তত ৮ ঘন্টা।

যোনিদ্বার যেহেতু আড়াল করা রইল, তাই ডায়াফ্রাম নারী-পুরুষের পারস্পরিক যৌন সংক্রমণকেও রুখে দেয়। আর জন্মনিয়ন্ত্রণের ভূমিকা তো আছেই। ডায়াফ্রামের গায়ে শুক্রাণু-নাশক জেল লাগিয়ে নিলে এর গর্ভরোধক কার্যকারিতা আরও বাড়িয়ে নেওয়া যায়। যৌন-সক্রিয় ১০০ জন মহিলা এক বছর ধরে এই ডায়াফ্রাম নিয়মিত ঠিকভাবে ব্যবহার করে গেলে গর্ভ সঞ্চারের আশঙ্কা ৬ থেকে ১২।

কিন্তু ডায়াফ্রাম 'ঠিকভাবে' ব্যবহার করাই এক সমস্যা। বিষয়টা বুঝিয়ে বলি।

যোনিদ্বারে মাপ-মতো টাইট থাকাটা যেহেতু জরুরি, তাই বিভিন্ন মাপের ডায়াফ্রামের থেকে সঠিকটিকে বেছে নিতে হবে। সরার মতো গোলাকার এই ডায়াফ্রামের ব্যাস ৫০ থেকে ১০৫ মিলিমিটার পর্যন্ত হয়—প্রতি আড়াই থেকে পাঁচ মিলিমিটার অন্তর একটি করে সাইজ। অবশ্য সাধারণভাবে ৬৫ থেকে ৮০ মিলিমিটারের মধ্যে অধিকাংশ মহিলার সাইজ। সংশ্লিষ্ট চিকিৎসক ও স্বাস্থ্যকর্মীদের এত বিভিন্ন মাপের ডায়াফ্রাম মজুত রাখা দরকার। সূক্ষ্মভাবে উপযুক্ত সাইজটি নির্দিষ্ট করে দেওয়াই ডায়াফ্রাম ব্যবহারের পক্ষে এক বাস্তব জটিলতা। না হলে পাশে একটু ফাঁক থাকলেই সেখান দিয়ে কিছুটা বীর্য জরায়ুর মধ্যে চলে যাওয়ার আশঙ্কা থাকে।

মার্কিন মুলুকের এক হিসেব অনুসারে ১৯৪০ সাল নাগাদ জন্মনিয়ন্ত্রণ পদ্ধতি ব্যবহারকারী দম্পতিদের মধ্যে এক-তৃতীয়াংশ ডায়াফ্রাম ব্যবহার করতেন। ১৯৬৫-তে এই হিসেব কমে দাঁড়াল ১০ শতাংশ। ১৯৮৮-তে আরও কমে ৩ শতাংশ। আজ অন্য নানা বেশি সুবিধেজনক, বেশি কার্যকর পদ্ধতির চাপে এই হিসেব নেহাতই নগণ্য পর্যায়ে নেমে এসেছে।

ফিমেল কনডোম

এটি পলিইউরেথেন নির্মিত এক বটুয়া বা পাউচ, যার বদ্ধ অংশটি আটকে থাকে জরায়ু-মুখে, এবং যোনিপথের পুরোটি আবৃত অবস্থায় থাকে। ভেতরের দিকে পিচ্ছিলকারক জেল লাগানো থাকে পুরুষের অনুভূতিকে যতটা সম্ভব স্বাভাবিক রাখার চেষ্টায়। পুরুষের কনডোমের মতো জন্মনিয়ন্ত্রণের সঙ্গে সঙ্গে এটি যৌনরোগ সংক্রমণ নিয়ন্ত্রণও করে।

জনপ্রিয়তা ও গ্রহণযোগ্যতার কথা মাথায় রাখলে এই বিষয়ে বিস্তারিত আলোচনার কোনও মানে হয় না। ব্যবহারের অসুবিধে এবং চড়া দাম এই পদ্ধতির দুই সবচেয়ে বড় প্রতিবন্ধকতা।

তা ছাড়া ১০০ জন যৌন-সক্রিয় মহিলা এক বছর ধরে এই পদ্ধতি ব্যবহার করে গেলে ব্যর্থতার হার কোনও কোনও সমীক্ষায় দেখা যাচ্ছে প্রায় ২০-র কাছাকাছি। মানে কার্যকারিতার দিক থেকেও খুব একটা ভরসা রাখা যাচ্ছে না এই মেয়েলি কনডোমের ওপর।

টু-ডে

মধু, ফলের শাঁস বা তেল জাতীয় জিনিসে ভেজানো মন্ড বা তুলো নারীর যোনিপথে প্রবেশ করানোর রেওয়াজ অনেক পুরোনো, সে আমরা আগেই জেনেছি। আধুনিক পৃথিবীতে বৈজ্ঞানিক দৃষ্টিভঙ্গী নিয়ে ব্যবসায়িক ভিত্তিতে সেই ব্যবস্থাটিই ফিরে এসেছে কয়েক দশক আগে। তার নাম দেওয়া হয়েছে 'টু-ডে'।

এটি ননক্সিনল-নাইন নামে এক বিশেষ শুক্রাণু-ধ্বংসী রাসায়নিকে ভেজানো ৫ সেন্টিমিটার × ২.৫ সেন্টিমিটার মাপের একটি স্পঞ্জ। ব্যবহারের আগে জলে সামান্য ভিজিয়ে এই স্পঞ্জটি ঢুকিয়ে দেওয়া হয় যোনিপথের যতটা ভেতরে সম্ভব, যাতে সেটি জরায়ু-মুখে চেপে থাকে। বীর্য প্রবেশের পথে তাই এটি যান্ত্রিক এবং রাসায়নিক দুই ধরনের বাধাই দিতে পারে। মিলনের পর ৬-৮ ঘণ্টা এটিকে নড়ানো যাবে না, যাতে জমে থাকা বীর্য থেকে কোনও ঘাপটি মারা শুক্রাণু শেষপর্যন্ত অতর্কিতে কোনও অঘটন না ঘটিয়ে ফেলে। তা ছাড়া এটির এক বাড়তি সুবিধে, ননক্সিনল-নাইন নামক রাসায়নিকটি পলিইউরেথেন স্পঞ্জ থেকে ধীরে ধীরে নিঃসরিত হওয়ায় সহবাসের ২৪ ঘণ্টা আগে থেকেও পরে থাকা যায়। তার মানে মিলনের পরের বাধ্যতামূলক ৬-৮ ঘণ্টা হিসেবে ধরলে এই স্পঞ্জ ৩০-৩২ ঘণ্টা শরীরে ধারণ করে রাখলেও কোনও অস্বাচ্ছন্দ্য হওয়ার কথা নয়।

মুশকিল হল কার্যকারিতার হিসেব নিয়ে। সে বেশ গোলমালের ব্যাপার। একটিও বাচ্চা হয়নি এমন ১০০ জন যৌন-সক্রিয় মহিলা এক বছর ধরে এই পদ্ধতির শরণাপন্ন হয়ে রইলে বছর শেষে গর্ভসঞ্চারের হার দেখা যাচ্ছে

৯-২০। অথচ এক বা তার চেয়ে বেশি বাচ্চার জন্ম দিয়েছেন এমন মহিলাদের ক্ষেত্রে এই হার প্রায় ডবল : ২০-৪০।

সম্ভবত স্বাভাবিক প্রসবের পর জন্মদ্বার শিথিল হয়ে যাওয়ার কারণে পাশ দিয়ে কিছু শুক্রাণুর অনুপ্রবেশ ঘটে যাচ্ছে। একই মাপের স্পঞ্জ সবার জন্য ব্যবহারের সুবিধেজনক পরিকল্পনার মধ্যেই তার মানে বিপদের বীজ থেকে যাচ্ছে।

কনডোম

শুধু জন্ম নিয়ন্ত্রণ নয়, মৃত্যু নিয়ন্ত্রণেও কনডোম সমান কার্যকরী।

কথাটা ব্যাখ্যা করার নিশ্চয় প্রয়োজন নেই। এইডস সচেতনতার প্রচারে সারা বিশ্বেই এখন কনডোমের ওপর সবচেয়ে বেশি ভরসা। সবচেয়ে বেশি ফোকাস। এইডস একবার হলে তা থেকে পুরোপুরি সারিয়ে তোলার ক্ষমতা এখনও মানুষ অর্জন করেনি, অনিবার্য মৃত্যুকে শুধু কিছুটা ধীর আর কিছুটা স্বস্তিদায়ক করার মধ্যেই এখনও তার ক্ষমতা সীমিত। এবং সেটাও এত বেশি ব্যয়সাপেক্ষ যে সামান্য কিছু উচ্চবিত্ত মানুষ ছাড়া বাকিদের ক্ষেত্রে তা ধরা-ছোঁয়ার বাইরে। এই প্রেক্ষিতে কনডোম যেন এক অমৃত আশ্বাস। নামমাত্র খরচে এইডস থেকে প্রায় নিশ্চিত সুরক্ষা।

তাই এইডসের মতো মারণ রোগের যৌন সংক্রমণ থেকে বাঁচতে কনডোমের কার্যকারিতা সম্পর্কে মানুষকে বিশ্বজুড়ে সচেতন করা হচ্ছে। শুধু এইডস নয়—সিফিলিস, গনোরিয়া, হার্পিস সহ সমস্ত যৌন সংক্রমণকেই প্রতিরোধ করে কনডোম। ডা. ফ্যালোপিয়াস জানতে পারলে নিশ্চয় তৃপ্তির হাসি হাসতেন। তিনি তো যৌনরোগ প্রতিরোধেই কনডোমের পরিকল্পনা করেছিলেন। স্মর্তব্য, হার্পিস ভাইরাস সংক্রমণকে জরায়ু-মুখ ক্যানসারের এক সম্ভাব্য কারণ হিসেবে চিহ্নিত করা হয়। তাকেও রুখে দিচ্ছে কনডোম।

ল্যাটেক্স কনডোম ০.৩ থেকে ০.৮ মিলিমিটার পুরু। আর শুক্রাণুর গড়পড়তা ব্যাস ০.০০৩ মিলিমিটার। সুতরাং কনডোমের দেওয়াল যত পাতলাই হোক, শুক্রাণুর পক্ষে তা ভেদ করা সম্ভব নয়। আধুনিক কনডোমের ভেতরে ও বাইরে ননক্সিনল-নাইন নামক শুক্রাণু ধ্বংসকারী পিচ্ছিলকারক তরল লাগিয়ে রাখায় তার কার্যকারিতা আরওই সুনিশ্চিত হয়।

১৯৫০-এর দশক থেকে ১৯৬০-এর দশকের প্রথম অবধি অস্থায়ী জন্মনিয়ন্ত্রণের দুনিয়ায় কনডোম প্রায় একাই রাজত্ব করেছে। প্রাকৃতিক পদ্ধতি ছাড়া তখন কনডোমের তেমন আর কোনও প্রতিদ্বন্দ্বীই নেই। প্রতিদ্বন্দ্বী আসতে শুরু করল এরপর থেকে। একে একে এসে গেল পিল এবং লুপ। এদের চাপে কনডোম অনেকটাই কোণঠাসা হয়ে গেল। কিন্তু গোটা দুই দশক যেতে না যেতেই কনডোম আবার প্রবলভাবে ফিরে এল তার এই যৌন সংক্রমণ প্রতিরোধী ইমেজকে কাজে লাগিয়ে। যথেষ্ট কার্যকর, প্রায় পার্শ্ব-প্রতিক্রিয়া-শূন্য জন্মনিয়ন্ত্রণ পদ্ধতিটি তার এই বাড়তি পারদর্শিতা দেখিয়ে এখন অনেকটা জমি পুনরুদ্ধার করে ফেলেছে।

তাছাড়া শীঘ্রপতনের মতো যৌন অপারগতায় কনডোম কিছুটা নির্ভরতা জোগায়। তার বাইরের দেওয়ালে লাগানো পিচ্ছিলকারক জেল অনেক অনাগ্রহী স্ত্রীর মিলনকালীন বেদনাকে প্রশমিত করে।

আজকাল বিশেষজ্ঞরা জানাচ্ছেন, ব্যর্থতার দায় সামাল দিতে অ্যাবরশন করানোর পরিকাঠামো যদি প্রস্তুত রাখা যায় তাহলে অস্থায়ী পদ্ধতিগুলোর মধ্যে কনডোমকেই আপাতত সেরার শিরোপা দিতে হবে।

যদিও আমাদের এই আলোচনায় একেবারেই প্রাসঙ্গিক নয়, তবু এই ফাঁকে কনডোমের আরও খান-দুই কাজের কথা জানিয়ে রাখি। যেমন মাইক্রোফোনকে ভেজা থেকে বাঁচাতে, বা বরফে রাইফেলের ব্যারেল বুজে যাওয়া আটকাতে কনডোম ব্যবহার করা হয়। কনডোমের পাতলা কিন্তু দুর্ভেদ্য পর্দা, মজবুত কিন্তু স্থিতিস্থাপক চরিত্র এই ক্ষেত্রে কাজে লাগানো হচ্ছে।

তবে নির্জলা গুণকীর্তন করে কনডোম-সংক্রান্ত সবচেয়ে বড় অভিযোগটি এড়িয়ে গেলে চলবে না। আর সেই অভিযোগটি আসছে কনডোমের বহু-বিজ্ঞাপিত কার্যকারিতার লেজুড় হিসেবে— কনডোম ব্যবহারে নারী-পুরুষের জনন অঙ্গের সরাসরি সংস্পর্শ না ঘটায় যৌনরোগের সংক্রমণ রুখে যাচ্ছে, আবার এই সংস্পর্শ না ঘটার জন্যই অভিযোগ উঠছে যৌন অতৃপ্তির। কনডোম ব্যবহার মানে রেনকোট পরে স্নান, এমন এক সমাধানহীন আফশোসকে অস্বীকার করার কোনও উপায় নেই।

এটি বাদ দিলে ল্যাটেক্সের সংস্পর্শে অতি বিরল কিছু মানুষের অ্যালার্জি ছাড়া কনডোম নিয়ে আর তেমন কোনও সমস্যা নেই। সেক্ষেত্রেও

কনডোমের ব্র্যান্ড বদল করলে অনেকের উপকার হয়। তাদের অ্যালার্জি তার মানে ল্যাটেক্সে নয়, তার বাইরের স্তরে ব্যবহৃত পিচ্ছিলকারক তরলে।

জন্মনিয়ন্ত্রণ আর যৌনরোগ প্রতিরোধ—এই দুই কাজের ক্ষমতাটা অঙ্কের হিসেবে এবার একটু যাচাই করে নেওয়া যাক।

জন্মনিয়ন্ত্রণের কার্যকারিতা আমরা মাপব আমাদের চেনা হিসেবে। মানে ১০০ জন যৌন-সক্রিয় প্রজননক্ষম মহিলা এক বছর ধরে এই ব্যবস্থাটি ব্যবহার করে গেলেও ক'টি ব্যর্থতার ঘটনা ঘটছে, মানে ক'টি অনাকাঙ্ক্ষিত গর্ভধারণের ঘটনা ঘটছে তা জানতে হবে। দেখা যাচ্ছে, ঠিকভাবে ব্যবহার করে গেলেও এই ব্যর্থতার হার প্রায় ১৪ অবধি উঠে যাচ্ছে। আরও দেখা গেছে, এই ব্যর্থতা প্রথম ব্যবহারকারী বা অনভিজ্ঞদের ক্ষেত্রেই বেশি। তাদের বেলা কনডোম ছিঁড়ে যাওয়া বা ফেটে যাওয়ার আশঙ্কাও বেশি। সাধারণত সঙ্গমের সময় এমন ফেটে বা ছিঁড়ে যাওয়ার হার ৪ থেকে ১৩ শতাংশ। পিচ্ছিলকারক জেল লাগানো না থাকলে, বা বিজ্ঞাপনি ভাষায় 'অতি পাতলা' কনডোমের বেলা এই বিপদের আশঙ্কা বেশি থাকে। তা ছাড়া পায়ু সঙ্গমে এই হার কিঞ্চিৎ বেশি।

কনডোম থেকে ঠিকঠাক সুবিধে পেতে গেলে তাই ঠিকভাবে ব্যবহার খুব জরুরি। এই 'ঠিকভাবে ব্যবহার'-এর বিষয়ে আর একটু বিশদে যাওয়ার আগে অন্য সমীক্ষাটির কথা সেরে নিই।

যৌনরোগ প্রতিরোধে কনডোমের সক্ষমতা মাপা হয়েছে এক মারাত্মক সমীক্ষার মাধ্যমে। সেখানে বেছে নেওয়া হয়েছে কয়েক'শ এমন দম্পতি যাদের একজন করে এইচআইভি পজিটিভ বা এইডস ভাইরাস বহনকারী, আর অপরজন শারীরিক ও মানসিকভাবে সম্পূর্ণ সুস্থ ও স্বাভাবিক। এদের যৌন মিলনে প্রতিবার কনডোম ব্যবহার করার পরামর্শ দেওয়া হল। দীর্ঘ ২৪ মাস ধরে চলল এই সমীক্ষা। ২৪ মাস পর দেখা গেল, যে ১২৪ জন দম্পতি নিয়মিত ঠিকভাবে কনডোম ব্যবহার করেছিলেন তাঁদের কারও ক্ষেত্রেই সুস্থ পার্টনারের শরীরে এইচআইভি সংক্রমণ হয়নি। কিন্তু যাঁরা ঠিকমতো কনডোম ব্যবহার করেননি তাদের মধ্যে ১২.৭ শতাংশ এই ২৪ মাসের মাঝে কোনও না কোনও সময়ে এইচআইভি দ্বারা সংক্রামিত হয়েছেন।

এখানে মনে রাখা দরকার, যৌন মিলনে এইচআইভি সংক্রমণের এই হিসেবে নারী-পুরুষের স্বাভাবিক সঙ্গমকেই ধরা হয়েছে। কিন্তু পুরুষ যদি এই

কনডোমের আবরণী ব্যবহার করে অন্য পুরুষ বা নারীর সঙ্গে পায়ু-সঙ্গম করে সেক্ষেত্রেও যৌন সংক্রমণ একইভাবে প্রতিরোধ করা যাবে।

সুতরাং কনডোমের কার্যকারিতা শিরোধার্য না করে আর উপায় নেই। বাইরের আস্তরণ মসৃণ হোক বা ডিজাইন করা, রঙিন হোক বা স্বচ্ছ, গন্ধহীন বা সুগন্ধী, দেশি হোক বা বিদেশি—ওসব শুধু ক্রেতার কল্পনাকে উসকে দিয়ে স্বপ্নের সওদাগরি করা, ব্যাবসা যার একমাত্র উদ্দেশ্য। কনডোমের জন্মনিয়ন্ত্রণ আর যৌনরোগ প্রতিরোধের এই জোড়া কার্যকারিতার তাতে কোনও হেরফের হবে না।

তবে হ্যাঁ, সেই কার্যকারিতার সুফল পুরোপুরি পেতে গেলে ব্যবহারবিধি ঠিকমতো জেনে তারপর ব্যবহার করতে হবে।

কথা উঠতে পারে, এ আর নতুন কথা কী? ব্যবহারবিধি না জেনে ব্যবহার করবে কে? আর এর ব্যবহার এতই সরল, মিলনের ঠিক আগে উদ্যত পুরুষাঙ্গে এটি পরে নেওয়া এতই সহজ যে তার জন্য আবার এত জানকারির দরকারটাই বা কী? সরকারি-অসরকারি স্বাস্থ্যকেন্দ্র থেকে কনডোম সংগ্রহ করলে সেখানের স্বাস্থ্যকর্মীরা শিখিয়ে দেবেন, নয়তো শিখিয়ে দেবেন কর্মক্ষেত্রের সহকর্মী দাদা বা আগে-বিয়ে-হওয়া বন্ধু। তা ছাড়া প্যাকেটের গায়ে আঁকা ছবি থেকেও জেনে নেওয়া যায়।

হ্যাঁ, সে তো নিশ্চয়। কিন্তু তা সত্ত্বেও কিছু ‘কিন্তু’ থেকে যায়। তাই সারা বিশ্বজুড়েই কনডোম ব্যবহারে উৎসাহ দেওয়ার সঙ্গে সঙ্গে সচেতন করে দেওয়া হয়, এর থেকে পুরো ফায়দা নিশ্চিত করতে গেলে এর ব্যবহার পদ্ধতি আগে ঠিকঠাক বুঝে নিতে হবে। চিকিৎসক-স্বাস্থ্যকর্মীদের নিয়ত হুঁশিয়ার করে দেওয়া হয়, জন্মনিয়ন্ত্রণ বা যৌনরোগ নিয়ন্ত্রণ যে কাজেই কনডোম ব্যবহারের উপদেশ দিন না কেন, কীভাবে ব্যবহার করতে হবে ঠিক করে বুঝিয়ে দেবেন, ‘ওরা নিশ্চয় জানে’ ভেবে দায়িত্বটা এড়িয়ে যাবেন না। ফল তাতে মারাত্মক হতে পারে।

কথাটা যখন উঠলই তখন সেই বহু কথিত বিপর্যয়ের গল্পটা বলে নিই। গল্প নয়। জনস্বাস্থ্য বিশেষজ্ঞ থেকে গ্রামীণ উপস্বাস্থ্যকেন্দ্রের অভিজ্ঞ দিদিমণি—সব সূত্র থেকে এই কাহিনী যখন বারবার প্রায় একই রূপে শুনতে পাওয়া গেছে, তখন এই জনশ্রুতির কিছু বাস্তব ভিত্তি নিশ্চয় আছে।

গল্পটি একটি গ্রাম বা এলাকা নিয়ে। স্বাস্থ্যকর্মীদের কাছ থেকে

জন্মনিয়ন্ত্রণের নানা পদ্ধতির কথা শুনে সেখানের মানুষজন দেখা গেল, কনডোমেই বেশি আগ্রহ দেখালেন। সেইমতো তাদের বিনি পয়সায় সরকারি কনডোম দেওয়া হতে থাকল। স্বাস্থ্যকর্মীরা ব্যবহারবিধি বুঝিয়ে দিলেন কিন্তু এক-দুই-তিন বছর গেল, সেই এলাকায় না কমল জন্মহার, না কমল অনিচ্ছের মাতৃত্ব। সকলে খুব চিন্তায় পড়লেন। উচ্চপদস্থ এক বিশেষজ্ঞ এলেন এই ধাঁধার সমাধানে।

তিনি গ্রামবাসীদের সঙ্গে কথা বলে আবিষ্কার করলেন এক ভয়ানক তথ্য। গ্রামের পুরুষ মানুষরা সঙ্গমকালে কনডোম ব্যবহার করছেন ঠিকই, কিন্তু তাঁরা সেটি পরছেন নিজের বাঁ হাতের বুড়ো আঙুলে!

কী বিপদ, এ আবার কেমন ভুল বোঝাবুঝি? শেষ পর্যন্ত জানা গেল, স্বাস্থ্যকেন্দ্রের দিদিমণি মহিলাদের সভায় বারবার কনডোম পরার পদ্ধতি বর্ণনা করেন, আর হাতে-কলমে বোঝানোর জন্য প্রতি সভাতেই নিজের হাতের বৃদ্ধাঙ্গুষ্ঠে সেটি পরিয়ে দেখান। দিদিমণি কী বলে চলেছেন তাতে মনযোগ না দিয়ে দিদিমণি কী 'করছেন' সেটাই উপস্থিত মেয়েরা মনে গেঁথে নেয়। স্ত্রীদের কাছ থেকে ট্রেনিং পায় তাদের স্বামীরা।

অতিরঞ্জন নিশ্চয় আছে, কিন্তু অবিশ্বাসের হাসি হেসে বা ওসব অন্য জায়গার গপ্পো ভেবে নিয়ে নিশ্চিন্ত থাকার কোনও উপায় নেই। কনডোমের প্রতি ভরসাকে সর্বজনীন করতে তার প্রচারকে হতে হবে আরও সংবেদনশীল, তাকে নিয়ে যেতে হবে যাবতীয় সংশয়ের উর্ধ্বে।

মনে রাখতে হবে, স্ত্রীর সঙ্গেই হোক বা বিবাহ-বহির্ভূত সম্পর্ক, ঠিক ঠিক ব্যবহার করলে কনডোমের জুড়ি নেই: জন্মনিয়ন্ত্রণ করতে... মৃত্যু নিয়ন্ত্রণ করতেও।

কপার-টি: এক গভীর গোপন অস্ত্র

ওরা সবাই কপার-টি পরেছে এই ভরসায় যে অনাকাঙ্ক্ষিত গর্ভধারণ এড়াবার জন্য তাদের নির্ভর করতে হবে না স্বামীর মেজাজ-মর্জির ওপর, পোয়াতে হবে না রোজ রোজ মনে করে বড়ি খাওয়ার ঝামেলা, শাশুড়ি-শ্বশুর-ননদ-প্রতিবেশী এমনকী প্রয়োজনে স্বামীকেও না জানতে দিয়ে সে ধারণ করতে পারবে তার আত্মরক্ষার এই গভীর গোপন অস্ত্রটি।

কপার-টি সম্পর্কে কিছু বলতে গেলে আমার প্রথমেই মনে আসে ফিরুর কথা। শুধু ফিরু একা নয়। রাইমণি, আমিনা, রীতা, দুলি আর আরও কত নাম ভুলে যাওয়া মেয়ে— ওদের কথাও মনে হয়। আদতে এদের নাম, চেহারা, ধর্ম, ঠিকানা, এমনকী আর্থিক অবস্থান সব আলাদা আলাদা হলেও এদের নিজস্ব জীবনকাহিনী মোটামুটি এক। মূলগত তফাত নেই বড় একটা। দাপুটে স্বামীর কাছে আত্মসমর্পণ, সহানুভূতিহীন শাশুড়ি-ঘর— একই দুঃখ আপশোসের অবিকল অনুলিপি।

তবু আলাদা করে ফিরুর কথা বলি। কারণ ওর কাছ থেকেই কপার-টি সম্পর্কে আমার এক নতুন বোধোদয়।

আমি তখন কলকাতা থেকে সদ্য পাশ করা নবীন ডাক্তার। গ্রামীণ স্বাস্থ্যকেন্দ্রে অল্প দিন হল যোগ দিয়েছি। আমার আউটডোরে কয়েকদিন পর পরই ফিরুর দেখা পেতাম। কখনও সখনও নিজের জন্য, আর বেশিরভাগ সময়েই নিজের ছেলেমেয়েদের জন্য ওষুধ নিতে আসত। 'সেজো' আর 'ছোট'-র মধ্যে 'ন', 'কচি' ইত্যাদি অভিধাগুলোর মানে যে জানা দরকার সে কথা আমি প্রথম অনুভব করি ফিরুর ছেলেমেয়েদের সর্দি-কৃমি-আমাশার ওষুধ বিলোতে বিলোতে। এইসব গরিব-গাঁইয়াদের অনিয়ন্ত্রিত সংখ্যার সন্তান দেখে ঠাট্টা-মস্করা করা বা এদের চেতনার অভাব নিয়ে সশব্দে

দীর্ঘশ্বাস ফেলার মধ্যেই তখন আমার কর্তব্য সমাধা হত। এর পিছনে যে এক করুণ সামাজিক কাহিনী থাকতে পারে সে কথা জানলাম কিছুদিন পর এক স্বাস্থ্যকর্মী দিদিমণির কাছ থেকে।

জানলাম, ফিরু তার সংসারের একমাত্র রোজগেরে। সেই রোজগারে ভাগ বসিয়ে দু'বেলার ভাত আর তিন বেলার বাংলা মদ জোগাড় করে তার বর। বিনিময়ে যখন-তখন গালিগালাজে পিতৃপুরুষ উদ্ধার আর মারধর আর সন্তান উৎপাদন। প্রথমে ছেলে হওয়ার স্বপ্নকে বুড়ো আঙুল দেখিয়ে পর পর তিনটি মেয়ে। চতুর্থ সন্তান ছেলে হওয়ার পর পরবর্তীগুলোর পেছনে শুধুই মধ্যরাত্রির অভ্যেস আর নিরুপায় আত্মসমর্পণ।

ফিরু মাঝেই মাঝেই কেঁদে ফেলত স্বাস্থ্যকর্মী দিদিমণিটির কাছে, 'একটা কিছু কর'। জন্মনিরোধক ওরাল পিল তার হাড়-ভাঙা খাটুনির অপুষ্টি-আক্রান্ত শরীরে সহ্য হত না। গোটা মাস জুড়ে ক্রমাগত বমি হত। যে স্বামী বেঘোর জ্বরের সময়েও মাথায় একটু হাত বুলিয়ে দেয় না, সে পরবে কনডোম! আমার বিকল্প পরামর্শ শুনে ফিরু যে হাসিটা হাসল তাতে আসলে টলটলে চোখের জল ভরা রয়েছে। নিজের অনভিজ্ঞতায় নিজেই লজ্জা পেলাম। তা হলে লাইগেশন করিয়ে নিচ্ছ না কেন--এক্কেবারে নিশ্চিন্ত! 'ও বাবা, আমার বর তাহলে কেটে ফেলবে, বলে অপারেশন করালে নাকি সব শুকনো হয়ে যায়... তা ছাড়া এই বাচ্চাগুলোকে কার ভরসায় রেখে যাব, বাবু?' হায় রে অপপ্রচার, হায় মিথ্যে বিশ্বাস!

সুতরাং একমাত্র উপায় কপার-টি। অস্থায়ী জন্মনিরোধের সবচেয়ে কার্যকরী আর সুবিধেজনক পদ্ধতি। আউটডোরে ওষুধ নিতে এলে লাইনে যতক্ষণ দাঁড়াতে হয় তার চেয়েও কম সময় লাগবে। জরায়ুর গহ্বরে ঢুকিয়ে দেওয়া হবে তামার তার জড়ানো ল্যাটেক্সের এক T আকৃতির ছোট জিনিস। ব্যস, তিন বছরের জন্য নিশ্চিন্ত। বিজ্ঞাপনী ভাষায় বলা যায় 'ফিট অ্যান্ড ফরগেট'। 'তার পরেও যদি বাচ্চা না চাও, এটা খুলে আবার একটা পরিয়ে দেওয়া যাবে। তোমার বরকে জানাবারও কোনও দরকার নেই। তুমি না বললে ঘুণাক্ষরেও কিছু বুঝতে পারবে না'। ফিরুকে আমি ভরসা দিয়েছিলাম।

'আর এর মধ্যে বাচ্চা চাইলে আমাদের কাছে চলে আসবে, আমরা খুলে দেব, এক মিনিটও লাগবে না'। আমার স্বাস্থ্যকর্মী দিদিমণি বোধহয় পরখ করার ইচ্ছেতেই এই তথ্যটিও জানিয়ে রাখলেন।

'পাগল, আবার বাচ্চা!' এই প্রথম ফিরুর হাসিতে প্রাণ আছে মনে হল।

সেই শুরু। আমরা ফিরুকে পথ দেখালাম। বা ফিরু আমাদের। ডাক্তারবাবুকে আগ্রহী দেখে কাছাকাছি নানা উপস্বাস্থ্যকেন্দ্রের দিদিমণিরা আনতে লাগলেন আরও কত বিবাহিত দুঃখিনীকে। রাইমণি, আমিনা, রীতা, দুলি— এমন আরও অনেকে। পরে শহরে কাজ করতে করতেও মুখোমুখি হলাম এমন কত শহুরে গৃহবধূর। বেশিরভাগেরই নাম মনে নেই। কারও কারও নাম ইচ্ছে করেই করছি না। এরা সবাই কিন্তু ফিরুর মতো দীন দরিদ্র নয়। বরং অনেকেই আর্থিকভাবে স্বচ্ছল এবং সামাজিকভাবে প্রতিষ্ঠিত। এদের স্বামীরা অনেকেই দায়িত্বপূর্ণ চাকরি করতে যান স্কুল-কলেজে, অফিস-আদালতে, সরকারি-বেসরকারি নানা প্রতিষ্ঠানে। ফিরু বা দুলির সঙ্গে বাকি আর সবার মিল শুধু ওই একটা জায়গায়— দাপুটে স্বামীর কাছে নিরুপায় আত্মসমর্পণ।

ওরা সবাই কপার-টি পরেছে এই ভরসায় যে অনাকাঙ্ক্ষিত গর্ভধারণ এড়াবার জন্য তাদের নির্ভর করতে হবে না স্বামীর মেজাজ-মর্জির ওপর, পোয়াতে হবে না রোজ রোজ মনে করে বড়ি খাওয়ার ঝামেলা, শাশুড়ি-শ্বশুর-ননদ-প্রতিবেশী এমনকী প্রয়োজনে স্বামীকেও না জানতে দিয়ে সে ধারণ করতে পারবে তার আত্মরক্ষার এই গভীর গোপন অস্ত্রটি।

আর এই ধারণ করানোয় আমরা যারা সাহায্য করছি— আমি, আমরা, স্বাস্থ্যকর্মী দিদিমণি বা নার্সিং স্টাফ— পরিষেবা গ্রহণকারীর গোপনীয়তা রক্ষা তো আমাদের পেশাগত দায়িত্ব।

কপার-টি'র পূর্বসূরি

ফিরুদের নিয়ে এমন বিস্তারিতভাবে লেখার পর একটা খটকা লাগছে। এমন দীর্ঘ ভূমিকায় কপার-টি'কে নারীর স্বাধিকার অর্জনের এক অস্ত্র হিসেবে বর্ণনা করতে গিয়ে সুস্থ দাম্পত্যে এর প্রবেশের পথটা সংশয়াকীর্ণ করে ফেললাম না তো? এমন এক দূষিত বিশ্বাসের সংক্রমণ ঘটল না তো যে, যে-বাড়িতে পুরুষ অসচেতন, দায়িত্বজ্ঞানহীন সেই বাড়ির গৃহিণীর জন্যই শুধু এই পদ্ধতি? তেমন হলে সে বড় লজ্জার ব্যাপার হবে, অজান্তেই গুরু পাপের ভাগীদার হব।

কারণ কপার-টি যাঁরা ব্যবহার করছেন তাঁদের মধ্যে সেই সব মহিলারাই সংখ্যাগুরু যাঁরা স্বামী-স্ত্রীতে মিলে বন্ধু-স্বাস্থ্যকর্মী-চিকিৎসকের সঙ্গে পরামর্শ করে কপার-টি পরার সিদ্ধান্ত নিয়েছেন। অন্যান্য পদ্ধতিগুলির সঙ্গে তুলনা করে তাঁদের মনে হয়েছে এটিই তাঁদের পক্ষে সবচেয়ে সুবিধেজনক। অর্থাৎ কপার-টি ব্যবহার করার সিদ্ধান্ত তাঁদের যৌথ সিদ্ধান্ত।

আর দায়িত্ববোধহীন স্বামীকে না জানিয়ে সমঝদার স্ত্রীর একক সিদ্ধান্ত গ্রহণের যে বাস্তব পরিস্থিতির কথা ভূমিকায় বললাম, সত্যের খাতিরে এর বিপরীত অভিজ্ঞতার কথাও জানিয়ে রাখি—যেখানে কপার-টি ব্যবহার করা হচ্ছে এক অর্থে নারীর অধিকারকে অবদমিত করতেই। ব্যক্তিগতভাবে আমি তেমন পরিস্থিতির মুখে পড়েছি একবারই। এক মাঝবয়সী ভদ্রলোক এলেন। তাঁর প্রথমা স্ত্রী মারা গেছেন। সেই পক্ষে তাঁর তিন সন্তান। তাদের এবং তাঁর নিজের প্রয়োজনের তাগিদে তিনি দ্বিতীয় বিয়ে করেছেন। আমাদের কাছে সেই কম বয়সী স্ত্রীকে নিয়ে এসেছেন কপার-টি পরাবার জন্য। 'পুত্রর্থে ক্রিয়তে ভার্যা'-র সম্পূর্ণ বিপরীত মেরুতে দাঁড়িয়েও পুরুষ প্রাধান্যের এ আর এক নগ্ন রূপ।

আবার বলা যায় এমন কিছু অবিবাহিত মহিলার কথাও যাঁরা কপার-টি গ্রহণ করেছেন তাঁদের উচ্চকোটির 'সামাজিক' মেলামেশাকে নির্ভার করতে।

আসলে, কোনও কিছুর ওপর পিতৃতন্ত্র বা নারী স্বাধীনতার তকমা লাগিয়ে দেওয়ায় এক অতিসরলীকরণের ভ্রান্তি থাকে। মূল বিষয়টি ব্যক্তিবিশেষ বা পরিবার বিশেষের মনস্কতার। যেমন এই কপার-টি'র ক্ষেত্রেই। তাকে কী গভীরতর উদ্দেশ্যে ব্যবহার করা হবে তা মানুষে মানুষে বদলে যেতে পারে। কিন্তু মূল লক্ষ্যটি বরাবরই এক: অনাকাঙ্ক্ষিত গর্ভধারণ এড়ানো— নির্বিঘ্নে এবং টানা বেশ কিছু দিনের জন্য।

এই লক্ষ্যকে সামনে রেখে নারীর জরায়ুতে এক নিরাপদ বস্তু প্রবেশ করিয়ে দেওয়ার পরিকল্পনা বা ধারণা অনেক পুরনো। তেমন চেষ্টা শুরু করেছিলেন আমাদের পূর্বপুরুষেরা সহস্রাধিক বছর আগে থেকেই।

কিংবদন্তী আছে আরব দেশের যাযাবর উট চালকদের সম্পর্কে। মাসের পর মাস মরুভূমির মধ্যে তারা উটের দল নিয়ে ঘুরে বেড়াত। এর মধ্যে কোনও উট যাতে গর্ভবতী না হয়ে যায়, তাই তারা নাকি স্ত্রী উটের জরায়ুতে

পরিষ্কার মসৃণ নুড়ি পাথর ঢুকিয়ে দিত। আজকের বিজ্ঞানীরা এমন রেওয়াজের ঐতিহাসিক সত্যতা স্বীকার করেন না। তাঁরা মনে করেন, কোনও আলোচনা সভায় কৌতুকছলে পরিবেশিত এই কাল্পনিক কাহিনীটিই মুখে মুখে ফিরতে ফিরতে এমন এক জনশ্রুতির জন্ম দিয়েছে।

তা, সত্যি না হয় না-ই হোক। মূল তত্ত্বটি এখানে নির্ভুলভাবে প্রতিষ্ঠিত—জরায়ুর ভেতরে একটি নির্বিষ বাইরের জিনিস ঢুকিয়ে দিতে পারলে সেখানে গর্ভধারণ রুখে দেওয়া যায়।

বাস্তবিক, বাইরের জিনিসটা যে সরাসরি জরায়ুর ভেতরেই প্রবেশ করাতে হবে, যোনিপথের সামনাসামনি কোথাও রাখলে চলবে না, এই তথ্যটি উপলব্ধি করতেই মানুষের অনেক শতক লেগে গিয়েছিল। নিউজিল্যান্ডের মাওরি সম্প্রদায়ের মানুষজনের মধ্যে স্ত্রীর যোনিতে পাথর ঢুকিয়ে রাখার এক পদ্ধতি বহু প্রাচীন কাল থেকে প্রচলিত। বিশ্বাস ছিল, এর ফলে স্ত্রীলোকটিকে সাময়িকভাবে 'পাথরের মতো বন্ধ্যা' করে রাখা যাবে। ক্যাসানোভা নামের সেই প্রবাদ-প্রতিম প্লেবয় তাঁর প্রেমিকার যোনিতে নাকি ক্ষার দ্রবণে ভেজানো এক ছোট স্বর্ণগোলক ঢুকিয়ে রাখতেন সেই একই উদ্দেশ্যে। সেই সুদূর নবম শতকে এক পার্সি চিকিৎসক আরও নির্দিষ্টভাবে স্থান নির্ণয় করতে পেরেছিলেন। তিনি বলেছিলেন, কাগজ সরু করে পাকিয়ে তাতে এক সুতো আটকে, সবসুদ্ধ আদার রসে ভিজিয়ে যদি জরায়ুর দ্বারে আটকে রাখা যায় তা হলে গর্ভধারণ রোধ করা যাবে। চিকিৎসক জীবনের প্রত্যক্ষ অভিজ্ঞতাকে কাজে লাগিয়ে আধুনিক কপার-টির কত কাছাকাছি চলে যেতে পেরেছিল তাঁর কল্পনা।

অন্য আর কোথাও নয়, জরায়ুর গহ্বরই যে একমাত্র কার্যকর লক্ষ্য সেটা চিনতে চিনতে উনিশ শতক চলে এল। ১৯০২ সালে হলওয়েগ নামে এক জার্মান গবেষক তৈরি করলেন সেই জন্মনিয়ন্ত্রক পেসারি যেটি সরাসরি জরায়ুর মধ্যে ধারণ করতে হবে। এই ব্যবস্থারই কিছুটা সংস্কার ঘটল বছর কয়েক পর।

১৯০৯ সালে জার্মানিতে রিকটার রেশম গুটি পোকার খাদ্যনালি দিয়ে তৈরি করলেন সেই গর্ভনিরোধক রিং যেটি ঢুকিয়ে দিতে হবে জরায়ুর মধ্যে। তার সঙ্গে যুক্ত নিকেল আর ব্রোঞ্জের তার বেরিয়ে আসবে জরায়ুর ঠিক বাইরে, জরায়ুমুখের সামনাসামনি, যোনিপথের অনেকটা ভিতরের দিকে।

সেই তারটি এমন শক্ত হবে যাতে সেটি ধরে সামান্য টান দিলেই প্রয়োজনে জরায়ুর ভেতরে থেকে জিনিসটিকে বের করে আনা যায়। আর এমন মাপের হবে যাতে সেটি যোনিপথের সামনের দিকে এসে মহিলাটির কোনও অস্বস্তি না ঘটায়— না সাধারণ চলাফেরায়, না সঙ্গমে।

অল্প সময়ের মধ্যেই এই ধাতব তারের বদলে আনা হল অনেক কোমল এক সুতো। ঘোড়া-গাধা-ভেড়া জাতীয় প্রাণীর খাদ্যনালি থেকে তৈরি হয় এই সুতো। একে বলে 'ক্যাটগাট'—এখনও অপারেশনের সময় শরীরের অভ্যন্তরে সেলাই করতে এই জাতীয় সুতোই ব্যবহার করা হয়। পুস্ত নামে এক গবেষক এই সংস্কার ঘটালেন। তাঁর পরিকল্পনা করা এই জন্মনিরোধক প্রথম বিশ্বযুদ্ধের সময় জার্মানিতে যথেষ্ট জনপ্রিয়তা পায়।

১৯২০-১৯৩০ সালের মধ্যে জার্মানি, চিন এবং জাপানে গর্ভে রোপণ করার এমন নানা আকৃতির গর্ভনিরোধক তৈরি হতে লাগল। তার কোনওটি প্রাণীর খাদ্যনালি দিয়ে তৈরি, কোনওটি আবার সোনা বা রুপোর তৈরি।

কিন্তু প্রায়শই বিপদ ঘটাতে লাগল ইনফেকশন। গর্ভে ঢোকানোর সময়েই হোক অথবা পরে, জীবাণু অনুপ্রবেশ করে জরায়ুর মধ্যে মাঝে মাঝেই মারাত্মক সংক্রমণের সৃষ্টি করছিল যার থেকে মহিলাটির জন্মযন্ত্রের স্থায়ী ক্ষতি বা এমনকী মৃত্যু অবধি ঘটে যাচ্ছিল। আজকের এই অ্যান্টিবায়োটিকের যুগে দাঁড়িয়ে সমস্যাটি ঠিকভাবে অনুধাবন করা শক্ত। কিন্তু মনে রাখতে হবে, আমরা আপাতত সেই সময়ের কথা বলছি যখন জীবাণুর সঙ্গে লড়াই করার তেমন কোনও অস্ত্র মানুষের হাতে নেই। প্রথম কার্যকর অ্যান্টিবায়োটিক পেনিসিলিন আবিষ্কার হয় ১৯২৮ সালে। কিন্তু ১৯৪০-এর আগে চিকিৎসাক্ষেত্রে তার তেমন প্রয়োগ শুরু হয়নি। সুতরাং ১৯২০-৩০-এর সেই সময়কালে জরায়ুর অন্দরে মারণ জীবাণুর সংক্রমণের সামনে তখনকার চিকিৎসককুল বিহ্বল নিধিরাম সর্দার।

জার্মানির ডাক্তার আনর্স্ট গ্রাফেনবার্গ এই সংক্রমণের সমস্যা থেকে বেরিয়ে আসতে দুটি বাস্তব উপায় বাতলালেন। প্রথমত, গর্ভে রোপণ করার জন্য রিং আকৃতির রুপোর যে জিনিসটি তিনি তৈরি করলেন তার সঙ্গে বাইরে বেরিয়ে আসার মতো কোনও সুতো রাখলেন না। সঠিকভাবেই তিনি ধারণা করলেন, এই সুতোর মাধ্যমেই বাইরে থেকে রোগ জীবাণু সহজে ঢুকে পড়ছে জরায়ুর সুরক্ষিত অভ্যন্তরে। তাই দরকারে এটি খুলে ফেলার

প্রক্রিয়াটি জটিল হলেও তিনি জরায়ুর বাইরে কোনও সুতো বেরিয়ে থাকতে দিলেন না। আর দ্বিতীয় সাবধানতা হিসেবে তিনি বললেন, রিংটি প্রবেশ করানোর সময় মানতে হবে পরিষ্কার পরিচ্ছন্নতার কঠোর স্বাস্থ্যবিধি।

সেই প্রাক-পেনিসিলিন যুগে গ্রাফেনবার্গের এই দুই অব্যর্থ নিদান স্বস্তি দিল বহু পরিবারকে, বিপন্মুক্ত করল বহু মহিলার জীবন। স্রষ্টার নামের আদ্যক্ষর অনুসারে জনপ্রিয় এই রিংটির নামকরণ হয়েছিল 'জি-রিং'।

প্রসঙ্গত গ্রাফেনবার্গের আর একটি কীর্তির কথা বলে রাখি। অত্যন্ত অনুভবী এই যৌন বিশেষজ্ঞ মহিলাদের যোনিপথের একটি বিশেষ অংশকে চিহ্নিত করেছিলেন যেখানে স্পর্শ করলে অধিকাংশ মহিলাই সর্বাধিক যৌন আনন্দ উপভোগ করবে। এই জায়গাটির নাম দেওয়া হয় 'জি-স্পট'। বিজ্ঞানের অগ্রগতি 'জি-রিং'কে অপ্রাসঙ্গিক করে দিয়েছে। কিন্তু, এর সঠিক অবস্থান নিয়ে নানান মতভেদ থাকলেও, জি-স্পট এখনও মনোযোগের কেন্দ্রে।

জন্মনিরোধ ব্যবস্থার কঠোর বিরোধী নাৎসি শাসকগোষ্ঠী স্বাভাবিকভাবেই গ্রাফেনবার্গের কাজের মর্ম বুঝতে পারেনি। তাঁদের হাতে চরম হেনস্থা হতে হয় এই বিজ্ঞানীকে এবং তাঁকে শেষ পর্যন্ত জেলে বন্দি করা হয়। সেখানে থেকে কোনওরকমে পালিয়ে গ্রাফেনবার্গ নিউইয়র্ক শহরে আশ্রয় নেন। এই শহরেই ১৯৫৫ সালে তাঁর মৃত্যু হয়। জীবৎকালে তিনি তাঁর প্রতিভার উপযুক্ত স্বীকৃতি পাননি।

জাপানি বিজ্ঞানী ওটা জি-রিং'এর কেন্দ্র থেকে পরিধি পর্যন্ত ফাঁকা জায়গাটিতে সাইকেল স্পোকের মতো সোনা বা রূপোর তৈরি গোটা তিনেক ঠেকনো জুড়ে দেন। ফলে রিং-টি শুধু পোক্তই হয় না, অল্প চাপেই ভাঁজ হয়ে আসার আশঙ্কাও অনেক কমে যায়। ১৯৩৪ সালে তৈরি হয় এই 'ওটা রিং'। দ্বিতীয় বিশ্বযুদ্ধের রাজনৈতিক অস্থিরতার শিকার হতে হয় বিজ্ঞানী ওটাকেও। এবং শেষ পর্যন্ত তাঁকে নির্বাসনে যেতে হয়।

আধুনিক বিজ্ঞান যখন হাত ধরল

আধুনিক বিজ্ঞান অর্থে অ্যান্টিবায়োটিক, শক্তিশালী অনুবীক্ষণ যন্ত্র, নানা হরমোনের মিলিত কার্যকারণ সম্পর্কে স্পষ্ট ধারণা, জন্ম রহস্যের আনুপূর্বিক

উন্মোচন, পলিইথিলিন প্লাস্টিকের উদ্ভাবন ইত্যাদি। এই সব সম্পদে সমৃদ্ধ হওয়ার পর জন্মনিয়ন্ত্রণ সম্পর্কে গবেষণা আরও ক্ষুরধার হল।

যেমন জরায়ুর গহ্বরে একটি বাইরের জিনিস প্রবেশ করিয়ে দিলে ঠিক কীভাবে তা গর্ভধারণ প্রতিরোধ করে তা এবার জানা সম্ভব হল। দেখা গেল, বাইরে থেকে এমন কিছু প্রবেশ করিয়ে দিলে জরায়ুর ভেতরের দেওয়ালের কোষস্তরে এবং সেখান থেকে নিঃসৃত রসে রাসায়নিকভাবে এমন কিছু পরিবর্তন হচ্ছে যার ফলে শুক্রাণু এবং ডিম্বাণু উভয়ের পক্ষেই টিকে থাকা শক্ত হয়ে যাচ্ছে। ফলে নিষেকের আগেই প্রতিরোধ তৈরি করছে এই 'অন্তঃজরায়ু জন্মরোধক যন্ত্রাণু'।

বাংলাটা বেশ খটমট হল বুঝতে পারছি। প্রচলিত ইংরেজি ইনট্রা-ইউটেরাইন কনট্রাসেপটিভ ডিভাইস, সংক্ষেপে 'আই. ইউ. ডি.'।

আধুনিক আই ইউ ডি-র মধ্যে প্রথমেই নাম করতে হবে 'লিপেস লুপ'। নিউইয়র্কের স্ত্রীরোগ চিকিৎসক জ্যাক লিপেস গত শতকে ষাটের দশকের প্রথম দিকে তৈরি করলেন পলিইথিলিন প্লাস্টিকে তৈরি ল্যাজে-মুখে জোড়া দুটি 'S'-এর মতো দেখতে এই আই.ইউ.ডি। অ্যান্টিবায়োটিকের অস্ত্র হাতে চলে আসায় নির্দ্বিধায় তিনি এর সঙ্গে জুড়ে দিলেন নাইলনের সরু সুতো যেটি জরায়ুর মুখ থেকে সামান্য বেরিয়ে থাকবে প্রয়োজনে বার করার সুবিধের জন্য। শুধু এই সুবিধেই নয়, যোনিপথের একটু ভেতর দিকে আঙুল ঢুকিয়ে এই সুতোটির স্পর্শ পেলে নিশ্চিন্ত হওয়া যাবে লুপটি যথাস্থানে আছে। চিকিৎসকেরা তো বটেই ব্যবহারকারী মহিলা নিজেও এইভাবে পরীক্ষা করে নিতে পারবেন। কোনও কারণে সুতোটি আঙুলে না পেলেও যাতে আতঙ্কিত না হতে হয়, তাই লুপের ভেতরে রাখা হল সামান্য বেরিয়াম সালফেট। ফলে তলপেটের এক্স-রে করলেই বুঝতে পারা যাবে লুপটি যথাস্থানে আছে কিনা।

১৯৬৪ সালের মধ্যেই ইউরোপ-আমেরিকা এবং সেখান থেকে উন্নয়নশীল দেশে ছড়িয়ে পড়ল লিপেস লুপ। এর ঠিক বছর দুয়েক আগে মানুষের হাতে চলে এসেছে জন্মনিরোধক বড়ি বা পিল। কিন্তু তাতে লুপের জনপ্রিয়তায় কিছুমাত্র বাধা হয়নি। এখনও পর্যন্ত সারা পৃথিবী জুড়েই এই প্রথম প্রজন্মের আই.ইউ.ডি-টি ব্যবহৃত হয়ে চলেছে।

পরবর্তী প্রজন্মে সাতের দশকে বাড়তি কার্যকারিতা আনার চেষ্টায়

আই.ইউ.ডি-র গায়ে সরু তামার তার জড়িয়ে দেওয়া হল। এই তার থেকে অত্যন্ত ধীর গতিতে তামার আয়ন নিঃসরণ হবে। আর এই কপার আয়ন জরায়ু এবং তার মুখের কোষ, উৎসেচক এবং শ্লেষ্মাঝিল্লির জৈব-রাসায়নিক স্তরে এমন এক পরিবর্তন ঘটায় যাতে প্রবেশের মুখেই শুক্রাণুগুলো শ্লথ গতি, নির্জীব হয়ে পড়ে। তা ছাড়া কোনওক্রমে কোনও নাছোড় শুক্রাণু ভেতরে ঢুকে ডিম্বাণুকে নিষিক্ত করে দিলেও সেটি জরায়ুর ভেতরের দেওয়ালে জায়গা করে নিতে পারে না ওই জৈব-রাসায়নিক পরিবর্তনের কারণেই। অর্থাৎ প্রথম প্রজন্মের আই.ইউ.ডি-র কার্যক্ষমতা তো রইলই তার সঙ্গে তামার আয়ন যুক্ত হয়ে তাকে আরওই অব্যর্থ করে তুলেছে। ফলে এই জোড়া কার্যকারিতার সুবাদে আই.ইউ.ডি-র চেহারাটাও করে ফেলা যাচ্ছে আরও ছোট। জরায়ুতে প্রবেশ করানো এবং বার করার বিষয়টি তাই আরও সুবিধেজনক এবং আরও কম যন্ত্রণাদায়ক করা সম্ভব হল।

এটিকে সাধারণত দেখতে ইংরেজি T অক্ষরের মতো। তাই এই দ্বিতীয় প্রজন্মের আই.ইউ.ডি-কে সাধারণভাবে 'কপার-টি' বলা হয়।

আমাদের দেশে সরকারি জন্মনিয়ন্ত্রণ কর্মসূচীতে বর্তমানে এই কপার-টি ব্যবহার করা হয়। এখন সারা বিশ্বে এটিই সবচেয়ে জনপ্রিয় আই.ইউ.ডি।

তাই এই লেখায় আই.ইউ.ডি-র বদলে অনেক সময়েই আমরা 'কপার-টি' নামটি ব্যবহার করছি।

আকার-আকৃতি অনুসারে দ্বিতীয় প্রজন্মের আই.ইউ.ডি-র হরেক রকম নাম:—

- প্রথম দিকে: কপার-7 (ইংরেজি 7-এর আকারের)

কপার-T-200

- আধুনিক: কপার-T-380A অথবা Ag (রুপোর সাংকেতিক চিহ্ন Ag, তামার আস্তরণের ভেতরে রুপোর প্রলেপ থাকে)

নোভা-T

মাল্টিলোড কপার-375, ইত্যাদি।

নামের পাশে ব্যবহৃত সংখ্যা দিয়ে বোঝানো হয় যন্ত্রাণুটির ওপর কত স্কোয়ার মিমি এলাকা জুড়ে তামার আস্তরণ দেওয়া হয়েছে। প্রথম দিকে কপার-টি তিন বছর পর্যন্ত কার্যকর থাকত। কপারের পরিমাণ বাড়ানোয় আধুনিক কপার-টিগুলো পাঁচ থেকে দশ বছর অবধি রাখা যায়।

• আরও আধুনিক তৃতীয় প্রজন্মের আই.ইউ.ডি-তে থাকছে প্রথম প্রজন্মের সঙ্গে প্রোজেস্টেরন (Progestasert), বা লিভোনর্জেস্টেরল হরমোন (Levonorgestrel Intra-Uterine System সংক্ষেপে LNG-IUS)। খুব অল্প মাত্রায় ধীরে ধীরে এখান থেকে হরমোন নিঃসরণ হবে। ফলে দুটি কাজ হবে। এক, জরায়ু-মুখের (সার্ভিক্স) শ্লেষ্মা-ঝিল্লি থেকে এত ঘন রস ক্ষরণ হবে যে শুক্রাণুর পক্ষে তা ভেদ করে ঢোকাই মুশকিল। আর দুই, জরায়ুর মধ্যে হরমোনের মাত্রায় এমন এক পরিবর্তন ঘটবে যে ভেতরের দেওয়াল নিষিক্ত ডিম্বাণু ধারণ করতে পারবে না। এই দুই দিক থেকে প্রতিরোধ গড়ে তোলা ছাড়াও প্রথম প্রজন্মের আই.ইউ.ডি-র মূল কার্যকারিতা তো থাকছেই।

অসুবিধে, সে তো যৎসামান্য

সত্যি কথা বলতে কী, ঠিকমতো বাছাই করে যদি আই.ইউ.ডি-র জন্য মহিলা নির্বাচন করা হয়, তা হলে পরানোর পর সমস্যা হওয়ার আশঙ্কা অনেকটাই ছেঁটে ফেলা যায়। বাছাই করা মানে কাদের কাদের পরানো বিপজ্জনক সেটি আগাম আঁচ করে নেওয়া।

যেমন যাদের জরায়ুতে আগে থেকেই কোনও সংক্রমণ বা টিউমার বা ক্ষত রয়েছে তাদের কোনও মতেই পরানো যাবে না। আগেই গর্ভধারণ হয়ে গেছে এই অবস্থায় না বুঝে আই.ইউ.ডি ঢুকিয়ে দেওয়াও মারাত্মক। তাই সবচেয়ে নিরাপদ, একবার পিরিয়ড হয়ে যাওয়ার পর সপ্তাহ খানেকের মধ্যে পরানো, আর নয়তো প্রস্রাব পরীক্ষা করে প্রেগনেন্সি নেই সে সম্পর্কে নিশ্চিত হওয়া। তা ছাড়া যাদের ঋতুস্রাবের পরিমাণ একটু বেশি তাদেরও কপার-টি বা আই.ইউ.ডি না পরানোই ভালো।

এত সব সাবধানতার পরেও যেসব সমস্যাগুলো দেখা দিতে পারে সেগুলো একে একে বলি। কিন্তু তার আগে বলা দরকার একটু ধৈর্য ধরে অপেক্ষা করলে এই সমস্যাগুলোর বেশিরভাগই মাস কয়েক পর আপনা থেকেই ঠিক হয়ে যায়।

সমস্যা এক: অতিরিক্ত রক্তস্রাব

সমস্যাটি হয় তিন রকমের— বেশি পরিমাণে, বেশি দিন ধরে, অনিয়মিত (যেমন, মাসে দু-বার)।

লিপেস লুপের আমলে স্রাবের সমস্যা যতটা বেশি ছিল ছোট চেহারার কপার-টি বা তৃতীয় প্রজন্মের আই.ইউ.ডি-র ক্ষেত্রে তা অনেকটাই কমে গেছে। তবু এ সমস্যা যাদের হয় এবং মাসখানেক পরেও কিছু উন্নতি হয় না, তাদের ক্ষেত্রে আই.ইউ.ডি খুলে দেওয়াই একমাত্র দাওয়াই। ১০-২০ শতাংশ ক্ষেত্রে এই কারণেই নির্ধারিত সময়ের আগে আই.ইউ.ডি খুলে দিতে হয়।

সমস্যা দুই: ব্যথা

কোমরে বা তলপেটে ব্যথা। কখনও ঋতুস্রাবের সময়েই শুধু, কখনও গোটা মাস জুড়েই। পরানোর সময় বা তার পর কয়েক দিন এই ব্যথা থাকতেই পারে। সাধারণ ব্যথা কমানোর ওষুধেই তার মোকাবিলা সম্ভব। কিন্তু ব্যথা দীর্ঘস্থায়ী হলে এবং আনুষঙ্গিক আর অন্য কোনও কারণ না থাকলে আই.ইউ.ডি খুলে দেওয়াই দস্তুর। পুরো মেয়াদ শেষ হবার আগে আই.ইউ.ডি খোলার ক্ষেত্রে এই ব্যথা প্রায় ১৫-৪০ শতাংশ দায়ী।

সমস্যা তিন: ইনফেকশন

হ্যাঁ, অ্যান্টিবায়োটিকের এত রমরমার যুগেও সংক্রমণ এক বড় সমস্যা। এটি পরানোর সময় জীবাণুমুক্ত পরিবেশ থাকা অত্যন্ত জরুরি। তা ছাড়া ব্যবহারকারী মহিলাটিকেও ব্যক্তিগত পরিচ্ছন্নতার প্রতি নজর রাখতে হবে। নোংরা পুকুরে স্নান, পিরিয়ডের সময় অপরিচ্ছন্ন পোশাক বা কাপড় ব্যবহার নৈব নৈব চ। অ্যান্টিবায়োটিক শুরু করার ২৪-৪৮ ঘণ্টার মধ্যে সংক্রমণ নিয়ন্ত্রণ করা না গেলে আই.ইউ.ডি খুলে দেওয়াই রীতি।

এই ফাঁকে বলা দরকার আই.ইউ.ডি সম্পর্কে বহু অপপ্রচার এবং ভুল ধারণা রয়েছে। যেমন এর থেকে ক্যানসার হয় বা কপার-টি জরায়ু ফুঁড়ে বুকে উঠে যায়, বা এটি পরলে যৌন-সক্ষমতা কমে ইত্যাদি। এসব ধারণা সম্পূর্ণ মনগড়া, মিথ্যে এবং ভিত্তিহীন। একটি অত্যন্ত বিরল সম্ভাবনার কথা শুধু বলে রাখি: কপার-টি পরা অবস্থায় পিরিয়ড মিস হলে ইউরিনের

প্রেগন্যান্সি পরীক্ষা করে নেওয়া দরকার। কপার-টির অতি সামান্য ব্যর্থতার হার মাথায় রেখে শুধু নয়, নিষিক্ত ডিম্বাণু জরায়ুনালিতে ঘাঁটি গাড়ল (যাকে এক্টোপিক প্রেগনেন্সি বলে) কিনা তা আগাম আঁচ করার জন্য। আবার বলি, এটি এক বিরল সম্ভাবনা।

সুবিধে, স্বস্তি, স্বাধীনতা

ফিরু কাহিনী থেকে নিশ্চয় আই.ইউ.ডি-র বৈশিষ্ট্য ও সুবিধের কথা স্পষ্ট হয়ে গেছে। তবু একটু গুছিয়ে এক এক করে বলি।

সুবিধে এক: ফিট অ্যান্ড ফরগেট

কথাটা আগেও একবার ব্যবহার করেছি কপার-টি বা যে কোনও আই.ইউডি. একবার পরে নেওয়ার পর আর কোনও বিধি-নিষেধ, তারিখের হিসেব, সঙ্গে করে ওষুধ নিয়ে ঘোরা ইত্যাদি কিছুই মনে রাখার দরকার নেই। শুধু পরার পর প্রথম বার মাসিক হয়ে যাওয়ার ঠিক পরপর আর তারপর থেকে ছ'মাস অন্তর পরীক্ষা করিয়ে নিলেই হবে। লিপেস লুপের ক্ষেত্রে খুলে ফেলার কোনও ধরা-বাঁধা সময়কাল ছিল না। পরার পর ইচ্ছে করলে বাকি প্রজননক্ষম সময়টাই পরে থাকা যায়। কপার-টির ক্ষেত্রে প্রথম দিকের যন্ত্রাণুগুলি তিন বছর অন্তর বদলে নিতে হত। আর আধুনিক কপার-টি তে তামার পরিমাণ বেশি থাকায় (যেমন 380A বা Ag) সেগুলো ১২ বছর অবধি কার্যকর থাকে, তবে সাধারণভাবে ১০ বছর পরে খুলে নেওয়ার কথাই বলা হয়, প্রয়োজনে আবার একটি নতুন পরে নেওয়া যেতে পারে। হরমোন ক্ষরণকারী আই.ইউ.ডি-র মধ্যে Progestasert ১২-১৮ মাস অন্তর এবং LNG-IUS ৫-৭ বছর অন্তর বদলে ফেলতে হয়।

সুবিধে দুই: সহজ সরল

পরাতে লাগে মিনিট খানেক সময়। শুধু পরিষ্কার-পরিচ্ছন্নতার সাধারণ স্বাস্থ্যবিধি মানা ছাড়া গ্রহীতাকে আর কোনও কিছু মেনে চলতে হয় না। ফলে গোটা দেশ-জুড়ে গরিব-বড়লোক, শহুরে-গ্রামীণ, কর্মব্যস্ত-আয়েসি সব ধরনের মহিলাদের ক্ষেত্রে ব্যবহার্য।

সুবিধে তিন: অব্যর্থ কার্যকারিতা

১০০ জন মহিলা টানা এক বছর ধরে জন্মনিরোধক কোনও পদ্ধতি ঠিকঠাক ব্যবহার করে গেলে সেই বছরের মধ্যে ক'জন অনিচ্ছাকৃতভাবে গর্ভধারণ করবেন, সেই সংখ্যাটি সেই বিশেষ পদ্ধতিটির ব্যর্থতার হার। এখানে কয়েকটি পদ্ধতিটির মান আলাদাভাবে দেওয়া হল :-

	ব্যর্থতার হার
লিপেস লুপ	২-৩
কপার-টি ২০০	৩
কপার-টি ৩৮০এ	০.৫-০.৮
Progestasert	১.৩-২.৬
LNG-IUS	০.২

এরপর কপার-টি বা আই.ইউ.ডি-র প্রায়-অব্যর্থ কার্যকারিতা নিয়ে আর বেশি শব্দ খরচ করার নিশ্চয় দরকার নেই।

সুবিধে চার: সস্তা

একবার পরে নিয়ে দীর্ঘদিনের জন্য আর কোনও চিন্তা নেই। কপার-টি 380A দশ বছরের জন্য, লিপেস লুপের ক্ষেত্রে চাইলে আরও দীর্ঘদিন। সুতরাং এককালীন কিছুটা খরচা করে ফেললেই ব্যস নিশ্চিন্ত। সরকারি হাসপাতালে সব ব্যবস্থাই বিনামূল্যে, সব খরচ সরকারের। সেক্ষেত্রে দীর্ঘস্থায়ী খরচ এড়াতে আই.ইউ.ডি পরালে সরকারেরও সাশ্রয়।

এ ছাড়া আধুনিক আই.ইউ.ডি-র কিছু আলাদা আলাদা নিজস্ব সুবিধে আছে। যেমন কপার-টি'র ক্ষেত্রে বলা হয়েছিল কোনও রকমে ডিম্বাণু নিষিক্ত হয়ে গেলেও সেটিকে জরায়ুর দেওয়ালে জায়গা করে নিতে বাধা দেয়। এই কার্যকারিতাটিকে কাজে লাগিয়ে কপার-টি'কে আপৎকালীন প্রয়োজনে ব্যবহার করা যায়— কোনও সাবধানতা ছাড়া শারীরিক মিলনের পাঁচ দিনের মধ্যে কপার-টি পরে নিলে গর্ভসঞ্চারের আর কোনও সম্ভাবনা নেই, সেই সঙ্গে জন্মনিয়ন্ত্রণের ব্যাপারে আগামী কয়েক বছরের জন্যও নিশ্চিন্ত।

অতিরিক্ত রক্তস্রাবের সমস্যায় অপারেশন বা দীর্ঘদিন ধরে হরমোন বড়ি না খেয়ে LNG-IUS ব্যবহার করে আজকাল উপকার পাওয়া যাচ্ছে।

নতুন আলো

কপার-টি বা আইইউডি তাই নতুন যুগের মহিলাদের এক বড় সুযোগ। মনে করে করে বড়ি খাওয়া নয়, স্থায়ী কোনও সিদ্ধান্ত নিয়ে অপারেশন করার ঝামেলা নয়, স্বামীর মুখাপেক্ষী থেকে কনডোমে ভরসা নয়— এ যেন 'যখন খুশি, যেমন খুশি' এক স্বাধীনতা।

কপার-টি তাই ক্রমশ জনপ্রিয় হচ্ছে। যাঁরা পরেছেন তাঁদের কাছ থেকে মুক্তির এই নতুন দিশা পেয়ে ফি বছরে এগিয়ে আসছে তাঁদের সমবয়সী বা বয়ঃকনিষ্ঠ আত্মীয়া বা বন্ধুরা। জন্মনিয়ন্ত্রণের মতো একান্ত ব্যক্তিগত একটা ব্যবস্থার ধারা তো এমনভাবেই এগিয়ে চলে। ফিরুর পর যেমন আমাদের কাছে এসেছিল রাইমণি, তার থেকে খবর পেয়ে দুলি, তারপর আরও কত কত।

ফিরুকে আমরা পরিয়েছিলাম তিন বছর মেয়াদি কপার-টি-২০০। মাঝে তাই আবার ফিরু এসেছিল। স্বাস্থ্যকর্মী দিদিমণি ওকে খবর দিয়েছিলেন পুরনো কপার-টি খুলে নতুন একটি পরিয়ে দেবার জন্য। এখন আমাদের কাছে সরকারি সাপ্লাই এসে গেছে কপার-টি ৩৮০A— মানে অন্তত ১০ বছরের জন্য নিশ্চিন্ত। তেত্রিশ ছুঁই ছুঁই ফিরু হাঁফ ছেড়ে বলল, 'ভালই হল, তোমাদের এটা ফুরোতে ফুরোতে আমার আর চিন্তা থাকবে না'। তারপর খুব যেন এক দুষ্টুমির কথা মনে পড়েছে চোখে এমন ঝিলিক এনে বলল, 'বাচ্চা হচ্ছে না কেন জিজ্ঞেস করায় ও দিন আমার মানুষটারে শুনিয়ে দিছি, তুমি মদ খেয়ে খেয়ে সব শুকিয়ে ফেলছ, তাই হচ্ছে না'।

বুঝলাম, ফিরুর স্বামী বদলায়নি। কিন্তু ফিরু বদলে গেছে। কপার-টি বদলে দিয়েছে ওর জীবনের বিবর্ণতা আর ভীরুতা।

শুধু ফিরু একা নয়। ফিরু, রাইমণি, আমিনা, রীতা, দুলি আর আরও কত নাম ভুলে যাওয়া মহিলা—ওরা সবাই ওদের গর্ভগৃহের গোপন প্রকোষ্ঠে আজ ধারণ করে আছে এক ছোট্ট জিনিস... যার দ্বিতীয় নাম হতে পারে 'আত্মবিশ্বাস'।

পিল : হরমোন যখন হাতিয়ার

This old maternity dress I've got
Is goin' in the garbage
The clothes I'm wearin' from now on
Won't take up so much yardage
Miniskirts, hot pants and a few little fancy frills
Yeah I'm makin' up for all those years
Since I've got the pill.

[Loretta Lynn, The Pill]

মেয়েদের হরেক জ্বালা। মানুষদের পাপী-তাপী জগৎ কোন ছার, খোদ স্বর্গের দেবীদেরও রেহাই নেই। দেশ-বিদেশের পুরাণ আর লোককথায় তেমন কত কান্নার কাহিনি ছড়ানো ছিটোনো।

বসন্তকালের গ্রিক দেবী ফারসেফোনে-ও তেমনই এক নারী নিগ্রহের শিকার। মৃত্যুর দেবতা হাডেস একবার তাঁকে গোপনে তুলে নিয়ে গিয়ে ধর্ষণ করেন এবং আটকে রাখেন। নিরুপায় ফারসেফোনে কী আর করেন। মনের দুঃখে শুধু কাঁদেন। ডালিমের দানা ছাড়া মুখে আর কুটোটি কাটেন না। তাঁর মা, কৃষিকাজের দোর্দণ্ডপ্রতাপ দেবী ডেমিটার থেসমোফোরোস এই খবর পেয়ে সমস্ত দেবতাদের দিয়ে কেমন করে তাঁর মেয়েকে উদ্ধার করে আনলেন, গ্রিক মহিলাদের কাছে সে এক খুব পছন্দের পৌরাণিক গপ্‌পো। মা-মেয়ের সেই পুনর্মিলনের স্মরণে সেখানে শুধু মেয়েদের নিয়ে 'থেসমোফোরিয়া' নামে এক উৎসব হয়।

কিন্তু, এত খাবার থাকতে ডেমিটার-এর কন্যে কেন শুধু ডালিমের দানা

চিবিয়ে তাঁর বন্দীদশা কাটালেন? বিজ্ঞানীরা বিশ্লেষণ করে সে রহস্য ভেদ করেছেন। দেখা যাচ্ছে, ডালিমের রসে জন্মনিয়ন্ত্রণের ক্ষমতা রয়েছে। শত্রু শিবিরে নিজের গর্ভ নিরাপদ রাখতে মরিয়া ফারসেফোনে তাই এই ফলের ওপর ভরসা করেছেন।

এখানেই শেষ নয়। থেসমোফোরিয়া উৎসবে যে চারটি তথাকথিত 'সতী-বৃক্ষ'-কে সাক্ষী মেনে স্ত্রী-আচারগুলি পালন করা হয় তার মধ্যে ডালিম ছাড়া রয়েছে পাইন, নিশিন্দা আর ওদেশি পেনিরয়্যাল গাছ। পরীক্ষা করে দেখা গেছে, এদের প্রত্যেকের জন্মনিরোধক ক্ষমতা রয়েছে।

এরা সবাই হল আজকের 'পিল'-এর পূর্ব পূর্ব প্রজন্ম।

শুধু এরা নয়, পৃথিবীর বিভিন্ন প্রান্তের ইতিহাসে নানা রূপে মুখে-খাওয়া-জন্মনিয়ন্ত্রণের উপস্থিতি।

উত্তর আফ্রিকার যে অঞ্চলকে এখন লিবিয়া বলা হয়, সেখানে খ্রিস্টপূর্ব সপ্তম শতকে সিলফিয়াম নামে এক ফুলগাছ জন্মাত। গর্ভরোধে তার বিশ্বস্ত ক্ষমতার কথা এতটাই ছড়িয়ে গিয়েছিল, যে সেখান থেকে এই গাছ প্রাচীন বিশ্বের নানা জায়গায় রপ্তানি হত। বিভিন্ন বন্দরে অত্যন্ত চড়া দামে বিক্রি হত সিলফিয়াম। এই আগ্রাসী চাহিদা মেটাতে অতিরিক্ত আবাদ করে চলায় তার ফলন কমতে কমতে শেষকালে খ্রিস্টীয় চতুর্থ শতক নাগাদ এই গাছ পৃথিবী থেকে পুরোপুরি বিলুপ্ত হয়ে যায়।

বহু শতাব্দী যাবৎ ভারত মহাদেশ এবং শ্রীলঙ্কায় মহিলারা সন্তানধারণ করতে না চাইলে রোজ একটা করে পাকা পেঁপে খেতেন। ১৯৯৩ সালে এক ব্রিটিশ গবেষক দল দেখছেন, এই কার্যকারিতার পিছনে রয়েছে পেঁপের উৎসেচক প্যাপাইন-এর সঙ্গে প্রোজেস্টেরন হরমোনের এক বিশেষ বিক্রিয়া।

প্রজন্মের পর প্রজন্ম ধরে আফ্রিকা, এশিয়া, ইউরোপ, আমেরিকা জুড়ে এক এক জায়গায় এইরকম এক এক ধরনের ফল বা ওষধির প্রচলন চলে এসেছে। প্রাচীনকালের এইসব কার্যকর টোটকার সবচেয়ে প্রামাণ্য সংকলনটি করেছিলেন স্পেনের এক খ্রিস্টান ধর্মযাজক, পিটার। 'গরিবের ধন' শীর্ষক তাঁর গ্রন্থে উল্লেখিত অনেকগুলি বিধানই আধুনিক বিজ্ঞানের স্বীকৃতি পেয়েছে। আজকের জন্মনিয়ন্ত্রণ-বিরোধী গোঁড়া ক্যাথলিকরা শুনলে অবাক হবেন, এই পিটার ১২৭৬ সালে একবিংশতম পোপ জন হিসেবে নির্বাচিত হন।

গোঁড়ামি শুরু হল কয়েক দশক পর থেকেই। পঞ্চদশ শতক থেকে ইউরোপে জন্মনিয়ন্ত্রণ চর্চা একরকম বন্ধ হয়ে গেল। যেসব মহিলার উত্তরাধিকার সূত্রে এই সংক্রান্ত কিছু জ্ঞানগম্যি ছিল তাঁরাও ভয়ে সেসব প্রকাশ করতেন না। ভয় ছিল, ধরা পড়লে ডাইনি বা বিধর্মিতার অপবাদ দেওয়া হবে, যার শাস্তি নির্মম অত্যাচার। এমনকী মৃত্যুদণ্ড। আমেরিকার কলোনিগুলোতে বরং মহিলাদের মধ্যে মুখে মুখে কিছু সাবেক জন্মনিয়ন্ত্রণ পদ্ধতি তখনও বেঁচে ছিল। সেখানে এইসব তথ্যের মূল উৎস ছিল ক্রীতদাসীরা। এই বিষয়ে তাদের পারদর্শিতা অর্জনের পেছনে অত্যন্ত বাস্তব এবং মানবিক এক আকুতি রয়েছে। ক্রীতদাসী মা জানে তার সন্তানকে কোল থেকে কেড়ে নিয়ে মালিক অমানুষিক পরিশ্রম করাবে, অত্যাচার করবে বা চোখের আড়ালে বিক্রি করে দেবে। সেই বেদনা থেকে রেহাই পাওয়ার জন্যই ক্রীতদাস মহলে নানান গর্ভরোধকের এত বাড়-বাড়ন্ত। এদের মধ্যে প্রচলিত অনেকগুলি পদ্ধতি পিটার সাহেবের গ্রন্থেও সংকলিত।

একালের কথা

বিজ্ঞানীদের যে কখন কী খেয়াল চাপে বোঝা মুশকিল। উনবিংশ শতাব্দীর প্রথম দিকে অস্ট্রেলিয় শারীরতত্ত্ববিদ লুডভিগ হাভালান্ট এক অদ্ভুত পরীক্ষা করলেন। গর্ভবতী খরগোস ধরে ধরে তাদের ডিম্বাশয় জোড়া কেটে বাদ দিয়ে তিনি সেগুলোকে গর্ভবতী নয় এমন প্রাপ্তবয়স্ক মহিলা খরগোসের শরীরে প্রতিস্থাপিত করতে লাগলেন। তিনি কী ফল আশা করেছিলেন কে জানে, কিন্তু আদতে দেখা গেল, প্রতিস্থাপিত খরগোসগুলো বেশ কিছু মাসের জন্য সন্তানধারণের ক্ষমতা হারাচ্ছে। ব্যাপারটা আপাতদৃষ্টিতে অদ্ভুত। যে জোড়া-ডিম্বাশয়ের উপস্থিতিতে একদল খরগোসের শরীরে গর্ভসঞ্চার হয়েছে, সেই ডিম্বাশয় জোড়া অন্য খরগোসের শরীরে ঢুকে সাময়িক বন্ধ্যাত্ব এনে দিচ্ছে!

লুডভিগ দেখলেন এর মূলে আছে ডিম্বাশয় ক্ষরিত কিছু স্টেরয়েড হরমোন। এই বিষয়টির তিনি নাম দিলেন, ‘হরমোন দ্বারা সাময়িক বন্ধ্যাত্ব’। এই নিয়ে ১৯২১ সাল থেকে শুরু করে তিনি পরপর কিছু গবেষণাপত্র প্রকাশ করে চললেন। ১৯৩১ সাল নাগাদ তিনি নিশ্চিত হলেন, ডিম্বাশয়ের হরমোন প্রয়োগ করে মানুষেরও জন্মনিয়ন্ত্রণ করা সম্ভব।

কিন্তু সেকালে কৃত্রিম হরমোন তৈরির কোনও পদ্ধতি জানা না থাকায় প্রাণীদেহ থেকে প্রাকৃতিক হরমোন সংগ্রহ ছাড়া উপায় ছিল না। আর সে পদ্ধতি যেমন জটিল তেমন খরচসাপেক্ষ। ফলে লুডভিগের গবেষণা আপাতত কোনও সর্বজনীন প্রয়োগের সুযোগ পেল না।

এই সমস্যার কিছুটা সমাধান বার করলেন পেনসিলভানিয়া স্টেট ইউনিভার্সিটির জৈব রসায়ন বিভাগের অধ্যাপক রাসেল মার্কার। তিনি শুনলেন, মেক্সিকোর মহিলারা জন্মনিয়ন্ত্রণের জন্য প্রজন্মের পর প্রজন্ম ধরে বারবাস্কো নামে আলু জাতীয় এক ধরনের কন্দ গাছের ওপর নির্ভর করেন। তাঁদের অভিজ্ঞতা, এর শেকড় মন্ড হিসেবে নিয়মিত খেয়ে গেলে বাচ্চা আসা আটকানো যায়। মার্কার লেগে পড়লেন। ১৯৩৯ সাল নাগাদ এই গাছের নির্যাস থেকে তিনি কৃত্রিমভাবে তৈরি করে ফেললেন ডিম্বাশয়ের হরমোন, প্রোজেস্টেরন। এতে শুধু যে মেক্সিকোর রহস্য উন্মোচন হল তাই নয়, এর সুদূরপ্রসারী প্রভাব আরও অনেক অনেক বড়: কৃত্রিমভাবে তৈরি হওয়ায় আট বছরের মধ্যে প্রোজেস্টেরনের দাম কমে এল প্রায় দু'শো ভাগের এক ভাগে। সাধারণ মানুষের মধ্যে ব্যাপকভাবে প্রয়োগের এক বাস্তব সম্ভাবনা তৈরি হল।

কিন্তু জন্মনিয়ন্ত্রণ সম্পর্কে ইউরোপীয় শিক্ষিত সমাজের শুচিবায়ুগ্রস্ততা তখনও এতটাই প্রবল যে এই সুলভ প্রোজেস্টেরনকে লুডভিগের দেখানো পথে 'হরমোন দ্বারা সাময়িক বন্ধ্যাত্ব' ঘটানোয় ব্যবহার করার কথা তেমনভাবে কোনও বিজ্ঞানীর মাথাতেই এল না।

মাথায় এল যাঁর তিনি ১৯২০-র দশক থেকেই জন্মনিয়ন্ত্রণ আন্দোলনের এক নির্ভীক নেত্রী, মার্গারেট স্যাংগার।

এই মারগারেট স্যাংগারের সঙ্গে জুটি বাঁধলেন আর এক বিদুষী ক্যাথরিন ডেকস্টার ম্যাকরমিক। ম্যাকরমিক-এর মধ্যে লক্ষ্মী-সরস্বতীর বিরল সহাবস্থান। তিনি ম্যাসাচুসেট্স ইনস্টিটিউট অফ টেকনোলজির দ্বিতীয় মহিলা গ্র্যাজুয়েট, নারী স্বাধীনতার কট্টর সমর্থক। আবার কৃষিবিজ্ঞানী স্বামীর সূত্রে বিপুল সম্পত্তির উত্তরাধিকারী। স্বামী সাইরাসের ছিল সিজোফ্রেনিয়া। তাঁর মানসিক অসুস্থতা যাতে পরবর্তী প্রজন্মে না বর্তায় তাই নিয়ে ক্যাথরিন বিশেষ চিন্তিত ছিলেন। সেই সূত্রেই জন্মনিয়ন্ত্রণ বিষয়ে তাঁর আগ্রহের শুরু। সাইরাসের মৃত্যুর পর ক্যাথরিন তাঁর বিশ্বস্ত বন্ধু মারগারেট স্যাংগারকে

লিখলেন, জন্মনিয়ন্ত্রণ গবেষণায় আর্থিক সহায়তা করতে চাই, তোমার পরামর্শ কাম্য।

স্যাংগার অনেক ভেবেচিন্তে এই কাজের জন্য গ্রেগরি পিংকাস-কে নির্বাচন করলেন। ১৯৫১ সালে এক ডিনার পার্টিতে স্যাংগারের সঙ্গে তাঁর আলাপ। ১৯৩০-এর দশকে হারভার্ডে শারীরতত্ত্ব বিভাগের তরুণ সহকারী-অধ্যাপক হিসেবে পিংকাস এক সাড়া জাগানো কাণ্ড ঘটিয়ে ফেলেন। গবেষণাগারের পেট্রিডিশে তিনি খরগোসের ভ্রূণ সৃষ্টি করতে সমর্থ হন—টেস্টটিউব বেবি তৈরির ঊষাকাল চিহ্নিত হল। পিংকাসের বয়স তখন সবে তিরিশের কোঠায়। কিন্তু এই সাড়া জাগানো গবেষণা নিয়ে বিজ্ঞানীমহলে অভিনন্দনের বন্যা হঠাৎই থমকে গেল। কোনও কোনও মহল থেকে বলা শুরু হল, পিংকাসের গবেষণা এমন এক জগতের সৃষ্টি করতে চলেছে যেখানে পুরুষের আর কোনও প্রয়োজন থাকবে না। যে বিজ্ঞানীর কলকাঠিতে এমন এক অলক্ষুণে পরিস্থিতির সৃষ্টি হচ্ছে তাকে পুরুষশাসিত সমাজ সহ্য করে কী করে? পিংকাসের পক্ষে হারভার্ডে কাজ করাই অসম্ভব হয়ে পড়ল।

বীতশ্রদ্ধ পিংকাস মাসাচুসেট্স-এ স্বাধীন গবেষণা শুরু করলেন। তাঁর সঙ্গী হলেন আর এক বিজ্ঞানী মিন চু চ্যাং। রাসেল মার্কারের গবেষণার পরবর্তী ধাপে তাঁরা পা রাখতে চাইলেন। মানে, তাঁদের উদ্দেশ্য হল, কৃত্রিমভাবে তৈরি প্রোজেস্টেরনকে মুখে খাওয়ার উপযোগী জন্মনিয়ন্ত্রণ ট্যাবলেটের রূপ দেওয়া।

স্যাংগার এই পিংকাসকেই উপযুক্ত হিসেবে বেছে নিলেন। ম্যাকরমিক এই গবেষণায় প্রাথমিকভাবে ১০,০০০ ডলার দান করলেন। তারপর ধাপে ধাপে অর্থ বরাদ্দ বাড়াতে থাকলেন। সব মিলিয়ে সে যুগে এই গবেষণার জন্য তিনি প্রায় ২০ লক্ষ ডলার দান করেন।

কার্যকর ওষুধ তৈরির পরের ধাপ হল, মানব দেহে তার পরীক্ষামূলক প্রয়োগ। তার জন্য দরকার এক চিকিৎসকের। সে কাজের জন্য পিংকাস বেছে নিলেন হারভার্ড শিক্ষিত বিশিষ্ট ইনফার্টিলিটি চিকিৎসক জন রক-কে। রক ছিলেন কট্টর ক্যাথলিক। তাঁর ৫ ছেলে-মেয়ে, ১৯ জন নাতিনাতনি। ১৯৫০-এর দশকের মাঝামাঝি পিংকাস যখন তাঁর সঙ্গে যোগাযোগ করলেন, রক তখন বন্ধ্যাত্বের চিকিৎসায় প্রোজেস্টেরন হরমোনের

ব্যবহারযোগ্যতা নিয়ে চিন্তাভাবনা করছেন। পিংকাস সম্পূর্ণ উলটো উদ্দেশ্যে এই হরমোন ব্যবহার করতে চাইলেও রক এই পরীক্ষায় যোগ দিতে রাজি হলেন।

কিন্তু দেশের আইন রাজি হল না। বন্ধ্যাত্ব চিকিৎসা নিয়ে গবেষণায় সেখানে আপত্তি নেই, কিন্তু যত আপত্তি জন্মনিয়ন্ত্রণ নিয়ে পরীক্ষা-নিরীক্ষায়। শেষ পর্যন্ত 'স্ত্রীরোগের চিকিৎসা'-সংক্রান্ত গবেষণা হিসেবে পুয়ের্তোরিকোয় এই প্রকল্পটির অনুমোদন আদায় হল। জন্মনিয়ন্ত্রণে আগ্রহী মহিলারা দলে দলে এই পরীক্ষায় নিজেদের নাম নথিভুক্ত করতে এগিয়ে এলেন। আইন বাঁচিয়ে তাঁদের অনিয়মিত পিরিয়ডের রোগী হিসেবে দেখানো হল। সেখানকার সচেতন মহিলাদের মধ্যে হঠাৎ যেন স্ত্রীরোগের বান ডাকল!

যেমন ভাবা গিয়েছিল, প্রোজেস্টেরন নিয়ে পরীক্ষায় তার জন্মনিয়ন্ত্রণের কার্যকারিতা সন্দেহাতীতভাবে প্রমাণিত হল। প্রাথমিকভাবে এক সমস্যা দেখা দিচ্ছিল, দুই পিরিয়ডের মাঝামাঝি সময়ে কারও কারও সামান্য ব্লিডিং হচ্ছিল। প্রোজেস্টেরনের সঙ্গে কৃত্রিম ইস্ট্রোজেন যোগ করার পর সে সমস্যাও কেটে গেল। তা ছাড়া ইস্ট্রোজেন যোগ করায় প্রোজেস্টেরনের মাত্রাও কিছুটা কমানো সম্ভব হল।

এই দুই হরমোনের মিলিত রূপটি ব্যবসায়িকভাবে প্রস্তুতির জন্য এগিয়ে এল ওষুধ কোম্পানি জিডি সার্লে অ্যান্ড কোং। ওষুধটির নাম দিল 'এনোভিড'। ওষুধটি অনুমোদনের জন্য ১৯৫৯ সালে তারা আবেদন করল, সমাজরক্ষকদের নানা টালবাহানার পর ৯ মে ১৯৬০ এনোভিড ব্যাবসার ছাড়পত্র পেল, ওষুধ হিসেবে তার স্বীকৃতি মিলল।

সমাজ-সংসার

ওষুধই বটে। পৃথিবীর ইতিহাসে এই প্রথম এমন এক ওষুধ বানানো হল যেটি সম্পূর্ণ সুস্থ মানুষদের নিয়মিত খেয়ে যেতে হবে।

এই প্রথম এমন এক জন্মনিয়ন্ত্রণ পদ্ধতি পাওয়া গেল যে সঙ্গমের তুঙ্গ মুহূর্তে কোনও আলাদা মনোযোগ দাবি করে না।

এই প্রথম এমন এক রাসায়নিক জন্ম নিল যে শুধুমাত্র দেহজ সুখ আর

ভালবাসা প্রকাশের জন্য যৌনতাকে প্রশ্রয় দেয়, যৌনতার সঙ্গে সন্তান উৎপাদনের অনিবার্য সম্পর্ককে যে পুরোপুরি অস্বীকার করে।

এই প্রথম মহিলাদের হাতে এমন এক হাতিয়ার এল যাতে পুরুষের কোনও সহযোগিতা ছাড়াই সে তার ভবিষ্যৎ নিয়ন্ত্রণ করতে পারবে।

এবং এই ঘটনা ঘটল এমন এক নিখুঁত ক্রান্তিকালে, যে মানবসভ্যতার নিজেরই নিজের পিঠ চাপড়ানো উচিত। কারণ এই সময় থেকে তথাকথিত 'বাইরের কাজে' মহিলাদের অংশগ্রহণ ক্রমশই উর্ধ্বমুখী হতে শুরু করে। লেখাপড়ায়, শিল্পোৎপাদনে, রাজনীতিতে মেয়েরা এগিয়ে আসতে থাকে। এই যুগান্তর ঘটানোয় এক ইতিবাচক অনুঘটকের ভূমিকা নেয় জন্মনিয়ন্ত্রণ ট্যাবলেট ওরফে পিল।

এ তো গেল সমাজবিজ্ঞানীর দৃষ্টিকোণ। বিজ্ঞান-ঐতিহাসিকের চোখেও পিল অনুমোদনের সময়কালটি বড় অব্যর্থ। গোঁড়া ধর্মধ্বজীদের ভ্রূকুটিতে তা যদি আরও কিছুকাল পেছিয়ে যেত তাহলে হয়ত মানুষ চিরদিনের জন্য বঞ্চিত হত এই ওষুধ থেকে। কারণ নতুন ওষুধ ছাড়পত্র পাওয়ার প্রক্রিয়াটি ততদিনে এত জটিল হয়ে উঠেছে যে ছোটখাটো পার্শ্ব-প্রতিক্রিয়ার জিগির তুলে প্রকল্পটিকে হয়ত চিরকালের জন্য ঠান্ডা ঘরে পাঠিয়ে দেওয়ার ব্যবস্থা হত।

তবে সময় নিয়ে কথা যখন উঠলই তখন আর একটি কথাও বলা দরকার, হরমোন গবেষণা বিংশ শতাব্দীর গোড়ায় যেভাবে এগোচ্ছিল তাতে, বিশুদ্ধবাদীদের খবরদারি না থাকলে পিল হয়তো তৈরি হয়ে যেতে পারত ১৯৩০-এর দশকেই। আর তা যদি হত তা হলে তখনকার আইনি ব্যবস্থা অনুসারে পিল হয়তো ডাক্তারি ঘেরাটোপের বাইরে মুদি-মণিহারির দোকানেও লভ্য হয়ে উঠত, জন্মনিয়ন্ত্রণ ব্যবস্থায় এক অন্য যুগ সূচিত হত।

যাক, কাল্পনিক সম্ভাব্যতা নিয়ে মাথা ঘামিয়ে লাভ নেই। বরং বাস্তব পরিসংখ্যানের কথা বলি। অনুমোদন পাওয়ার বছরেই ১৯৬০ সালে পিল ব্যবহার করেন পৃথিবীর চার লক্ষ মহিলা, ১৯৬১-তে এই সংখ্যা দাঁড়ায় বারো লক্ষ, ১৯৬৫ সালে সংখ্যাটা বাড়ে আরও তিন গুণ। অন্য অন্য নানা পদ্ধতি চলে আসায় পিলের জনপ্রিয়তায় পরে অনেকটাই ভাঁটা আসে। আমাদের দেশেই এখন মাত্র ৩ শতাংশ মহিলা নিয়মিত পিল ব্যবহার করেন। কিন্তু তাতে পিলের প্রাথমিক প্রবল অভিঘাত একটুও হালকা হয় না।

এই অভিঘাত যে সব ক্ষেত্রে বা সব দৃষ্টিতে ইতিবাচক তা কখনই নয়। হওয়ার কথাও নয়। পিল-এর অস্তিত্বের মধ্যেই এক অনিবার্য স্ববিরোধ রয়েছে।

তার জন্মবৃত্তান্তের কথাই প্রথমে ধরা যাক। ‘হরমোন দ্বারা সাময়িক বন্ধ্যাত্ব’ সৃষ্টির এই ওষুধ চূড়ান্ত রূপ পেল জন রক-এর মতো এমন এক চিকিৎসকের হাত ধরে, যিনি বন্ধ্যাত্ব নিরাময়ের জন্য পরিচিত ছিলেন, এবং তা ছাড়া যিনি পাঁচ সন্তানের জনক, ১৯ নাতি-নাতনির দাদু, এক গোঁড়া ক্যাথলিক। আর এক স্ববিরোধ : বিবাহিত মহিলারাই বরাবর পিলের প্রধান পৃষ্ঠপোষক; অথচ অভিযোগ করা হয়, পিল মেয়েদের বিবাহবিচ্ছিন্ন বা অবিবাহিত থাকায় মদত জোগায়। মনে করা হয়, অনভিপ্রেত গর্ভসঞ্চার রুখে দিচ্ছে বলে পিল বিবাহবন্ধনকে আরও সুদৃঢ় করে; অথচ উলটো অভিমত হল, পিলের কারণে বিবাহ-বহির্ভূত যৌনতা আরও বাড়ছে।

লোরেটা লিন তাঁর ১৯৭৪ সালের অ্যালবামে ‘দ্য পিল’ নামে এক গান রেকর্ড করেন। সেখানে বলা হচ্ছে, স্ত্রী এবং মা হিসেবে এক বিবাহিত মহিলার সনাতন রূপকে পিল কেমন বদলে দিয়েছে। ঘরবন্দী, বহুপ্রসবী মহিলার পোশাক-আশাক, চিন্তাভাবনা, দৃষ্টিভঙ্গী সবই রাতারাতি অন্য রকম হয়ে যাচ্ছে। আর যাকে নিয়ে গান, সেই উচ্ছ্বসিত মহিলা গানের মাঝে বারবার কৃতজ্ঞতার সঙ্গে উচ্চারণ করছে একটি লাইন, ’I’ve got the pill’।

পিল একা নিশ্চয় সবটা পারে না। কিন্তু নারীর আর্থসামাজিক অবস্থানের যুগোপযোগী পরিবর্তনে পিল নিশ্চিতভাবেই অন্যতম এক হাতিয়ার। তারই স্বীকৃতিস্বরূপ খোদ ‘টাইম’ ম্যাগাজিনের এপ্রিল, ১৯৬৭ সংখ্যার প্রচ্ছদে স্থান করে নিয়েছিল পিল। আর সেই সম্মানলাভ যে নেহাত কোনও সাময়িক চমক নয়, তার প্রমাণ পাওয়া গেল নতুন শতাব্দীতেও। অনুমোদন লাভের ৫০ বছর পূর্তিতে ‘টাইম’-এর এপ্রিল, ২০১০ সংখ্যার প্রচ্ছদে আবার জায়গা পেল পিল।

তবে পিলের মাথায় সেরার সেরা শিরোপা জুটেছে আর এক আন্তর্জাতিক পত্রিকা ‘ইকোনমিস্ট’-এর তরফ থেকে। পিল আবিষ্কারকে তাঁরা স্বাস্থ্য ক্ষেত্রে বিংশ শতাব্দীর সবচেয়ে প্রভাবশালী আবিষ্কার হিসেবে চিহ্নিত করেছেন। শীর্ষ বাছাই হিসেবে আর যে তিনটি যুগান্তকারী অবদানকে হারিয়ে পিল এই সম্মান জিতে নিল তাদের নাম উল্লেখ করলে এর গুরুত্ব

আরও সঠিকভাবে অনুধাবন করা যাবে: পেনিসিলিন আবিষ্কার, ডিএনএ-র গঠন উদ্ভাবন আর জেনেটিক ইঞ্জিনিয়ারিং প্রবর্তন।

পিলের রকমফের

পিল মূলত দু'রকমের: এক ধরনের পিলে ইস্ট্রোজেন-প্রোজেস্টেরন দুই হরমোনই থাকে, আর এক ধরনের পিলে থাকে শুধু প্রোজেস্টেরন (মিনি-পিল)। প্রথম ধরনের পিলই প্রধানত ব্যবহৃত, 'পিল'। বলতে সাধারণভাবে এটির কথাই বোঝানো হয়। সামান্য কিছু ব্যতিক্রমী ক্ষেত্র ছাড়া মিনি-পিল'-এর তেমন চল নেই।

প্রথম ধরনের পিল আবার দু'রকমের: এক ধরনের পিলে গোটা মাস-জুড়ে খাওয়া ২১টি পিলের প্রত্যেকটিতে ইস্ট্রোজেন-প্রোজেস্টেরন সমান মাত্রায় উপস্থিত। একে বলে 'মোনোফেজ়িক পিল' আর 'মাল্টিফেজ়িক পিল'-এ ২১টি পিলের প্রথম দিকের ট্যাবলেটগুলোয় প্রোজেস্টেরন-এর মাত্রা কিছু কম থাকে, পরের দিকে এক বা দুই ধাপে এই মাত্রা বাড়ে—সে অনুযায়ী তাদের নাম হয় 'বাইফেজ়িক' বা 'ট্রাইফেজ়িক'। ইস্ট্রোজেন-এর মাত্রার তেমন কোনও হেরফের করা হয় না, 'ট্রাইফেজ়িক' পিলের ক্ষেত্রে কখনও কখনও মধ্যের পর্যায়ে ইস্ট্রোজেন হরমোনের মাত্রা সামান্য বাড়ানো হয়।

আমাদের দেশে তো বটেই, প্রায় সব দেশেই 'মোনোফেজ়িক পিল'-ই সবচেয়ে প্রচলিত। তা ছাড়া আমাদের এখানে কিছু কোম্পানি 'ট্রাইফেজ়িক পিল'-ও বাজারে এনেছে। এই প্যাকেটে মোট ২১টি পিল সাত-সাত করে সমান তিনটি পর্যায়ে ভাগ করা।

বলা দরকার, 'মোনোফেজ়িক' আর 'ট্রাইফেজ়িক' পিলের মধ্যে জন্মনিয়ন্ত্রণের কার্যকারিতায় কোনও তফাত নেই, পার্শ্বপ্রতিক্রিয়ায় পার্থক্যও সামান্য। কিন্তু 'ট্রাইফেজ়িক' সরকারি ভরতুকি না পাওয়ায় তার দাম অনেকটা বেশি।

কীভাবে খাওয়া হবে

প্রথমেই বলা দরকার, পিল সারাদিনের একটা নির্দিষ্ট সময়ে খেতে হবে। আজ দুপুরবেলা খেলাম, কাল ভোর না হতে খেয়ে নিলাম, আবার পরশু

রাতে শুতে যাওয়ার আগে মনে পড়তে খেলাম— এমন করলে চলবে না। তাতে ওষুধের কার্যকারিতায় টান পড়বে। তা ছাড়া তাতে ভুলে যাওয়ার আশঙ্কা আরও বাড়ে। সাধারণত অনেক মহিলাই রাতে শুতে যাওয়ার সময়ে খাওয়া অভ্যেস করেন। কিন্তু সবাইকে যে সেটাই মানতে হবে তা নয়। সকালে বা বিকেলে একটা নির্দিষ্ট সময়ে খেলেও আপত্তি নেই।

পিল খাওয়া সাধারণভাবে শুরু হবে পিরিয়ড শুরুর প্রথম পাঁচ দিনের মধ্যে যেকোনও দিন। শুরুর পর থেকে আর কোনও ফাঁক নয়, রোজ একটা নির্দিষ্ট সময়ে খেয়ে যেতে হবে টানা ২১ দিন। তারপর ৭ দিনের ফাঁক দিয়ে আবার একটা নতুন প্যাকেটের ট্যাবলেট খাওয়া শুরু হবে। যে প্যাকেটে ২৮টি করে ট্যাবলেট থাকে তার শেষ ৭টি ট্যাবলেটে কোনও হরমোন থাকে না, সাধারণত থাকে আয়রন। এই ক্ষেত্রে ২৮তম ট্যাবলেট শেষ হওয়ার পরের দিন থেকেই নতুন প্যাকেট শুরু হবে।

এই পরবর্তী প্যাকেট শুরুর নির্দেশটা নিয়ে অনেকের মনেই খটকা আছে। কারণ অনেকেরই ধারণা, সব প্যাকেটই শুরু করতে হবে প্রথম প্যাকেটের মতো পিরিয়ড শুরুর প্রথম থেকে পঞ্চম দিনের মধ্যে। তাই আর একবার স্পষ্ট করে দিই, প্রথম প্যাকেট শেষ করার পর পিরিয়ড যে দিনই শুরু হোক না কেন তার সঙ্গে পরের প্যাকেট শুরুর কোনও সম্পর্ক নেই; পরের প্যাকেট শুরু হবে ২১টি হরমোন ট্যাবলেট শেষ হওয়ার ঠিক ৭দিন পর থেকে। এমনকী এই মধ্যের ৭দিনে যদি পিরিয়ড আদৌ শুরু না হয় তা হলেও পরের প্যাকেট শুরুর দিন ওই একই থাকবে।

দেখা গেছে, পিল সামান্য যে কয়েকটি ক্ষেত্রে ব্যর্থ হয় তার মধ্যে সবচেয়ে বড় কারণ এই পরবর্তী প্যাকেট শুরুর দিন নিয়ে ভুল বোঝাবুঝি। তাই বিষয়টিকে আজকাল এতটা গুরুত্ব দেওয়া হচ্ছে।

তবে কার্যকারিতার কথা বাদ দিলেও, এই হিসেবে পিল খাওয়ার আর একটি বাস্তব সুবিধে আছে। ভেবে দেখুন, এই ভাবে খেলে প্রতিটি প্যাকেট শুরু হবে সপ্তাহের একটি নির্দিষ্ট বারে। ফলে মনে রাখার অনেকটা সুবিধে। তা ছাড়া সপ্তাহান্তে পিরিয়ড যাঁরা এড়াতে চান, তাঁরা আগাম পরিকল্পনা করে প্যাকেট শুরু করতে পারেন রবিবারে। তা হলে প্যাকেট শেষ হবে এক শনিবার। পরের প্যাকেট শুরু হবে আবার পরের সপ্তাহের রবিবার থেকে। কিন্তু প্রথম প্যাকেট শুরুর রবিবারটি যদি পিরিয়ড শুরুর প্রথম পাঁচ দিনের

মধ্যে না পড়ে? সেক্ষেত্রে সপ্তাহান্তে পিরিয়ড এড়ানোর ঝামেলা এড়াতে রবিবার থেকেই প্রথম প্যাকেট শুরু করতে চাইলে করুন, শুধু একটা কথা মনে রাখতে হবে, প্রথম মাসের জন্য পিরিয়ডের প্রথম ৭দিন কনডোম জাতীয় এক বাড়তি সাবধানতা রাখতে হবে এবং এটা শুধু প্রথম মাসের জন্যই।

যাঁদের কোনও কারণে পিরিয়ড বন্ধ রয়েছে তাঁরা যে-কোনও দিনই পিল শুরু করতে পারেন। শুধু শুরু করার আগে তাঁরা যে গর্ভবতী নন সেটি নিশ্চিত হতে হবে।

আজকাল অনেক কর্মব্যস্ত মহিলা প্রতি মাসে পিরিয়ড হোক এটা চাইছেন না। তাঁদের জন্য এসেছে 'সিজ়নালি'। বছরে তাঁদের চারবার পিরিয়ড হবে। ব্যাপারটা আর কিছুই নয়, ২১টির বদলে এই প্যাকেটে রয়েছে ৮৪টি পিল। মানে টানা ৮৪ দিন বা ১২ সপ্তাহ ধরে তাঁরা রোজ একটা করে ট্যাবলেট খেয়ে যাবেন। ১২ সপ্তাহের মাথায় ১ সপ্তাহের ফাঁক দিয়ে আবার নতুন প্যাকেট শুরু হবে। এই নতুন রেওয়াজের প্যাকেট না পাওয়া গেলে আগ্রহী মহিলারা প্রচলিত ২১টি ট্যাবলেটের ৪টি প্যাকেট কোনও ফাঁক না দিয়ে টানা খেয়ে গেলেও একই ফল পাওয়া যাবে।

মিনি পিলের বেলায় নিয়ম অবশ্য একটু আলাদা। এটি শুরু হবে পিরিয়ডের প্রথম দিন থেকে। খেতে হবে একটা নির্দিষ্ট সময়ে, আগের দিন খাওয়ার সময় থেকে ৩ ঘণ্টার বেশি কখনওই পেছোনো যাবে না। খেয়ে যেতে হবে লাগাতার— কোনও দিন মধ্যে বাদ না দিয়ে প্যাকেটের পর প্যাকেট।

এখানে আর একটি খটকার নিরসন করি। যদি গর্ভবতী অবস্থায় কিছুদিন পিল খাওয়া হয় তাহলে কি বিপদ হতে পারে? এই প্রশ্নের মুখে অনেক সময়েই পড়তে হয়। বিশেষ করে যাঁদের পিরিয়ড অনিয়মিত তাঁদেরই এমন পরিস্থিতিতে পড়ার সম্ভাবনা বেশি। পিরিয়ড শুরু হতে দেরি হচ্ছে, অতটা গুরুত্ব না দিয়ে পিল খেতে শুরু করে দিলেন; পরে ধরা পড়ল, আগেই পেটে বাচ্চা এসে গেছে। এক্ষেত্রে খুব স্পষ্টভাবে আশ্বস্ত করা দরকার, এর জন্য গর্ভস্থ ভ্রূণের কোনও ক্ষতির আশঙ্কা নেই: বাচ্চা নষ্ট হওয়ার বা বিকলাঙ্গ হওয়ার সম্ভাবনা কোনও সমীক্ষাতেই প্রমাণিত হয়নি।

ওই যাঃ

ভুক্তভোগী মাত্রই জানেন, রোজ রোজ নির্দিষ্ট সময়ে মনে করে ওষুধ খাওয়াটাই পিল ব্যবহারের সবচেয়ে বাস্তব সমস্যা। পরের দিন ঘুম থেকে উঠে হয়ত মনে পড়ল, ওই যাঃ কাল তো খাওয়া হয়নি! তখন কী হবে?

এক দিন ভুলে গেলে যখনই মনে পড়বে ভুলে যাওয়া পিল-টি তখনই খেয়ে নিতে হবে। পরবর্তী পিল আবার নির্দিষ্ট সময়ে খাওয়া হবে। যেমন, আজ সকালে যদি মনে পড়ে গতরাতে ওষুধ খাওয়া হয়নি, তা হলে একটুও দেরি না করে ভুলে যাওয়া পিলটি এখুনি খেয়ে নিতে হবে, আবার আজকের রাতের নির্দিষ্ট ওষুধ রাতেই খাওয়া হবে।

তিন বা তার চেয়েও বেশি দিন পর পর ভুলে গেলে, অথবা এক প্যাকেটের শেষ হরমোন আর পরের প্যাকেটের প্রথম হরমোন পিলের মধ্যে ফাঁক ৭দিনের বেশি হয়ে গেলে পরের পিলগুলি যেমন খাওয়ার খাওয়া চলবে, শুধু পরবর্তী ৭ দিন কনডোম বা অন্য কোনও বাড়তি সাবধানতা নিতে হবে।

পিল খেতে ভুলে যাওয়া প্রসঙ্গে আরও দুটি কথা বলা দরকার: এক, ২১টি হরমোন পিলের মধ্যে প্রথম বা শেষের দিকের পিল খেতে ভুলে গেলেই কার্যকারিতার সবচেয়ে বেশি হানি হয়। আর দুই, 'ট্রাইফেজিক'-জাতীয় পিলে হরমোনের মাত্রা খুব কম মাত্রায় রাখা হয় বলে এই ধরনের পিল ভুলে গেলে মুশকিলের আশঙ্কা বেশি।

সবচেয়ে জরুরি কথাটা অবশ্য আগেই বলা হয়ে গেছে, পিলের ওপর ভরসা রাখতে গেলে তাকে ভুললে চলবে না। যদি কেউ দেখেন, মাঝে মাঝেই তাঁর ভুল হয়ে যাচ্ছে তা হলে বুঝতে হবে পিল তাঁর জন্য নয়। পিল এক সংবেদনশীল বন্ধুর মতো, তাকে 'আউট অফ মাইন্ড' করে দেওয়া সে মোটে সহ্য করে না।

একটা প্রচলিত দুষ্টু প্যারডির কথা মনে করিয়ে দিই:

Jack and Jill
Went up the hill
To have a little fun.
Stupid Jill
Forgot her Pill
And now they have a son.

পিল মেয়েদের নিজস্ব অস্ত্র। পুরুষ তার কাছে যতই আসুক, যতই দলে দলে শুক্রাণু পাঠাক, পিল নানান স্তরে ঠিক প্রতিরোধ শানিয়ে রেখেছে। কিছুতেই সে গর্ভসঞ্চার হতে দেবে না।

প্রতিরোধের প্রধান জায়গা ডিম্বাশয়— যেখান থেকে মাসে মাসে একটি করে ডিম্বাণু তৈরি হয়। সেই ডিম তৈরির প্রক্রিয়াটাই পিলের সাঁড়াশি আক্রমণে থমকে যায়। পিলের দুই সদস্য: ইস্ট্রোজেন আর প্রোজেস্টেরন। ডিম্বাণু তৈরির দুই অবশ্য প্রয়োজনীয় হরমোনকে এরা দুজন আলাদা আলাদাভাবে রুখে দেয়। ইস্ট্রোজেন আটকায় 'ফলিকুলার স্টিমুলেটিং হরমোন' (এফএসএইচ)-কে, আর প্রোজেস্টেরন আটকায় 'ল্যুটিনাইজিং হরমোন' (এলএইচ)-কে। এই হরমোনের যে কোনও একজনের বিহনেই ডিম্বাণুর উৎপাদন শিকেয় ওঠে, তাই দুজনে আটকে গেলে সেখানে লাল বাতি জ্বলবেই।

এতেই নিশ্চিন্ত না হয়ে ঘাগু নিরাপত্তারক্ষীর মতো পিল আরও আটঘাট বেঁধে রাখে। নিষিক্ত ডিম্বাণুকে ধারণ করার জন্য জরায়ুর দেওয়াল প্রতি মাসে পুরু গদির মতো ফুলে ওঠে, নিষেক না হলে সেই গদি ছিঁড়ে খুঁড়ে ঋতুস্রাবের রূপে তাকে বার করে দেয়। পিলের প্রোজেস্টেরন সেই গদি তৈরির প্রক্রিয়াটাই বানচাল করে দেয়। জরায়ুর দেওয়াল রসকষহীন পাতলা সতরঞ্চি হয়েই গোটা মাস রয়ে যায়। কয়েক মাস টানা পিল খেলেই যে ঋতুস্রাবের পরিমাণ কমে যাচ্ছে বলে অনেকে চিন্তিত হন তার কারণ এই গদি তৈরি না হওয়া। চিন্তিত না হয়ে বরং বাড়তি নিশ্চিন্ত হওয়ারই কথা। কারণ বোঝা যাচ্ছে, তীক্ষ্ণ নজরদারি এড়িয়ে যদি নিষেক হয়েও যায়, সেই নিষিক্ত ডিম্বাণু জরায়ুর দেওয়ালে ভালমতো আশ্রয়ই পাবে না।

এখানেই শেষ নয়। পিল খেলে যোনিপথের শ্লেষ্মারস বেশি ঘন হয়ে যায়। ফলে শুক্রাণুর পক্ষে সেখানে সাঁতার কেটে জরায়ুতে ঢোকা মুশকিলের হয়ে যায়। এই কাজটি করে প্রোজেস্টেরন। তা ছাড়া জরায়ু-নালির মধ্যে দিয়ে ডিম্বাণুর আসার পথেও প্রোজেস্টেরন কিছু কলকাঠি নাড়ে বলে বিজ্ঞানীরা ধারণা করেন।

প্রোজেস্টেরন নিয়ে এত কথা বলছি মানে ইস্ট্রোজেন যে শুধু এফএসএইচ-

কে আটকে বাকি সময় হাত গুটিয়ে বসে থাকে তা কিন্তু নয়। ইস্ট্রোজেন সব সময়েই প্রোজেস্টেরনকে মদত দেয়। তাই পিলে প্রোজেস্টেরনের পরিমাণ অনেক কম রেখেও তার কাছ থেকে অনেক কাজ আদায় করে নেওয়া যায়। তা ছাড়া জরায়ুর দেওয়ালের ওপর প্রোজেস্টেরন বেশি হম্বিতম্বি করায় তা অনেক সময় ভেঙে পড়ার উপক্রম হয়। তাকে সামাল দেয় ইস্ট্রোজেন, তা নাহলে গোটা মাস জুড়ে হঠাৎ হঠাৎ রক্তস্রাব হয়ে যাওয়ার অস্বস্তি বয়ে বেড়াতে হত।

সুতরাং পিলের ইস্ট্রোজেন-প্রোজেস্টেরন জুটি ক্রিকেটের হিসেবে এক দুর্ভেদ্য পার্টনারশিপ, বিজ্ঞাপনের ভাষায় মেড ফর ইচ আদার, সঙ্গীতবোদ্ধার অনুভবে নির্ভুল যুগলবন্দী।

কতটা ভরসা রাখা যায়

পিলের এই দুর্ভেদ্য রক্ষণকে পরাস্ত করা তাই মোটেও সহজ ব্যাপার নয়। ঠিক ঠিক নিয়ম মেনে খেয়ে গেলে তাই ব্যর্থতার হার খুবই কম: ১০০০ জন মহিলা এক বছর ধরে খেয়ে গেলে গর্ভসঞ্চারের সম্ভাবনা মাত্রই ০.১ থেকে ১ জনের। এবং 'মোনোফেজ়িক', 'বাইফেজ়িক', 'ট্রাইফেজ়িক' যে কোনও ধরনের পিলের ক্ষেত্রেই ব্যর্থতার হার এই একই রকম কম।

কিন্তু বাস্তবে পিল ব্যবহারকারীদের মধ্যে সমীক্ষা চালিয়ে দেখা যায়, এই হার দাঁড়াচ্ছে, ১.৮ থেকে এমনকি ৮ শতাংশ পর্যন্ত।

বাস্তবে তা হলে ফাঁক হচ্ছে কোথায়? পিল খাওয়ার ভুলচুকে নিশ্চয়— নতুন পিলের পাতা শুরু করতে ভুল, খেতে খেতে মনের ভুলে এক/দু'দিন মিস, কোনও কারণে মাসের মাঝে ওষুধ খাওয়া বন্ধ করে দেওয়া। এর মধ্যে শেষ পরিস্থিতি নিয়ে কোনও প্রশ্ন উঠছে না, মাঝপথে বন্ধ করে দিলে ওষুধ তো ফেল মারবেই। কিন্তু বাকি দুই ক্ষেত্রে? বোঝা যাচ্ছে, পিলের ইস্ট্রোজেন-প্রোজেস্টেরন জুটি এত দিক থেকে আটঘাট আটকে রাখা সত্ত্বেও, গোটা ব্যাপারটি এত সূক্ষ্ম মাত্রায় বাঁধা, যে সামান্য দু'-একটা বড়ির এধার-ওধারেই দুর্গ ভেঙে পড়ার সম্ভাবনা তৈরি হচ্ছে। তাই নিয়ম মেনে পিল খাওয়াটা এতটা জরুরি।

মিনিপিলের ক্ষেত্রে প্রোজেস্টেরন একা। তার নির্ভরযোগ্য জুটি ইস্ট্রোজেন

এখানে অনুপস্থিত। একা কুম্ভের পক্ষে তাই দুর্গ রক্ষা আরও বেশি মুশকিলের। কিন্তু খেয়াল রাখতে হবে, মিনিপিল দেওয়া হচ্ছে বাচ্চা জন্মের পরের ৬ মাস সময়ের জন্য। তখন মা স্তন্যপান করাচ্ছেন। বুকের দুধ খাওয়ানোর সময় প্রোল্যাক্টিন হরমোন প্রাকৃতিক জন্মনিয়ন্ত্রণের এক বাড়তি সুবিধে দিচ্ছে। তার সঙ্গে যোগ হচ্ছে প্রোজেস্টেরনের কেরামতি। তাই এই রক্ষণও ভালই জমাট হয়।

কাদের জন্য পিল নয়

যাদের ভুলো মন তাদের জন্য যে পিল নয়, একথাটা আমরা জেনে গেছি। কিন্তু তার চেয়ে জরুরি কথাটা হল, পিল খাওয়া ঠিক হবে কিনা সে বিষয়ে মনে কোনও রকম সন্দেহ দেখা দিলে নিজেদের পারিবারিক চিকিৎসকের সঙ্গে একবার আলোচনা করে নেওয়া উচিত।

তবু আমরা কয়েকটি ক্ষেত্রের কথা বলছি যেখানে পিল খাওয়া নিষেধ:

• বাচ্চা জন্মানোর পর প্রথম ৬ মাস। মা যখন স্তন্যপান করাচ্ছেন তখন ইস্ট্রোজেন হরমোন খেলে বুকের দুধ কমে আসার আশঙ্কা, তা ছাড়া কমতে পারে দুধে ফ্যাটের পরিমাণও। তবে এই সময় মিনিপিল খাওয়া যেতে পারে।

• নীচের যে কোনও দুটি প্রশ্নের উত্তর 'হ্যাঁ' হলে পিল না খাওয়াই ভাল:

১] বয়স কি ৩৫ বছর বা তার বেশি?

২] নিয়মিত ধূমপান করেন বা কখনও করতেন?

৩] ডায়াবেটিস আছে?

৪] ব্লাড প্রেশার কি বেশি?

• টিবি বা মৃগী রোগের চিকিৎসা চলাকালীন।

• মাইগ্রেন বা মানসিক অবসাদ থাকলে।

পিলের অন্য আরও সুবিধে

হ্যাঁ, জন্মনিয়ন্ত্রণের সুবিধের কথা তো আমরা জানিই। কিন্তু পিল খেলে তার বাইরেও আরও নানা সুবিধে পাওয়া যায়। তার মধ্যে প্রধান কয়েকটির কথা চটপট বলে নিই:

• পিরিয়ড নিয়মিত হয়।

• পিরিয়ডের সময় রক্তস্রাবের পরিমাণ কমে, ফলে অ্যানিমিয়ার আশঙ্কাও কমে।

• ডিম্বাণু উৎপাদন বন্ধ থাকায় পিরিয়ডের সময়ের ব্যথা কম হয়।

• ব্রেস্টের সাধারণ টিউমার হওয়ার সম্ভাবনা কমে।

• ডিম্বাশয় আর জরায়ুর ভেতরের দেওয়ালের ক্যানসার প্রতিরোধ হয়।

• রিউমাটয়েড আর্থ্রাইটিস প্রতিরোধের সামান্য ক্ষমতা আছে।

কিছু কিছু মুশকিল

সবচেয়ে বড় মুশকিল তো রোজ মনে করে করে ওষুধ খাওয়া।

কিন্তু তার বাইরেও আরও কিছু খুচরো সমস্যা আছে। সেই বিষয়ে যাওয়ার আগে বলা দরকার, আমরা এবং আমাদের পিল বর্তমান যুগে বাস করলেও, পিল সম্পর্কে আশঙ্কাগুলো সব সেকেলে, যখন পিলে অনেক বেশি মাত্রায় হরমোন প্রয়োগ করা হত। অর্থাৎ পিল সম্পর্কে প্রচারিত অনেক পার্শ্বপ্রতিক্রিয়াই এখন আর সেভাবে প্রযোজ্য নয়।

তবু কিছু অসুবিধে এখনও রয়েছে। যেমন—

• গা-বমি আর ক্ষুধামান্দ্য— এই সমস্যা মূলত ইস্ট্রোজেন হরমোনের জন্য। পিল খেতে শুরু করে প্যাকেটের মাঝপথে খাওয়া থামিয়ে দেওয়ার এটিই প্রধান কারণ। তবে আধুনিক পিলে হরমোনের মাত্রা কমে যাওয়ায় এমন সমস্যা অনেক কম।

• কম পরিমাণ— পিল খেতে শুরু করলে পিরিয়ডের পরিমাণ কারও কারও ক্ষেত্রে বেশ কমে যায়। এর কারণটা আগেই আলোচনা করা হয়েছে, এ নিয়ে চিন্তার কোনও কারণ নেই। বলং বলা যেতে পারে শরীর থেকে কম রক্ত বেরোনোয় অ্যানিমিয়া হওয়ার সম্ভাবনা কমে।

• ব্রেস্টে ব্যথা— ইস্ট্রোজেন হরমোনের কারণে ব্রেস্ট কিঞ্চিৎ স্ফীত হয় এবং টনটনে ব্যথা করে। মাঝে মাঝে গরম সেঁক দিলে আর সবসময় ব্রা ব্যবহার করলেই সাধারণত এই সমস্যা কেটে যায়।

• মাথাব্যথা— বিশেষত যাঁদের মাইগ্রেন আছে তাঁরা যদি দেখেন, পিল

খেতে শুরু করার পরই মাথাব্যথা বাড়ছে তা হলে পরের মাসে আবার পিল শুরুর আগে পারিবারিক ডাক্তারবাবুর সঙ্গে পরামর্শ করে নেওয়া ভাল।

• ক্লোয়াজ়মা— মানে, কপালে আর গালে কালচে ছোপ। এর কারণ ইস্ট্রোজেন। গর্ভাবস্থায়ও অনেকের এমন হয়।

• মোটা হয়ে যাওয়া— ইস্ট্রোজেন-প্রোজেস্টেরন দুই হরমোনই আলাদা আলাদাভাবে এরজন্য দায়ী। তবে অনেকে পিলের জন্মনিয়ন্ত্রণ কার্যকারিতাকেই এর জন্য দায়ী করেন। মানে অনভিপ্রেত সন্তানের ভয় না থাকায় যে নিশ্চিন্ত দাম্পত্য জীবন তার জন্য মেয়েটির অপেক্ষাকৃত ভাল খাবার জুটছে, বিশ্রাম জুটছে, তাই সে মোটা হয়ে যাচ্ছে। সবাই স্বীকার না করলেও এই যুক্তিটি নেহাত ফেলনা নয়।

বড় কোনও বিপদ?

হরমোনের কার্যকারিতা অক্ষুণ্ণ রেখে তার মাত্রা ক্রমাগত কমাতে কমাতে এখন যে পিল আনা হয়েছে, তা সে মোনোফেজ়িক থেকে ট্রাইফেজ়িক যা-ই হোক, তার পার্শ্বপ্রতিক্রিয়া যে কত কম সে সম্পর্কে সাধারণ মানুষ তো বটেই অনেক সময় ডাক্তারবাবুরাও সচেতন হচ্ছেন না।

আসুন, পিল সম্পর্কে প্রচলিত অপপ্রচারগুলো একে একে পরখ করে দেখি।

• **হার্টের অসুখ**— সাধারণভাবে মহিলার যতই বয়স হোক আর টানা যতদিন ধরেই পিল খাওয়া হোক না কেন, তার থেকে এখন আর হার্টের সমস্যা হওয়ার কোনও আশঙ্কা নেই। তবে হ্যাঁ, তাঁর যদি ব্লাড প্রেশার বা সুগার থাকে, অথবা তিনি যদি ধূমপান করেন তা হলে পিল খাওয়ার ব্যাপারে তাঁকে নিয়মিত পারিবারিক চিকিৎসকের পরামর্শ নিয়ে যেতে হবে।

• **ব্লাড প্রেশার**— পিল খেলে অনেকের ক্ষেত্রে ব্লাড প্রেশার, সামান্য পরিমাণে হলেও, বাড়ে। বিশেষত ৩৫ বা তার বেশি বয়সী মহিলাদের। সম্ভবত প্রোজেস্টেরন এর জন্য দায়ী। পিল খাওয়া বন্ধ করে দিলে এই প্রভাব পুরোপুরি চলে যায়।

• **ব্লাড সুগার**— পিল খাওয়ার কারণে ডায়াবেটিস হওয়ার কোনও প্রমাণ নেই।

• **ক্যানসার**—১] পিল খেলে বরং ডিম্বাশয় আর জরায়ু দেওয়ালের ক্যানসার হওয়ার আশঙ্কা কমে।

২] পিল থেকে জরায়ু-মুখের ক্যানসার হওয়ারও কোনও সম্ভাবনা নেই।

৩] তবে প্রোজেস্টেরন হরমোন ব্রেস্ট ক্যানসার হওয়ার আশঙ্কা সামান্য বাড়ায়। কতটা সামান্য? এই বিষয়ে ১৯৯৬ সালে বিশ্ব স্বাস্থ্য সংস্থা পৃথিবীর বিভিন্ন প্রান্তের ২৫টি দেশের দেড় লাখের বেশি মহিলার ওপর এক বিশাল সমীক্ষা চালায়। তাতে দেখা যায়, ৩০ বছরের কম বয়সী মেয়েদের ক্ষেত্রে এই আশঙ্কা প্রায় নেই বললেই চলে। এর চেয়ে বেশি বয়সে পিল খাওয়া চালিয়ে গেলে কয়েকজন মাত্র মহিলার ব্রেস্ট ক্যানসার হয়েছে। তাও সে ক্যানসারের ছড়িয়ে পড়ার প্রবণতা কম থাকায় প্রথম অবস্থায় ধরা পড়লে চিকিসায় সম্পূর্ণ সাড়া দেয়। তা ছাড়া পিল খাওয়া ছেড়ে দেওয়ার ১০ বছরের মধ্যে শরীর থেকে ব্রেস্ট ক্যানসার সৃষ্টিকারী প্রভাব সম্পূর্ণ চলে যায়।

৪] সাদা চামড়ার মহিলাদের মধ্যে করা এক পুরোনো সমীক্ষায় দেখা গিয়েছিল, ৮ বছর ধরে পিল খেয়ে গেলে লিভার ক্যানসার হওয়ার আশঙ্কা কিছুটা বাড়ে। কিন্তু ১৯৯২ সালে উন্নতিশীল দেশে বিশ্ব সংস্থা যে সমীক্ষা চালায় তাতে এমন কোনও প্রমাণ পাওয়া যায়নি।

• **লিভার বা গল ব্লাডারের সমস্যা**— যাঁদের এমন সমস্যা আগে থেকে ছিল পিল খেলে তাঁদের অবস্থার অবনতি কিঞ্চিৎ দ্রুত হওয়ার সম্ভাবনা থাকে। তাই এমন মহিলাদের এমনিতেই পিল খেতে বারণ করা হয়। কিন্তু যাঁদের তেমন সমস্যা নেই তাঁদের খামোখা ভয় পাওয়ার কোনও কারণ নেই।

• **মায়ের দুধ**— পিল মায়ের বুকের দুধ কমিয়ে দেয়। পরিমাণেও কমায়, আবার তার ফ্যাটের অনুপাতেও টান পড়ে। সপ্তাহ ছ'য়েক পর থেকেই এটা মালুম পড়ে। পরীক্ষা করে দেখা যাচ্ছে, টানা ১৮ সপ্তাহ খাওয়া হলে জোড়া-হরমোনের পিল বুকের দুধ প্রায় ৪২ শতাংশ কমিয়ে দেয়, মিনি-পিল কমায় প্রায় ১২ শতাংশ আর হরমোন-না-থাকা পিল (পরে আলোচিত) কমায় প্রায় ৬ শতাংশ। তাই স্তন্যদায়ী মাকে পিল খেতে বারণ করা হয়। একান্তই যদি খেতে হয় তাহলে ওই মিনি-পিল বা হরমোন-না থাকা পিলের দ্বারস্থ হতে হবে।

• **গর্ভস্থ ভ্রূণের সমস্যা**— আগে মনে করা হত, পেটে বাচ্চা এসে গেছে

বুঝতে না পেরে কেউ যদি পিল খাওয়া চালিয়ে যায় তাহলে গর্ভস্থ ভ্রূণ নষ্ট হয়ে যায় বা তার জন্মগত ত্রুটি ঘটে। বিস্তারিত সমীক্ষায় গত শতাব্দীতেই এই ধারণা সম্পূর্ণ ভুল বলে প্রমাণিত হয়ে গেছে।

• **বন্ধ্যাত্ব**— একদম ভুল ধারণা। ৯০ শতাংশ ক্ষেত্রে পিল খাওয়া বন্ধের তিন মাসের মধ্যে গর্ভধারণ ক্ষমতা পুরোপুরি ফিরে আসে।

জয় করে তবু

প্রেশার, লিভার, ক্যানসারের ক্ষেত্রে পিল থেকে যে যৎসামান্য বিপদের আশঙ্কা আছে সে কথা তো জানা গেল। কিন্তু সেই উপেক্ষণীয় বিপদের কথা ভেবে আরও বড় বিপদের ফাঁদে পা দেওয়া কি আর বুদ্ধিমানের কাজ?

মানে জন্মনিয়ন্ত্রণের কোনও সাবধানতা না নেওয়ার বিপদের কথা বলছি। বিপদ বিশেষ করে আমাদের মতো উন্নয়নশীল দেশে, যেখানে নিরাপদ গর্ভপাতের সুযোগ কম, অপরিকল্পিত সন্তান উৎপাদনের আর্থিক-সামাজিক দায়ও অনেক বেশি। তা ছাড়া নিয়মিত পিল খেলে মাসিক রক্ত ক্ষরণের পরিমাণ কম হওয়ায় অ্যানিমিয়া প্রতিরোধেও এক গুরুত্বপূর্ণ সুবিধে পাওয়া যাচ্ছে। তা হলে আর দ্বিধা কীসের?

অথচ গোটা পৃথিবীতেই দেখা যাচ্ছে, পিলের ব্যবহার আশানুরূপে বাড়ছে না। ভারতবর্ষে সন্তানধারণক্ষম মহিলাদের মাত্র ২ থেকে ৩ শতাংশ পিল ব্যবহার করছেন। অন্য পদ্ধতিকে পছন্দ করে পিলকে উপেক্ষা করলে কিছু বলার নেই। কিন্তু পিলের বিরুদ্ধে পার্শ্বপ্রতিক্রিয়ার দোহাই দিয়ে কোনও কার্যকর সাবধানতা না নিলে সে বড় আপশোসের কথা।

গত রাতের ভুলভ্রান্তি

বিজ্ঞাপনের দৌলতে এখন সবার জানা হয়ে গেছে, ইসি মানে এক রকমের ট্যাবলেট, আর তা ৭২ ঘণ্টার মধ্যে গিলে নিলেই কেল্লা ফতে। কিন্তু এর পেছনে যে কত যদি-তবে-কিন্তু রয়েছে সে কথা বিজ্ঞাপনে বলা হচ্ছে না। তা ছাড়া এর চেয়েও অনেক বেশি কার্যকর যে-পদ্ধতি, সেটি প্রচার-না-পাওয়া মেধাবী শিল্পীর মতো অন্তরালে রয়ে যাচ্ছে।

আজ সকালে ওরা তিনজন ওদের নিজের নিজের ডাক্তারবাবুর কাছে হাজির। আমিনা, কীর্তি আর টিনা। গত রাত থেকে ওরা তিনজনই বড় দুশ্চিন্তায় আছে।

আমিনার স্বামী ভিনরাজ্যে কাজ করে। এখন তার আসার কথাই নয়। হঠাৎ অফিসের কী কাজ পড়ায় গতকাল বিকেলে একদিনের জন্য এসে হাজির। অবাক আনন্দে আমিনা উচ্ছ্বসিত।

কাল মাঝ রাত্তিরে— কীর্তির বুকের মধ্যে তখনও দ্রিম দ্রিম, এমন সময় ওর বর বেরসিকের মতো দুঃসংবাদটা শোনালো: এমন তো কখনও হয় না, দেখো, কনডোমটা ফেটে গেছে মনে হচ্ছে।

টিনার সঙ্গে ভিকির অনেক দিনের সম্পর্ক। অফিসের বাইরে প্রায়ই ওরা সময় কাটায়। খেতে বেরোয়, সিনেমা দেখে, গল্প করে। কখনও বেহিসেবি হয় না। কিন্তু গতকাল কী যে হল!

টিভি-র বিজ্ঞাপন থেকে ওরা তিনজনই জানে, ওদের বাঁচাবার জন্য বাজারে এক রকম ট্যাবলেট পাওয়া যায়। কিন্তু কী তার ডোজ, কতটা নির্ভরযোগ্য, কেমন পার্শ্বপ্রতিক্রিয়া, সে সম্পর্কে কোনও ধারণা নেই। অভিজ্ঞতা তো নয়ই।

ডাক্তারি পরিভাষায় এই ব্যবস্থাকে বলে ‘ইমার্জেন্সি কন্ট্রাসেপসন’। এ

ছাড়া এর আরও দুটো চলতি নাম রয়েছে: পোস্ট-কয়টাল বা সঙ্গম-পরবর্তী, আর মর্নিং-আফটার বা পরদিনের। নাম দুটি থেকে এমন এক ধারণা হতে পারে যে ব্যবস্থাটা বুঝি খুব তড়িঘড়ি নিতে হবে। কিন্তু সত্যি তো আর তা নয়। তাই 'ইমার্জেন্সি কন্ট্রাসেপসন'-ই এখন স্বীকৃত পরিভাষা। আর পদ্ধতিকে বলে 'ইমার্জেন্সি কন্ট্রাসেপটিভ' (ইসি)।

বিজ্ঞাপনের দৌলতে এখন সবার জানা হয়ে গেছে, ইসি মানে এক রকমের ট্যাবলেট, আর তা ৭২ ঘণ্টার মধ্যে গিলে নিলেই কেল্লা ফতে। কিন্তু এর পেছনে যে কত যদি-তবে-কিন্তু রয়েছে সে কথা বিজ্ঞাপনে বলা হচ্ছে না। তা ছাড়া এর চেয়েও অনেক বেশি কার্যকর এবং ৭২ ঘণ্টার অনেক পরেও ব্যবহারযোগ্য যে-পদ্ধতি, সেটি প্রচার-না-পাওয়া মেধাবী শিল্পীর মতো অন্তরালে রয়ে যাচ্ছে।

সে কথায় যাওয়ার আগে এর কেতাবি সংজ্ঞাটা একটু বুঝে নিই : সঙ্গমকালে যথোপযুক্ত সাবধানতা না নেওয়া হলে, গর্ভ প্রতিরোধের আপৎকালীন পদ্ধতিকে ইমার্জেন্সি কন্ট্রাসেপসন বলে।

এখানে 'যথোপযুক্ত' শব্দটির কিঞ্চিৎ ব্যাখ্যা প্রয়োজন। 'যথোপযুক্ত' বলতে বোঝাচ্ছে, স্বীকৃত কোনও জন্মনিয়ন্ত্রণ পদ্ধতির ঠিকঠাক ব্যবহার। মানে, কোনও পদ্ধতি ব্যবহার না করলে তো বটেই (যেমন হয়েছে আমিনা আর টিনার), সেইসঙ্গে ব্যবহারে কোনও গোলমাল হলেও (যেমন হয়েছে কীর্তির) পরিস্থিতি ইসি-র আওতায় চলে যাচ্ছে।

সুতরাং ইসি কোন কোন ক্ষেত্রে প্রয়োজন সেটা একটু ভাবলেই বেরিয়ে আসবে:

- যেসব দম্পতি খুব অনিয়মিত শরীরী মেলামেশা করেন।
- টিনার মতো কম বয়সী মেয়ের ক্ষণিকের অসংযম।
- অভ্যস্ত জন্মনিয়ন্ত্রণ পদ্ধতি ব্যবহারে কোনও গোলমাল। যেমন, কীর্তির মতো কনডোম ফেটে যাওয়া বা স্লিপ করা, পরপর কয়েকদিন পিল খেতে ভুলে যাওয়া, 'বাইরে ফেলতে' গিয়ে টাইমিং-এ ভুলচুক।
- আমিনাদের মতো সাবধানী দম্পতির একদিনের অসাবধান।
- ধর্ষণ। স্মর্তব্য, এখন স্ত্রীকে বলপূর্বক সঙ্গমও ধর্ষণ হিসেবে স্বীকৃত।

এইসব ক্ষেত্রে ইসি বাঁচাচ্ছে অনভিপ্রেত গর্ভসঞ্চার থেকে, অ্যাবরশন

থেকে, এবং আরও সার্বিক অর্থে পরবর্তী পিরিয়ড না হওয়া অবধি আতঙ্কে কাটানোর যন্ত্রণা থেকে।

প্রশ্ন উঠতে পারে, এমন একবারের ভুলে গর্ভসঞ্চারের আশঙ্কা কতটুকু? বা, আরও স্পষ্ট করে বললে, ইসি নিয়ে আলোচনা করতে বসে আগে বুঝে নেওয়া যাক, ইসি-র কোনও রকম অস্তিত্ব না থাকলে ঠিক কতটা ক্ষতি হত?

এই সংশয়ের একটা উত্তর সেই 'সেফ পিরিয়ড'-এর আলোচনা থেকে জানা হয়ে আছে : এমন অসাবধানী সংসর্গ মেয়েটির পিরিয়ডের কত তম দিনে হচ্ছে তার ওপর প্রেগনেন্সি আসার সম্ভাবনা অনেকটা নির্ভর করে। তবু সব মিলিয়ে হিসেব করে দেখা গেছে, পিরিয়ডের যে পর্যায়েই এমন ঘটনা ঘটুক না কেন, গর্ভসঞ্চারের সম্ভাবনা কম-বেশি ৮ শতাংশ। অর্থাৎ এই ৮ শতাংশকে কতটা কমানো যায় তার ওপরেই ইসি-র কেরামতি।

আজকাল বয়ঃসন্ধিকালীন মেয়েদের প্রসঙ্গেই এই আপৎকালীন জন্মনিয়ন্ত্রণ পদ্ধতির মহিমা বেশি আলোচিত। বিষয়টি আমাদের প্রচলিত মূল্যবোধে যতই অস্বস্তিকর ঠেকুক, এর বাস্তব গুরুত্বকে এড়িয়ে যাওয়ার আর কোনও উপায় নেই। ইসি এই অনভিজ্ঞ মেয়েদের নানা দুরপনেয় ক্ষত থেকে রক্ষা করছে— মানসিক, শারীরিক, সামাজিক।

গত শতাব্দী শেষে বিশ্ব স্বাস্থ্য সংস্থা এক পরিসংখ্যান পেশ করে : প্রতি বছর গোটা বিশ্বে প্রায় ৪ কোটি ৬০ লক্ষ অ্যাবরশন করানো হয়। এর মধ্যে প্রায় দুই-তৃতীয়াংশ করানো হয় অস্বাস্থ্যকর পরিবেশে— যার প্রায় পুরোটাই হয় উন্নয়নশীল দেশে। এর ফলে অন্তত ৭৮,০০০ মহিলার মৃত্যু ঘটে, এবং আরও এক বিপুল সংখ্যক মহিলা স্থায়ী কিছু-না-কিছু সমস্যা নিয়ে বাকি জীবনটা কাটাতে বাধ্য হন।

ইসি-র উপযোগিতা সম্পর্কে সংক্ষেপে বলতে গেলে বলা ভাল, এটি এই সমস্ত অঘটনকে রুখে দেওয়ার ক্ষমতা রাখে।

আর এত বড় বিপদ বা আশঙ্কা থেকে রক্ষা পাওয়ার পর এক নিয়মিত জন্মনিয়ন্ত্রণ পদ্ধতি গ্রহণে দম্পতিদের প্রণোদিত করার পক্ষে এটি এক আদর্শ সময়। সেটা ইসি-র এক পরোক্ষ সুদূরপ্রসারী প্রভাব।

ট্যাবলেট তো আছেই। কিন্তু তার চেয়ে বেশি কার্যকরী যে পদ্ধতির কথা বলছিলাম সেটি হল কপার-টি। অসাবধানী সহবাসের পর কপার-টি পরে নিলে পুরোপুরি নিশ্চিন্ত। বলা হয়, এর কার্যকারিতা ট্যাবলেটের তুলনায় প্রায় ১৫ গুণ বেশি। তা ছাড়া এক্ষেত্রে মিলনের ৫ থেকে ৭ দিন পর ব্যবস্থা নিলেও চলবে।

কপার-টি পরে নেওয়ার আর একটি সুবিধে, যেসব দম্পতি জন্মনিয়ন্ত্রণ পদ্ধতি নেওয়ার ব্যাপারে এখনও দ্বিধান্বিত ছিলেন তাঁদের এই মওকায় এক সুরক্ষার আওতায় নিয়ে আসা গেল। এরপর যতদিন না তাঁরা আবার বাচ্চা চাইছেন, ততদিন কপার-টি ভেতরে ভেতরে তাঁদের নিরাপত্তা দিয়ে চলবে।

তবে ওই যে বলছিলাম, ইসি নিয়ে মূল চিন্তাভাবনাটা আজকাল ঘুরপাক খায় ক্ষণিক ভুলের প্রায়শ্চিত্তকে কেন্দ্র করে। সেখানে কপার-টি ব্রাত্য। অবিবাহিতা অল্পবয়সিনীকে দীর্ঘমেয়াদী নিরাপত্তা দিতে কপার-টি পরিয়ে দেওয়ার ক্ষেত্রে ডাক্তারি বাধার চেয়ে অনেক বড় বাধা হল সামাজিক; বা বলা ভাল সমাজ-নিয়ন্ত্রিত মানসিক বাধা। সমাজ এখনও চায়, ডাক্তার বা স্বাস্থ্যকর্মী এই মেয়েটিকে যৌন সংসর্গ থেকে নিবৃত্ত হতে পরামর্শ দেবেন। তার বদলে তাঁরা যদি এমন ব্যবস্থা করেন যাতে তার এই 'অসামাজিক' অভ্যাস অব্যাহত রাখা নির্বিঘ্ন হয়, তবে সমাজ তা অনুমোদন করে না। অনুমোদন করেন না এই সমাজেই বড় হয়ে ওঠা চিকিৎসকেরাও।

তাই ট্যাবলেট। আপৎকালীন জন্মনিয়ন্ত্রণে গোটা পৃথিবীতে তাই ট্যাবলেটেরই রমরমা।

বিজ্ঞাপনের দৌলতে এখন আমরা যে ইমার্জেন্সি কন্ট্রাসেপটিভ ট্যাবলেটের সঙ্গে পরিচিত সেটি প্রচলিত হওয়ার কয়েক দশক আগে থেকেই কিন্তু ডাক্তারবাবুরা এমন বিপদের সময় ট্যাবলেটের বিধান দিতেন। তখন বলা হত, মিলনের ৭২ ঘণ্টার মধ্যে বাজার-চলতি কন্ট্রাসেপটিভ পিল একসঙ্গে চারটে খেয়ে নিন, তার ১২ ঘণ্টা পর আবার চারটে খাবেন। ১৯৭৪ সালে এই পদ্ধতির কথা প্রথম প্রচার করেন ডা. অ্যালবার্ট উজ়পি। তারপর থেকে গোটা বিশ্বের চিকিৎসককুল এই পদ্ধতিকে লুফে নেন। এখনও বহু ডাক্তারবাবু এই পদ্ধতির ওপরই ভরসা রাখেন।

আধুনিক যে ট্যাবলেটটি এখন বহুল প্রচলিত, সেটিতে পিল-এর মতো ইস্ট্রোজেন-প্রোজেস্টেরন উভয় হরমোন না রেখে একটু বেশি ডোজে লিভোনর্জেস্ট্রেল নামে শুধু এক প্রোজেস্টেরন হরমোন রাখা হয়েছে। এই শতকের শুরু অবধি ০.৭৫ মিলিগ্রামের দুটি ট্যাবলেট একসঙ্গে পাওয়া যেত। মিলনের পর যত তাড়াতাড়ি সম্ভব একটি ট্যাবলেট খেয়ে নিয়ে, তার ১২ ঘণ্টা পর খেতে হত দ্বিতীয়টি। পুরো ডোজটি শেষ করতে হত মিলনের ৭২ ঘণ্টার মধ্যে। পরে দেখা গেল, ৭২ ঘণ্টার মধ্যে দুটি ট্যাবলেট একসঙ্গে খেয়ে নিলেও একই ফল পাওয়া যাচ্ছে। তখন থেকে চালু হল ১.৫ মিলিগ্রামের একটি ট্যাবলেটের প্যাক।

কার্যকারিতা

একটি মাত্র বড়ি খেয়ে কাজ হয়ে যাওয়ায় আধুনিক ট্যাবলেটটির ব্যবহারজনিত সুবিধে নিয়ে তো কোনও প্রশ্নই উঠছে না। বমি বা গা-গুলোনোর মতো পার্শ্বপ্রতিক্রিয়াও এর কম। কিন্তু আদত কার্যকারিতার দিক থেকে এদের মধ্যে খুব বিরাট কিছু তফাত নেই।

এক্ষেত্রে আমাদের মাথায় রাখতে হবে সেই পুরোনো হিসেবটি, কোনও ব্যবস্থা না নিলে একবারের অসাবধানী মিলনে গর্ভসঞ্চারের আশঙ্কা ১০০ জনের মধ্যে ৮। ডা. উজ়পি-র নিয়মে পিল খেলে এই আশঙ্কা নেমে আসছে ২-এর কাছাকাছি, আর আধুনিক ট্যাবলেট খেলে সে আশঙ্কা আরও কমে হচ্ছে ১.১ শতাংশ। মিলনের পাঁচ দিনের মধ্যে কপার-টি পরে নিলে এই আশঙ্কা প্রায় নির্মূল হয়ে যাচ্ছে—অঙ্কের হিসেবে দাঁড়াচ্ছে ০.০৮ শতাংশ।

অনেক সমীক্ষায় দেখা যাচ্ছে, মিলনের পর যত তাড়াতাড়ি ব্যবস্থা নেওয়া যায় ততই ইসি-র কার্যকারিতা বাড়ে : প্রথম ১২ ঘণ্টার মধ্যে ট্যাবলেট খেয়ে নিলে সাফল্যের হার যেখানে ৯৫ শতাংশ, ৬১ থেকে ৭২ ঘণ্টার মধ্যে খেলে তা কমে দাঁড়াচ্ছে ৪৭ শতাংশে। কিছু সমীক্ষায় আবার এই ক্রমহ্রাসমান কার্যকারিতার কোনও প্রমাণ পাওয়া যায়নি। এমনকী এখন এমনও বলা হচ্ছে, মিলনের পাঁচ দিনের মাথায় খেলেও লিভোনর্জেস্ট্রেল ট্যাবলেট কাজ করে। তবে বিশেষজ্ঞের মতভেদ নিয়ে মাথা না ঘামিয়ে এমন ক্ষেত্রে শুভস্য শীঘ্রম্ নীতিই সবচেয়ে নিরাপদ।

অর্ধেকের বেশি মহিলার ট্যাবলেট খাওয়ার পর নির্ধারিত সময়েই পিরিয়ড হয়। তিন সপ্তাহের মধ্যে পিরিয়ড হয়ে যাওয়ার কথা ৯৮ শতাংশ মহিলার, মানে প্রায় সবার। এই হিসেবটা মাথায় রাখতে হবে। কারণ, ব্যর্থতার আশঙ্কা যত সামান্যই হোক, ইসি খাওয়ার পর সেই মাসে নির্ধারিত দিনের এক সপ্তাহের মধ্যে পিরিয়ড না হলে প্রেগনেন্সি চলে এল কিনা পরীক্ষা করা দরকার।

চলে এলে? সেক্ষেত্রে একান্তই বাচ্চা না নিতে চাইলে যত তাড়াতাড়ি সম্ভব অ্যাবরশন করা ছাড়া উপায় নেই।

'একান্তই বাচ্চা না নিতে চাইলে' কথাটা নিশ্চয় বেখাপ্পা শোনাচ্ছে। আপৎকালীন জন্মনিয়ন্ত্রণ নিয়ে এত কথা বলার পর,মনে হবেই, বাচ্চা নিতে চাওয়ার প্রশ্ন উঠছে কী করে?

বিবাহিত মহিলাদের ক্ষেত্রে বাস্তব অভিজ্ঞতা কিন্তু অন্য কথা বলে। সেখানে গর্ভসঞ্চার আটকাবার এত কান্ডের পরেও যদি বাচ্চা চলে আসে তখন অনেক দম্পতিই বিষয়টি নিয়ে দ্বিতীয়বার ভাবতে চান। বাড়ির অভিভাবকরাও তাঁদের প্রভাবিত করেন।

তখন অনিবার্য এক সংশয় মাথা তোলে, এই বাচ্চা রেখে দিলে গর্ভস্থ ভ্রূণর কি কোনও ক্ষতি হবে? যে শিশু জন্মাবে তার কি জন্মগত কোনও ত্রুটি হতে পারে?

এক্ষেত্রে দ্ব্যর্থহীন ভাষায় আশ্বস্ত করা দরকার। বিষয়টি একটু বিস্তারিতভাবে বলি।

ইসি ট্যাবলেট খাওয়ার পরেও গর্ভসঞ্চার হলে দুটি সম্ভাবনার কথা উঠতে পারে। একটি অবশ্যই ট্যাবলেটের ব্যর্থতা। অপর সম্ভাবনাটি হল, যে সংসর্গের পর ট্যাবলেটটি খাওয়া হল তার কয়েকদিন আগে বা পরে, ওই একই সাইক্‌লে যদি আর একবার অসাবধানী সংসর্গ হয়ে থাকে, তা হলে তার দরুণ প্রেগনেন্সি।

ঘটনা যেটাই হোক, সেই গর্ভস্থ ভ্রূণের ওপর ইসি ট্যাবলেটের কোনও ক্ষতিকর প্রভাব নেই। সুতরাং দম্পতি যদি দ্বিতীয় ভাবনায় এই বাচ্চা রেখে দিতে চান তা হলে নিশ্চিন্তে তা করতে পারেন।

পার্শ্বপ্রতিক্রিয়া

কপার-টি'র পার্শ্বপ্রতিক্রিয়া আমাদের জানা। ইসি ট্যাবলেটের পার্শ্বপ্রতিক্রিয়া যৎসামান্য। বলতে গেলে গা-গুলোনো আর বমি ছাড়া তেমন কোনও সমস্যাই নেই। তাও ডা. উজ়পি-র মাত্রায় ওষুধ খেলে যেখানে প্রায় অর্ধেক মহিলার গা গুলোয় এবং পাঁচজনের মধ্যে এক জনের বমি হয়, লিভোনর্জেস্ট্রেল খেলে সেখানে এই দুই অসুবিধেই এক-পঞ্চমাংশ কমে আসে। মানে, ২০ শতাংশ মহিলার গা গুলোয় এবং ৫ শতাংশ মহিলার বমি হয়। ট্যাবলেট খাওয়ার ঘণ্টা দুয়েকের মধ্যে বমি শুরু হলে, দ্বিতীয় ডোজ দেওয়াই বাঞ্ছনীয়। সেক্ষেত্রে ট্যাবলেটটি যোনিদ্বারে ঢুকিয়ে দিলেও একই ফল পাওয়া যায়।

এ ছাড়া অন্যান্য পার্শ্বপ্রতিক্রিয়ার মধ্যে কারও কারও সাময়িক মাথা ঘোরা, মাথা দপদপ, স্তন ভারি, ক্লান্তিভাব আসতে পারে।

তবে মনে রাখতে হবে, ইসি কিন্তু নেহাতই এক আপৎকালীন ব্যবস্থা, কখনই নিয়মিত জন্মনিয়ন্ত্রণ পদ্ধতির বিকল্প নয়। এক মাসে একাধিকবার এই ট্যাবলেট খেলে, বা মাঝে মাঝেই খেয়ে চললে হরমোনের প্রভাবে ঋতুচক্র অনিয়মিত হয়ে পরতে পারে। তাই ইসি-র পরামর্শ দেওয়ার সঙ্গে সঙ্গে দম্পতিকে এক নিয়মিত ব্যবস্থার মধ্যে আসতে উদ্বুদ্ধ করতে হবে।

তবে সেই সঙ্গে এ-কথাও সত্যি, বার বার ইসি খাওয়ার পার্শ্বপ্রতিক্রিয়া কখনই অনভিপ্রেত গর্ভসঞ্চারের বিপদের চেয়ে বেশি নয়। তাই তেমন প্রয়োজন পড়লে ইসি ট্যাবলেট নিতেই হবে, এক মাসে একাধিকবার হলেও নিতে হবে।

তা ছাড়া কোনও চিকিৎসক বা স্বাস্থ্যকর্মীর সঙ্গে পরামর্শ না করে সরাসরি ডাক্তারখানা থেকেই যাতে অ্যান্টাসিড-প্যারাসিটামলের মতো ইসি ট্যাবলেট কিনতে পাওয়া যায় (যাকে ওষুধ ব্যাবসার ভাষায় বলে, 'ওভার দ্য কাউন্টার প্রোডাক্ট' বা ওটিসি), তার জন্যও ইউরোপ-আমেরিকার বহু দেশে জনমত সংঘটিত হচ্ছে। তাঁদের বক্তব্য, কোনও ওষুধ ওটিসি হওয়ার জন্য তাকে সাধারণত তিনটি শর্ত পূরণ করতে হয়:

- ওষুধটি নিরাপদ।
- ওষুধটি কার্যকর।
- ওষুধটি সহজে প্রয়োগ করা যায়।

এই তিনটি গুণই ইসি ট্যাবলেটের রয়েছে। সুতরাং দাবি, এই ট্যাবলেট যে কেউ যেন চাইলেই দোকান থেকে কিনতে পারে।

আর যদ্দিন সে ব্যবস্থা না হচ্ছে তদ্দিন ওই সব দেশে ডাক্তারদের পরামর্শ দেওয়া হচ্ছে, কোনও বয়ঃসন্ধিকালীন মেয়ে যদি টেলিফোনেও তার অসুরক্ষিত সংসর্গের ব্যাপারে জানায় তা হলে আর একটুও দেরি না করে ফোনেই তাকে ইসি ট্যাবলেট নেওয়ার পরামর্শ দিয়ে দিন।

মূল্যবোধের খচখচ

তেমন খচখচানি হলে দোষ দেওয়া যায় না। আমাদের ঘরের এক কিশোরী মেয়ে জেনে যাচ্ছে, অসংযমী হলেও তার বিশেষ বিপদ নেই, হাত বাড়ালেই রক্ষাকবচ মজুত। এমন অবস্থায় সামাজিক অনুশাসন যে ভেঙে পড়বে, নতুন প্রজন্ম যে আরও স্বেচ্ছাচারী হয়ে পড়বে তা নিয়ে অভিভাবকদের খুব বেশি সন্দেহ নেই।

কিন্তু সমাজবিজ্ঞানীরা অন্য কথা বলছেন। নানা ক্ষেত্র সমীক্ষা তাঁদের অন্যভাবে ভাবতে শেখাচ্ছে।

২০০০ সালে আমেরিকায় ১৫ থেকে ২৪ বছর বয়সী একদল মেয়ের মধ্যে এক পরীক্ষণ চালানো হয়। এদের সবাইকেই প্রথমে ইমার্জেন্সি কন্ট্রাসেপশন সম্পর্কে সচেতন করা হয়। তারপর অনির্দিষ্টভাবে এদের দুটি দলে ভাগ করা হয়। একটি দলের প্রত্যেকের কাছে ইসি ট্যাবলেট দিয়ে রাখা হল, আর অপর দলকে কিছু দেওয়া হল না। কিছু মাস পরে দেখা গেল, এই দু'দলের মেয়েরাই সমান গুরুত্বে কনডোম ব্যবহার করে চলেছে। যে দলের হাতে ইসি মজুত রয়েছে, তারা যে তুলনামূলকভাবে বেশি মাত্রায় অসাবধানী যৌনজীবন যাপন করছে এমন কোনও প্রমাণ পাওয়া গেল না।

২০০৪ সালে এই একই রকম আর একটি সমীক্ষা মার্কিন মেয়েদের মধ্যে করা হয়। সেখানেও ঐ একই ফল পাওয়া গেল। বাড়তি পর্যবেক্ষণ হল, আদৌ কোনও অসাবধানতা ঘটে গেলে, যাদের কাছে আগাম ট্যাবলেট দেওয়া ছিল তারা বেশি তাড়াতাড়ি সেটি ব্যবহার করার সুযোগ পাচ্ছে।

২০০২ সালে একটি ব্রিটিশ সমীক্ষার রিপোর্ট প্রকাশিত হয়। সেখানে ১২ থেকে ১৫ বছর বয়সী একদল ছাত্র-ছাত্রীকে আপৎকালীন জন্মনিয়ন্ত্রণ

সম্পর্কে শিখিয়ে পড়িয়ে দেওয়া হয়। ৬ মাস বাদে দেখা যায়, এই বয়সী যেসব ছাত্র-ছাত্রী এ-বিষয়ে কিছু জানে না তাদের তুলনায় জ্ঞানগম্যি থাকা ছেলেমেয়েরা যে বেশি যৌন সংসর্গ করছে এমন কোনও প্রমাণ নেই।

তর্ক করা যেতেই পারে, ইউরোপ-আমেরিকার কমবয়সীদের তুলনায় আমাদের দেশের কিশোর-কিশোরীদের সচেতনতা অনেক কম; ইসি সহজলভ্য হয়ে গেলে তারা কতটা দায়িত্বশীল আচরণ করবে তা নিয়ে অনেকের মনেই সন্দেহ আছে। তবু এইসব সমীক্ষা নবীন প্রজন্মের সম্পর্কে কিছুটা ভরসা জোগাচ্ছে বইকি।

তবে একটা বিষয়ে সচেতন থাকতে হবে। অসুরক্ষিত যৌন সংসর্গের একটি বিপদ অবশ্যই প্রেগনেন্সি। কিন্তু তার বাইরে এইচআইভি, হেপাটাইটিস-বি, হেপাটাইটিস সি-জাতীয় ভয়ংকর রোগগুলির কোনওটিই কিন্তু ইসি দ্বারা প্রতিরোধ করা সম্ভব নয়। সেই আতঙ্ক এমনিতেই অসংযমী যৌন জীবনে বল্গা পড়াবে। তাই অভিভাবকরা নিশ্চিন্ত থাকতে পারেন, ইসি বাজারে সুলভ হলেও উচ্ছৃঙ্খল হওয়ার কিছু মোক্ষম বাধা এখনও রয়ে যাচ্ছে।

অ্যাবরশন?

মার্কিন যুক্তরাষ্ট্রের একটি মোকদ্দমার কথা বলি। ড্যানিয়েল ফ্রিম্যান মেরিনা হাসপাতালের বিরুদ্ধে এক মামলা রুজু হল। তাঁদের বিরুদ্ধে অভিযোগ, তাঁরা এক ধর্ষিতার চিকিৎসা করেছেন অথচ তাকে ইমার্জেন্সি কন্ট্রাসেপটিভের কোনও পরামর্শ দেননি। হাসপাতাল কর্তৃপক্ষ যুক্তি দিলেন, তাঁদের কর্তৃপক্ষের ধর্মবিশ্বাসের কারণে তাঁদের প্রতিষ্ঠান কোনওভাবেই অ্যাবরশনে মদত দেয় না।

কিন্তু তাঁদের যুক্তি ধোপে টিকল না। কোর্টের রায় ইসি চিকিৎসার ক্ষেত্রে এক মাইল ফলক। ১৯৮৯ সালের সেই মামলায় আদালত সিদ্ধান্ত টানলেন, ইসি গর্ভপাত করায় না, গর্ভসঞ্চার প্রতিরোধ করে। সুতরাং ধর্মীয় বাধ্যবাধকতায় যাঁদের অ্যাবরশন করানোয় অসুবিধে আছে তাঁরাও ইসি ব্যবহারে কোনও আপত্তি করতে পারেন না।

বাস্তবিক, সহবাসের পর ব্যবহার করা হচ্ছে বলে অনেকেই ভাবেন, ইসি আদতে গর্ভপাত করাচ্ছে। কিন্তু মিলন এবং নিষিক্ত ভ্রূণের জরায়ু-দেওয়ালে

আশ্রয়লাভ— এই দুই ঘটনার মধ্যে সময় লাগে প্রায় ৬-৭ দিন। ইসি-র জারিজুরি এই মধ্যবর্তী সময়কালে। মানে, প্রেগনেন্সি প্রতিষ্ঠিত হওয়ার আগেই তার কাজ শেষ।

ইসি ট্যাবলেট ঠিক কী কাজ করে? কীভাবে সে গর্ভসঞ্চার প্রতিরোধ করে?

মজার কথা, বিজ্ঞানীরা এ-ব্যাপারে এখনও অনেকটা ধাঁধায়।

খুব সম্ভবত পিলের মতো ইসি ট্যাবলেটও নানান দিক থেকে আক্রমণ শানিয়ে গর্ভসঞ্চার প্রতিরোধ করে:

* ঋতুচক্রের প্রথম দিকে খাওয়া হলে এই ট্যাবলেট ওভ্যুলেশন বা ডিম্বাণু নিঃসরণ প্রতিরোধ করে।

* জরায়ু-দেওয়ালে এমন আণুবীক্ষণিক পরিবর্তন ঘটায় যাতে নিষিক্ত ডিম্বাণু সেখানে আশ্রয় পেতে সমস্যায় পড়ে।

* জরায়ু-মুখের শ্লেষ্মায় এমন পরিবর্তন ঘটায় যাতে শুক্রাণু সেখানে সাঁতার কেটে এগোতে বেগ পায়, ডিম্বাণু পরিবহনেও মুশকিল হয়।

এতরকম কায়দা কানুনের কথা বলছি বটে, কিন্তু পরীক্ষা করে দেখা যাচ্ছে, সব ক্ষেত্রে এই সব পরিবর্তন যে ঘটছে তা কিন্তু নয়। সম্ভবত কোন পদ্ধতি কোন ক্ষেত্রে প্রযুক্ত হবে তা নির্ভর করে ঋতুচক্রের কোন পর্যায়ে ট্যাবলেট খাওয়া হচ্ছে তার ওপরে। কিন্তু কোন জৈব-রাসায়নিক সমীকরণ ইসি-কে তার রণকৌশল স্থির করে দিচ্ছে তা এখনও বিজ্ঞানীদের কাছে স্পষ্ট নয়।

ইমার্জেন্সি কন্ট্রাসেপটিভ ট্যাবলেট নিয়ে এত মহিমা কীর্তনের পর তাই শেষ পর্যন্ত মুগ্ধ বিস্ময়ে বলতে হবে, তুমি কেমন করে গান কর হে গুণী।

গর্ভপাত : একটি সম্ভাবনার মৃত্যু

ব্যক্তিগত ও শারীরবৃত্তীয় ব্যাপারে রাজনৈতিক খবরদারির এক বড় উদাহরণ হল গর্ভপাত। গর্ভপাত তাই একান্ত ব্যক্তিগতর সঙ্গে প্রকাশ্য রাজনীতির এক মেলবন্ধন ঘটায় সর্বস্তরেই, গর্ভপাত নিয়ে আলোচনার অর্থ ক্ষমতায়নের কথা বলা।

—*ক্যারল স্মিথ-রোজেনবার্গ*

(Disorderly Conduct: Visions of Gender in Victorian America)

গর্ভপাত করানোর জন্য যে মেয়েটি শুকনো মুখে ডাক্তারের কাছে এসে হাজির হল, সে বিবাহিত হোক বা অবিবাহিত, তার সঙ্গে পুরুষ সঙ্গী থাক বা না থাক, অবধারিতভাবে সেখানে তার অভ্যর্থনা হয় বেশ তিক্ত মেজাজে। নার্স দিদিমণি তাকে বকাবকি করেন। ডাক্তার তাকে ধমক দেন। কারণ, আগু-পিছু ঘটনা যা-ই থাক, মোদ্দা বিষয়টা হল, জন্মনিয়ন্ত্রণ পরীক্ষায় মেয়েটি ফেল করেছে। সে-পরীক্ষার বিচিত্রগামী পাঠ্যসূচীতে হয় সে ঠিকভাবে ঢোকেইনি অথবা তার খুঁটিনাটি আয়ত্তে সে ব্যর্থ হয়েছে।

ডাক্তার বা তাঁর সহকারিণীকে দোষ দেওয়া যায় না, কারণ চিকিৎসাশাস্ত্রের চোখে গর্ভপাত কখনওই জন্মনিয়ন্ত্রণের কোনও স্বীকৃত পদ্ধতি নয়। এখনও সে অগতির গতি, যার আর কোনও পথ নেই অ্যাবরশন তার শেষ সহায়। সব পদ্ধতির শেষে এটি এক নিরুপায় ব্যাক-আপ। ডাক্তারি পরিভাষায় যাকে বলে 'মেডিক্যাল টার্মিনেশন অফ প্রেগনেন্সি' (এম টি পি)। এখানে একটা কথা প্রথমেই স্পষ্ট করা দরকার, গড়পড়তা প্রায় ৭-১০ শতাংশ প্রেগনেন্সি যে স্বাভাবিকভাবেই নষ্ট হয়ে যায় তার কথা কখনওই এই আলোচনায় আসছে না। এখানে আমরা শুধু জন্মনিয়ন্ত্রণে কৃত্রিম গর্ভপাতের ভূমিকার কথাই বলব।

কেবল ডাক্তারখানা নয়, এই কৃত্রিম গর্ভপাত সমাজ-সংসারের সমস্ত প্রান্ত থেকেই নিন্দিত। সমস্ত কালেই। আর তার পেছনে যুক্তিটা খুব সহজবোধ্য, এবং অকাট্য। যেভাবেই ব্যাখ্যা করা হোক না কেন, গর্ভপাত যে জীবনের এক সম্ভাবনাকে অঙ্কুরেই নষ্ট করে, গোদা বাংলায় খুন করে— সে কথা অস্বীকার করার কোনও উপায় নেই। কুরআন বলছে, নিজেদের সন্তানদের দারিদ্রের আশঙ্কায় হত্যা করো না। আমি তাদের রিয্‌ক দেব এবং তোমাদেরকেও দেব। বস্তুতঃই তাদেরকে হত্যা করা এক অতি বড় অপরাধ।'' (১৭:১৩) আপাত তর্কাতীত এই আশ্বাসকে গোঁড়া ধর্মনেতারা আল্লার গর্ভপাত-বিরোধী নির্দেশ বলে প্রচার করেন। বাইবেল-এ দ্ব্যর্থহীন ভাষায় গর্ভপাতকে পাপ হিসেবে বর্ণনা করা হয়েছে। গর্ভপাত করাতে গিয়ে যেসব মহিলার মৃত্যু হচ্ছে, সেন্ট জেরম তাদের 'তিন খুনের পাপী' হিসেবে বর্ণনা করেছেন। তাঁর যুক্তি হল, নিজেকে হত্যা তার প্রথম খুন, স্বর্গীয় দয়িত খ্রিস্টের প্রতি ব্যভিচারিণী হওয়া তার দ্বিতীয় খুন, আর গর্ভস্থ সন্তানকে হত্যা তার তিন নম্বর খুন!

ক্রিস্টিয়ান মানগিউ পরিচালিত রোমানিয়ান ছবি 'ফোর মান্থস থ্রি উইকস্‌অ্যান্ড টু ডেজ'-এর কথা মনে করি। কাহিনীর প্রেক্ষাপট ১৯৮৭ সালে বুখারেস্টের অনতিদূরে এক মফস্বল কলেজের ছাত্রী হোস্টেল। চেসেস্কুর 'সমাজতান্ত্রিক' জমানা শেষ হতে তখনও বছর দুয়েক বাকি। এক আবাসিক মেয়ের গোপন অ্যাবরশন করানোর অভিজ্ঞতা নিয়েই এই ছবি। তার সংকোচ, রাষ্ট্রের চোখরাঙানি, হাতুড়ের কুপ্রস্তাব, অপমান, নিরুপায় আত্মসমর্পণ এইসব বড় বে-আব্রুভাবে ছবিতে চিত্রায়িত।

কিংবা, সিনেমার কথা থাক, এক সাম্প্রতিক ঘটনার কথায় আসি। ক্যাথলিক আয়ার্ল্যান্ডে গর্ভপাত নিষিদ্ধ। তাই প্রয়োজন থাকলেও সেখানের ডাক্তাররা ভারতীয় বংশোদ্ভূত দন্ত-চিকিৎসক সবিতা হালাপ্পানাভার অ্যাবরশন করাতে রাজি হননি। মৃত ভ্রূণ প্রসব করার পর সারা শরীরে সংক্রমণ ছড়িয়ে যাওয়ায় মৃত্যু হয় ডা. সবিতার। দেশের ভেতরে-বাইরে প্রবল জনমতের চাপে গর্ভপাতকে আইনসিদ্ধ করতে একটি বিল এনেছিল আইরিশ মন্ত্রীসভা। এই নতুন শতাব্দীতেও ক্যাথলিক চার্চ ধর্মীয় শুচিতার দোহাই দিয়ে এই বিল পাশ করাতে যথাসাধ্য বাধা দিয়ে চলে। শেষ পর্যন্ত বহু টালবাহানার পর সেটি আইনের রূপ পেল।

সবিতার ঘটনাটি না হয় এক চরম উদাহরণ। কিন্তু আমরা কথা শুরু করেছিলাম যে মেয়েটিকে নিয়ে সাধারণভাবে তার কথাই ভাবি। যদি তার অ্যাবরশন শেষ পর্যন্ত না করা হয়? যদি মেয়েটিকে বকাবকি করার পর ভেতরে না ডেকে নিয়ে তাকে বিদায় দেওয়া হয়? যদি বলা হয়, গর্ভপাত এই এই কারণে অন্যায্য, তাই আমরা তোমাকে ফিরিয়ে দিচ্ছি? তাহলেও কি জীবন নষ্ট করা হল না? নারীবাদীরা বলছেন, সেক্ষেত্রে একটি নয় দু'দুটি জীবন নষ্ট হচ্ছে: মেয়েটির এবং তার অনাকাঙ্ক্ষিত সন্তানের। তাই অনেক মেয়েই তার গর্ভপাত করে দেওয়া ডাক্তারকে দৈব-প্রেরিতের সম্মান দেয়। সমাজতাত্ত্বিক ও মনোবিদ সবাই একমত, অনাকাঙ্ক্ষিত গর্ভকে বয়ে নিয়ে যেতে বাধ্য করলে মেয়েটির মানসিক ক্ষত হয় অনেক দগদগে এবং দীর্ঘস্থায়ী।

একই আঘাত আসে ইচ্ছের বিরুদ্ধে গর্ভপাত করাতে গেলেও। ধরা যাক, স্বামী বা পুরুষ সঙ্গীর জবরদস্তিতে মেয়েটি তার পেটের ভ্রূণ নষ্ট করতে বাধ্য হল। দেশ-বিদেশের প্রায় সব মনোবিজ্ঞানী একমত, এক্ষেত্রে প্রায় নিরাময়-অযোগ্য এক ক্ষত তৈরি হয় মেয়েটির মনে।

আবার জেনে-বুঝে, অনেক ভাবনা-চিন্তা করে স্বেচ্ছায় অ্যাবরশন করানোর কয়েক ঘণ্টা বা কয়েক দিন পর হঠাৎ মানসিক অবসাদে আক্রান্ত হওয়ার ঘটনাও খুব কম নয়।

সুতরাং গর্ভপাত-উত্তর মনস্কতা সম্পর্কে কোনও একমাত্রিক ছাঁচে ঢালা ধারণা করা অসম্ভব। ভিন্ন ভিন্ন মেয়ের ক্ষেত্রে, ভিন্ন ভিন্ন পারিবারিক বাতাবরণে, ভিন্ন ভিন্ন পরিস্থিতিতে গর্ভপাতের প্রতিক্রিয়া বদলে বদলে যায়।

আমার এক ডাক্তার দিদির কথা বলি। তিনি কিছুতেই এমটিপি ক্লিনিকে ডিউটি করতে চাইতেন না। নানা ছুতোনাতায় আমাদের অন্য কারও সঙ্গে বদলা বদলি করে নিতেন। প্রথম প্রথম আমরা বিরক্ত হতাম। অবাকও হতাম কিছুটা। কারণ এমনিতে তিনি কাজেকম্মে যথেষ্টই সিনসিয়ার। শেষে নিজেই একদিন কারণটা জানালেন। তাঁর মেয়ে হওয়ার পর থেকে তিনি নাকি খেয়াল করছেন, যেদিনই এমটিপি ক্লিনিকে তিনি তাঁর পেশেন্টদের অ্যাবরশন করছেন বাড়ি ফিরে দেখছেন তাঁর ছোট্ট মেয়ের শরীরটা খারাপ—কোনও দিন সর্দি তো কোনও দিন পেটের গোলমাল এইরকম। যেসব যুক্তি দিয়ে এই ধারণাকে অবাস্তব বলে উড়িয়ে দেওয়া যায় সেগুলো

আমাদের এই দিদিরও বিলক্ষণ জানা। কিন্তু তাতে মায়ের মন তো মানে না।

মনের মাঝে অবচেতনে নিয়ত কাজ করে যুগ-যুগান্ত বয়ে চলা, প্রজন্মের পর প্রজন্ম ধরে আঁকড়ে থাকা সংকোচ আর অপরাধবোধের এক আবেগঘন প্রেক্ষিত। তাকে অস্বীকার করার কোনও উপায় নেই। একজন চিকিৎসকের মনই যদি এতটা প্রভাবিত হয় তা হলে নিজের ভ্রূণ নষ্ট করতে চলেছে যে মা তার মানসিক অবস্থানের তল পাওয়া আরও কত শক্ত।

মুশকিল হল, এই বিষয়টি সম্পর্কে না চিকিৎসক সমাজ, না নারীবাদী আন্দোলন কেউই এখনও যথেষ্ট সচেতন নয়। তাদের মাথায় ঢুকে আছে একটাই সমস্যা: অনাকাঙ্ক্ষিত গর্ভ থেকে মেয়েটিকে মুক্ত করতে হবে, যাতে তার ও তার পরিবারের সামাজিক-অর্থনৈতিক-শারীরিক অবস্থান সুরক্ষিত থাকে। কিন্তু মেয়েটির মন? সেখানে স্ববিরোধী নানা আবেগ আর সংশয়ের যে টানাপোড়েন তাকে সামলানো যাবে কীভাবে?

এই জন্যই দরকার গর্ভপাত করতে আসা মেয়েটির বিস্তারিত কাউন্সেলিং। যাতে পরে তার মনে না হয়, এমনটা না করলেই ভালো হত। বিশিষ্ট স্ত্রীরোগবিশেষজ্ঞ ক্রিস্টিয়ান নর্থরাপ তাঁর 'উইমেন'স্ বডিস, উইমেন'স্ উইজ়ডম' গ্রন্থে মন্তব্য করেছেন, কোনও মেয়ে যখন নিজের থেকে গর্ভপাতের সিদ্ধান্ত নেয় তখন জানতে হবে সে পাঁচ হাজার বছরের প্রাচীন এক পুরুষতান্ত্রিক প্রাতিষ্ঠানিক স্রোতের বিরুদ্ধে সাঁতার কাটতে চলেছে। সুতরাং শুধু তার শরীর নয়, বাড়তি নজর দিতে হবে তার মনের প্রতিও। সেখানে ধকল পড়ছে আরও বেশি।

সেই সময়

গর্ভপাতের বিরুদ্ধে পাঁচ হাজার বছরের অবিরাম চোখরাঙানি যেমন রয়েছে, তেমনই তার পাশাপাশি রয়েছে তাকে অগ্রাহ্য করার দুঃসাহসও। ওই বোধহয় পাঁচ হাজার বছর ধরেই। তাই প্রাগিতিহাসের কাল থেকে চলেছে অযাচিত গর্ভকে সবার চোখের আড়ালে ধ্বংস করার নানা ফন্দি ফিকির। সেক্ষেত্রে গর্ভবতী মেয়েটির সহায় হতেন কোনও বয়স্কা মহিলা অথবা এ-বিষয়ে অভিজ্ঞ কোনও পুরুষ।

প্রধানত চেষ্টা করা হত কোনও তথাকথিত 'ওষুধ' প্রয়োগ করে ভ্রূণমোচনের। সেই চেষ্টায় সাফল্য-ব্যর্থতার চড়াই-উৎরাই বেয়ে দেশে দেশে কালে কালে পরীক্ষিত হয়েছে হরেক চেনা অচেনা বস্তু। কখনও খাওয়ানো হত পিঁপড়ে থেঁতো করে চটকে, কখনও উটের মুখের ফেনা, কখনও বা কালো লেজ হরিণের লেজের চুল ভাল্লুকের চর্বিতে ডুবিয়ে। অপেক্ষাকৃত আধুনিক সময়ে খাওয়ানো শুরু হল তার্পিন তেল, ক্যাস্টর তেল, মরচে ধরা পেরেক ডোবানো কুইনাইন-এর জল, আদা, আফিম, আরও কত কী। গ্রিস, জার্মানি, ফ্রান্স জুড়ে কয়েক শতক ধরে খাওয়ানো হত worm fern গাছের শেকড় বাটা-- ফরাসি দেশে এর নামই হয়ে গিয়েছিল 'বেশ্যার শেকড়'। এই ধরনের ভেষজ-সন্ধান লোকসংস্কৃতির এক ধারা হিসেবেই আজ স্বীকৃত। অষ্টাদশ শতকে ইউরোপ-আমেরিকায় আইন বাঁচিয়ে কায়দা করে এই রকম বিজ্ঞাপন প্রকাশিত হত: 'মহিলাদের পর্তুগীজ পিল। গর্ভবতী মহিলারা সাবধান। খেলেই গর্ভপাত!'

শুধু মুখে খাইয়ে নয়, গর্ভপাতের জন্য বাইরে থেকেও নানা কসরত করা হত। অষ্টম শতকের সংস্কৃত পুঁথিতে এক উপায়ের কথা রয়েছে: পেঁয়াজের রস একটি পাত্রে ফুটিয়ে তার ওপরে বসে সেই রসের ভাপ নেওয়া। এর বহু যুগ পরে বিংশ শতাব্দীতে পৌঁছে দেখা যায়, ইহুদি মহিলারা কোথাও কোথাও এই ব্যবস্থার শরণাপন্ন হচ্ছেন। তা ছাড়া গোটা পৃথিবী জুড়েই শারীরিক নানা কসরতের নিদান দেওয়া হয়ে আসছে যুগ-যুগান্ত ধরে, যাতে পেটের ওপর অতর্কিত চাপ পড়ায় জরায়ু সংকুচিত হয় এবং ফলত গর্ভপাত ঘটে। যেমন, ভারী ওজন তোলা, গাছে চড়া, অতিরিক্ত গরম জলে স্নান, লাফানো, শরীর ঝাঁকানো, পেটে ম্যাসাজ।

আমরা কলকাতার 'সেই সময়'-এর এক খণ্ডদৃশ্য দেখি [সুনীল গঙ্গোপাধ্যায়। সেই সময়, ১ম খণ্ড পৃ.১১৪-১১৬]। সিংহ বাড়ির ভৃত্য মহলে মাতু নামে এক আঠারো উনিশ বছর বয়সী বিধবা মেয়ের পেট হয়েছে। তাদের গোমস্তা-মা সোহাগবালা দায়িত্ব নিলেন এই অনাকাঙ্ক্ষিত গর্ভ খালাস করার। সন্ধ্যেবেলা অন্ধকার দালানে এক মোটা দড়ি ফেলে দু'পাশে দুই ভৃত্যকে দাঁড় করালেন। তারপর মাতুর পোশাক-আশাক সব খুলিয়ে তাকে দড়ির পাশে দাঁড় করিয়ে বললেন, 'এবার লাপা। এদিক ঠেঙে লাপিয়ে এদিকে এসে পড়!' দ্বিধা ঝেড়ে ফেলে স্ফীত উদরে নগ্ন মাতু লাফাতে শুরু

করল। ভৃত্যদের শেখানো ছিল আগে থেকেই। তারা দড়ি একটু একটু করে ওপরে তুলতে লাগল। কখনও আবার ইচ্ছে করে হঠাৎ অনেকটা ওপরে তুলে দেওয়ায় দড়িতে পা জড়িয়ে মাতু মাটিতে আছড়ে পড়ল কয়েকবার। দিন পনেরো ধরে চলল এই কসরত। প্রথমদিন কুড়িবার, পরদিন পঁচিশ, তার পরদিন তিরিশ এইভাবে বাড়তে থাকে। কিন্তু মাতুর পেট বাড়তেই থাকল। সোহাগবালা দ্বিতীয় পথ নিলেন। ভাতের গরম ফ্যান ভর্তি পেল্লায় গামলা মাতুর মাথায় চাপিয়ে দেওয়া হল। পুকুর ধার অবধি গিয়ে ফেলে আসতে হবে। একে তো অত ভারী জিনিস বইলেই পেটের জিনিস নষ্ট হয়ে যাবে। তা ছাড়া গামলা থেকে ফ্যান ছলকে মাটিতে পড়বে আর তাতে পা হড়কে পড়বে মাতু, এমন এক বাড়তি পরিকল্পনাও করা আছে। তাতেও যদি বা প্রাণে বাঁচে পেটেরটা কিছুতেই বাঁচবে না। কিন্তু সে পরিকল্পনাও ভেস্তে গেল। তখন মরিয়া সোহাগবালা এক দেয়াসিনীর কাছ থেকে জড়িবুটি আনালেন। কিছু শেকড়বাকড় আর তামাকের গুলির মতো কয়েকটা কালো কালো বড়ি সব একসঙ্গে বেটে এখোগুড় মিশিয়ে জোর করে খাইয়ে দেওয়া হল মাতুকে। নরম গলায় সোহাগবালা বললেন, 'আর কোনও ভয় নেই বাছা, চুপ করে ঘুমিয়ে থাক, কাল সকালেই পেট খালাস হয়ে যাবে, দুদিন পরই আবার কাজকম্মো করতে পারবি।'

সেই রাত্রেই মারা গেল মাতু।

মাতুকে নেহাত সেই সময়ের প্রতিনিধি ভাবলে ভুল হবে। মাতুরা এখনও রয়েছে। ভয়ংকর ভাবে রয়েছে। এবং কষ্ট পাচ্ছে। তার চারপাশের তথাকথিত শুভানুধ্যায়ীরা তাদের যাবতীয় নির্মমতা আর অবৈজ্ঞানিকতার প্রয়োগে মাতুদের বিপদকে আরও জটিল করে তুলছে। লোকচক্ষুর আড়ালে সংঘটিত এইসব কাজ-কারবারের পরিসংখ্যান পাওয়া খুবই কঠিন। বিভিন্ন জনগোষ্ঠীর মধ্যে দীর্ঘদিন সমীক্ষা চালিয়ে একটা আনুমানিক হিসেব তৈরি করা হয়।

বিশ্ব স্বাস্থ্য সংস্থার এই রকম এক হিসেব অনুসারে গোটা পৃথিবী জুড়ে বছরে ৪ কোটি ৬০ লক্ষ মহিলার গর্ভপাত করানো হয়। তার মধ্যে বেআইনি বিপজ্জনক গর্ভপাতের সংখ্যা বছরে ২ কোটি। আর এই বেআইনি অ্যাবরশনের ৯৫ শতাংশই ঘটে উন্নতিশীল দেশে। সারা পৃথিবীর হিসেবে প্রতি ৭টি সুস্থ প্রসব পিছু ১টি বেআইনি গর্ভপাত হয়, কিন্তু লাতিন আমেরিকার দেশগুলিতে এই হার প্রতি ৩টি সুস্থ প্রসব পিছু ১টি বা তারও

বেশি। ভারতবর্ষে হিসেবটা একটু অন্যভাবে পেশ করা হয়। সেখানে প্রতি ১০০০জন প্রসূতি (সুস্থ প্রসব নয়) পিছু ৬.১ আইনি গর্ভপাত এবং প্রায় ১৩.৫টি বেআইনি গর্ভপাত ঘটে। কিন্তু ওই যে বলছিলাম, বেআইনি অ্যাবরশনের হিসেব পাওয়া খুব মুশকিল, এক্ষেত্রেও সম্ভবত বেআইনির পরিসংখ্যান ঠিকভাবে সংগ্রহ করা যায়নি। বিশ্ব স্বাস্থ্য সংস্থার হিসেব অনুসারে ভারতবর্ষে আজকাল বেআইনি গর্ভপাতের সংখ্যা এর চেয়ে অনেকটাই বেশি—আইনি গর্ভপাতের তুলনায় ১৫-২০গুণ। তাঁরা একটা হিসেব দিচ্ছেন, ভারতীয় উপমহাদেশে প্রতি ১,০০০ জন ১৫ থেকে ৪৯ বছর বয়সী মহিলাদের মধ্যে ১৫ থেকে ২৪জন জীবনের কোনও-না-কোনও সময়ে বেআইনি গর্ভপাত করিয়েছেন।

'বিপজ্জনক' না বলে আমরা বারবার 'বেআইনি' শব্দটা ব্যবহার করছি, কারণ অন্তত গর্ভপাতের ক্ষেত্রে শব্দদুটি প্রায় সমার্থক। কিন্তু সে কথায় যাওয়ার আগে আমরা দেখে নিই কাকে আমরা 'বেআইনি' বলব, বা এই প্রসঙ্গে আইনটা ঠিক কী? আমরা অবশ্যই আমাদের দেশের আইনের কথাই বলব। তবে অন্য দেশের আইনে খুব মৌলিক তফাত কিছু নেই।

আইন কী বলছে

চিকিৎসাশাস্ত্র অনুসারে, গর্ভস্থ ভ্রূণ যতদিন মায়ের শরীরের বাইরে স্বাধীনভাবে বাঁচার ক্ষমতা অর্জন না করছে ততদিনের মধ্যে গর্ভ নষ্ট হলে তাকে গর্ভপাত বা অ্যাবরশন বলা হবে। আধুনিক হিসেবে এই সীমা হল ২৮সপ্তাহ, যখন গর্ভস্থ ভ্রূণের ওজন দাঁড়ায় প্রায় ১কিলোগ্রাম। এরপরেও মিসক্যারেজ নিশ্চয় হতে পারে, কিন্তু তাকে অপরিণত প্রসব হিসেবে ধরা হবে।

আগে ভ্রূণের বয়স নিখুঁতভাবে নির্ধারণ করার যখন কোনও উপায় ছিল না, সেই ঊনবিংশ শতাব্দীর আগে অবধি, মা যখন থেকে বাচ্চার নড়াচড়া বুঝতে পারছেন তখন থেকে ভ্রূণের জীবন-সম্ভাবনা আছে বলে ধরা হত। তার আগে গর্ভ নষ্ট হলে প্রোটেস্ট্যান্ট বা ক্যাথলিক কেউই তা নিয়ে মাথা ঘামাতেন না। ঊনবিংশ শতাব্দীতে জীবনের রহস্য যখন অনেকটা স্পষ্ট হল, জানা গেল সঙ্গমের অল্প পরেই শুক্রাণু আর ডিম্বাণু মিলিত হয়ে যে কোষ

তৈরি হচ্ছে সেটিই বিভাজিত হতে হতে পূর্ণ জীবদেহের রূপ নেয়, ধর্মীয় নেতারাও তখন থেকে অ্যাবরশন নিয়ে গোঁড়ামি শুরু করলেন। বলা যেতে পাতে, ধর্মীয় গোঁড়ামি শুরু হল খোদ বিজ্ঞানে অগ্রগতির হাত ধরে।

তা যাক, আমরা আবার আইনের কথায় ফিরে আসি। পুরনো আইন বদলে ১৯৭১ সালে ভারতীয় পার্লামেন্ট নতুন মেডিক্যাল টার্মিনেশন অফ প্রেগনেন্সি আইন পাশ করে। এই আইনে গর্ভপাত করার ব্যাপারে ডাক্তারের যোগ্যতামান, কাদের ক্ষেত্রে তা করা যাবে, তার জন্য প্রাতিষ্ঠানিক কী ব্যবস্থা থাকা দরকার ইত্যাদি সব কিছুই খুব স্পষ্ট করে উল্লেখিত। এই শর্ত কোথাও লঙ্ঘন হলেই সেটি বেআইনি হিসেবে ধরা হবে। পরে পরে এই আইনে যত সংশোধনী হয়েছে ততই বর্তমান আন্তর্জাতিক মনস্কতার সঙ্গে তাল মিলিয়ে সেটি আরও উদার হয়েছে। বর্তমানে কোনও মহিলা তাঁর গর্ভাবস্থার প্রথম পর্যায়েই যদি অ্যাবরশন করাবেন বলে মনস্থির করে ফেলেন, তা হলে আইন তাঁকে কোনওভাবেই বাধা সৃষ্টি করে না। কিন্তু প্রথম পর্যায় বলতে ঠিক কী বলা হচ্ছে? ভারতীয় আইনের এই বিষয়টি নিয়ে, মানে কাদের ক্ষেত্রে গর্ভপাত আইন-স্বীকৃত, সেটি একটু বিস্তারিতভাবে বুঝে নেওয়া যাক।

চিকিৎসাশাস্ত্র ২৮ সপ্তাহকে সীমা হিসেবে ধরলেও ভারতীয় আইনে এই সীমা ২০ সপ্তাহ। গর্ভাবস্থা সেই সীমা পেরিয়ে গেলে তাকে নষ্ট করার চেষ্টা আইনের চোখে অপরাধ। এই ২০ সপ্তাহকে আবার দুটি ভাগে ভাগ করা হয়েছে: প্রথম ১২ সপ্তাহের মধ্যে হলে একজন স্বীকৃত ডাক্তারের তত্ত্বাবধানেই গর্ভপাত করানো যেতে পারে, কিন্তু ১২ থেকে ২০ সপ্তাহের মধ্যে করাতে গেলে কমপক্ষে দু'জন স্বীকৃত চিকিৎসকের সায় দরকার।

আইন এই যে গর্ভপাতযোগ্য সময়কালকে দুটি ভাগে ভাগ করেছে, বাস্তবে কিন্তু এ ছাড়াও, বা বলা উচিত এর আগে, আর একটি সম্ভাবনার কথা উঠবে। ধরা যাক, একজন মহিলার মোটামুটি নিয়মিত পিরিয়ড হয়। এই মাসে হঠাৎ পাঁচ-ছ'দিন পেরিয়ে গেল, এখনও তাঁর পিরিয়ড হল না। তিনি চিন্তিত হয়ে তাঁর চিকিৎসকের কাছে এলেন। কিন্তু ভদ্রমহিলা প্রেগন্যান্ট কিনা তা এত তাড়াতাড়ি নিশ্চিতভাবে বলার মতো কোনও পরীক্ষাই এখনও সুলভ নয়। অথচ 'ঠিক আছে, আপনি আরও সপ্তা' খানেক বাদে আসুন, তখন যদি দেখা যায় বাচ্চা এসে গেছে তা হলে না হয় কিছু করা যাবে' বলে

মানুষটির উৎকণ্ঠা জিইয়ে রাখাও সমীচীন নয়। এঁদের ক্ষেত্রে যে পদ্ধতি নেওয়া হয় তাকে সাধারণভাবে 'ঋতু নিয়মিতকরণ' বলা হয়—অর্থাৎ প্রেগনেন্সি এসে গেছে কিনা আমরা নিশ্চিত নই, তবে মাসিককে আবার তার স্বাভাবিক ছন্দে ফিরিয়ে আনা হল। এখন, প্রেগনেন্সি ছিল কিনা বলা যাচ্ছে না বলে একে সংজ্ঞা মেনে গর্ভপাত বলা যাবে না। তাই ভুক্তভোগীরা এই বাস্তব সমস্যার গুরুত্ব যতই উপলব্ধি করুন না কেন এটি গর্ভপাত আইনের চৌহদ্দির বাইরে।

এখন পৃথিবীর প্রায় সর্বত্রই গর্ভপাতকে আইনি রক্ষাকবচ দেওয়ার চেষ্টা চলছে। মায়ের জীবন বাঁচাতে অ্যাবরশন প্রায় সব দেশের আইনেই স্বীকৃত। মায়ের শারীরিক ও মানসিক স্বাস্থ্য রক্ষার্থে গর্ভপাতও ৬০ শতাংশের বেশি দেশে আইনি সায় পেয়েছে। প্রায় ৪০ শতাংশ দেশে সায় মিলেছে ধর্ষণ-জনিত গর্ভ মোচনে। এক-তৃতীয়াংশ দেশে আর্থিক বা সামাজিক কারণে অ্যাবরশন আইনসঙ্গত। আর এক-চতুর্থাংশ দেশে সংশ্লিষ্ট মহিলা নেহাত অনুরোধ করলেও গর্ভপাত করা যেতে পারে।

এই 'অনুরোধে গর্ভপাত'-কে আইনি বৈধতা দেওয়ার জন্য নারীবাদীরা দীর্ঘদিন ধরে সোচ্চার। তাঁরা অবশ্য একে 'গর্ভপাতের দাবি' বলতেই পছন্দ করেন—'অ্যাবরশন অন রিকোয়েস্ট' নয়, 'অ্যাবরশন অন ডিম্যান্ড'। তাঁদের মতে মহিলারা অ্যাবরশন করাতে চান নেহাত এইটুকু বললে যথেষ্ট নয়; বলা দরকার, অ্যাবরশন তাঁদের প্রয়োজন। আর দেশে দেশে এই প্রয়োজনকে আইনি শিলমোহর দেওয়া চলছে।

কিন্তু শুধু আইন পাশ করলেই তো হবে না। আইনি গর্ভপাতের পরিষেবাকে তো মানুষের নাগালে আনতে হবে। সরকারি ক্ষেত্রে উপযুক্ত কর্মীর অভাব, মহিলার গোপনীয়তার অভাব, কোথায় গেলে সুবিধে হবে সে সংক্রান্ত প্রচারের অভাব। আবার বেসরকারি ক্ষেত্রে ক্রমবর্ধমান খরচা, বিজ্ঞাপনের অসংগত ফাঁকা বুলি। ফলে অনেকেই দ্বারস্থ হতে বাধ্য হচ্ছেন এমন প্রতিষ্ঠানের যেখানে উপযুক্ত চিকিৎসক নেই, অথবা উপযুক্ত পরিকাঠামো নেই—অর্থাৎ যেগুলি আইন-স্বীকৃত নয়। মানে কতকটা বাধ্য হয়েই তাঁরা 'বেআইনি' গর্ভপাত করাচ্ছেন এবং এই সমস্যা গ্রাম-শহর সর্বত্রই।

আর আগেই বলছিলাম, বেআইনি মানেই বিপজ্জনক। সাধারণভাবে

চিকিৎসাশাস্ত্রে প্রথম তিন মাসের গর্ভপাতকে নিরাপদ হিসেবে ভাবা হয়। বলা হয়ে থাকে, অ্যাপেন্ডিক্স অপারেশনের তুলনাতেও এটি ১০০ শতাংশ বেশি নিরাপদ। অথচ বেআইনি অ্যাবরশনে নানারকমের জটিলতা। যন্ত্রপাতি জীবাণুমুক্ত করার পরিকাঠামো না থাকায় জীবাণু সংক্রমণ এক অত্যন্ত বড় সমস্যা, যে সংক্রমণের জের শরীরে এক দীর্ঘস্থায়ী প্রভাব ফেলে। তা ছাড়া জরায়ুমুখ বা জরায়ুর ক্ষত, জরায়ু ফুটো হয়ে খাদ্যনালিতে চোট, ভবিষ্যতে সন্তানধারণে অক্ষমতা এসবও উল্টোপাল্টা জায়গায় অ্যাবরশন করানোর কয়েকটি সম্ভাব্য প্রতিক্রিয়া। আর তার সঙ্গে থাকছে গর্ভপাতজনিত মৃত্যু। এই আধুনিক যুগেও আমাদের দেশে প্রতি ২৫০টি বেআইনি অ্যাবরশনের মধ্যে ১জনের মৃত্যু ঘটে। প্রতি ১,০০,০০০ জীবিত সন্তান প্রসব পিছু ৭০-৮৯ জন ভারতীয় মহিলা বেআইনি গর্ভপাতের কারণে মারা যান। টাইম পত্রিকার জুলাই ২০১৩ হিসেব অনুসারে, প্রতি ২ ঘণ্টায় একজন ভারতীয় মহিলা গর্ভপাত-সম্পর্কিত কারণে মারা যান। সুতরাং এই সময়েও সেই সময়ের দীর্ঘ ছায়া।

মেয়েগুলো সব গেল কোথায়

এখানে আমরা জন্মনিয়ন্ত্রণে অ্যাবরশনের ভূমিকা নিয়ে মূলত আলোচনা করছি। তবু গুরুত্বের বিচারে কন্যাভ্রূণ হত্যার বিষয়টি পুরোপুরি এড়িয়ে যাওয়া ঠিক হবে না।

আবার আমরা একটি সিনেমার গল্প বলি। এটি একটি দক্ষিণ ভারতীয় ছবি-- 'মাক্রভূমি: আ নেশন উইদাউট উইমেন'। টাইম ম্যাগাজিন নির্বাচিত ২০০৩-এর সেরা দশটি চলচ্চিত্রের মধ্যে এটি জায়গা পেয়েছিল। এখানে দেখানো হয়েছে এক গ্রামের গল্প, যেখানে শুধুই পুরুষ মানুষের রাজত্ব। নারী শরীরের অভাবে সেখানের পুরুষ মানুষরা বিবিধ বিকারে আক্রান্ত। এই গ্রামেরই এক সম্পদশালী ব্যক্তি রামচরণ। তাঁর পাঁচ পুত্র। তিনি দালালের মাধ্যমে অন্য গ্রাম থেকে কল্কি নামের এক অসহায় মেয়েকে কিনে নেন তাঁর পাঁচ ছেলের যৌথ ঘরনি হিসেবে। আদতে দেখা যায়, শুধু পাঁচ স্বামীই নয়, শ্বশুর রামচরণও কল্কিকে নির্দ্বিধায় ভোগ করতে থাকেন। অপমানিত, অত্যাচারিত কল্কি অন্ত্যজ শ্রেণির গৃহভৃত্য রঘুর সঙ্গে পালিয়ে যায় এবং অল্প

পরেই ধরা পড়ে। তার পঞ্চস্বামী রঘুকে খুন করে এবং ফলত গ্রামে উচ্চবর্ণের সঙ্গে নিম্ন বর্ণের তুমুল সংঘর্ষ বাধে। মারামারি কাটাকাটির মাঝে উভয়পক্ষই তাদের শক্তি প্রমাণ করতে কল্কিকে পর্যায়ক্রমে ধর্ষণ করে যায়। কল্কি গর্ভবতী হয়। কিন্তু কেউই তাদের পিতৃত্ব প্রতিষ্ঠার সুযোগ পায় না। কারণ পারস্পরিক হানাহানিতে গ্রাম তখন জনশূন্য। ধূ ধূ প্রান্তরে নিঃসঙ্গ কল্কির প্রসব হয়। এই গ্রামে বহুদিন পর এক কন্যা সন্তান জন্মালো।

'মাত্রুভূমি' এক কল্পকাহিনী সন্দেহ নেই। এখানে নারী-বৈষম্যের চরম প্রকাশ দাঁড়িয়ে আছে নারীর সংখ্যা-শূন্যতার যে প্রেক্ষিতের ওপর তা অবাস্তব ঠিকই, কিন্তু পৃথিবী জুড়ে, বিশেষত অনুন্নত এবং উন্নয়নশীল দেশে নারী-পুরুষ সংখ্যার আনুপাতিক হারে যে ক্রমাবনতি, সে কথা মাথায় রাখলে এই কাহিনী কন্যাভ্রূণহত্যার এক নির্মম আতঙ্কের মুখোমুখি আমাদের দাঁড় করিয়ে দেয়।

অন্য দেশের কথা থাক। আপাতত শুধু নিজেদের কথাই ভাবি।

ভারতে প্রতি ১০০০ জন পুরুষ-পিছু মহিলার সংখ্যা ৯৪০, ২০০১-এর আদমসুমারিতে এই সংখ্যা ছিল আরও কম: ৯৩৩। সাধারণ সম্ভাব্যতার সূত্রেই জন্মের সময় পুত্র বা কন্যা হওয়ার সম্ভাবনা সমান সমান। চিকিৎসা পাওয়ার সুযোগে এবং জীবনযাত্রার মানে কোনও তফাত না হলে দুই তরফের আয়ুতেও তেমন কোনও তফাত হওয়ার কথা নয়। তা সত্ত্বেও যে নারী-পুরুষে সংখ্যার এতখানি পার্থক্য তার ভেতরের মূল কারণটা আমরা সবাই জানি: মেয়েদের প্রতি অবহেলা আর কন্যাভ্রূণহত্যা।

কিন্তু এখানেই পিছিয়ে পড়ার শেষ নয়। আরও হতাশার খবর লুকিয়ে আছে রাজ্য-ওয়ারি হিসেবনিকেশে। এতদিন আমাদের ধারণা ছিল, শিক্ষা ও স্বাচ্ছল্যের অভাবই কন্যাসন্তানকে অবাঞ্ছিত করে রাখে। সমাজবিজ্ঞানীরা আমাদের ভরসা দিয়েছিলেন, শিক্ষা, সচেতনতা আর দারিদ্র্য-মোচনের মধ্যে দিয়েই স্ত্রী-পুরুষের সমানাধিকার সূচিত হয়। কিন্তু হায়, গত কয়েকটি আদমসুমারির বিস্তারিত রিপোর্ট সে ধারণাকে ধুলোয় মিশিয়ে দিয়েছে। দেখা যাচ্ছে, পঞ্জাব-হরিয়ানার মতো সার্বিক শিক্ষা এবং মাথা-পিছু আয়ের দিক থেকে প্রথম সারির রাজ্যে প্রতি ১,০০০ নবজাতক পুত্র-পিছু কন্যার সংখ্যা ৮৫০-এরও কম। সম্পদশালী গুজরাট বা দিল্লীতেও এই সংখ্যা ৯০০-র

নীচে। পঞ্জাব-হরিয়ানা-গুজরাট তিন রাজ্যেই এমন কিছু এলাকা আছে, যেখানে এই সংখ্যা ৮০০-র কম। এমনকী হরিয়ানার কিছু এলাকায় এই হার ৬২০-র নীচে নেমে গেছে।

অর্থাৎ সম্পদ এবং শিক্ষা মানুষকে নারীজাতি সম্পর্কে শ্রদ্ধাশীল করেনি, তার সামাজিক অবস্থানের যথার্থ উন্নতি ঘটায়নি। উলটে ভ্রূণের লিঙ্গ নির্ধারণের মতো খরচসাপেক্ষ এবং আধুনিক প্রযুক্তিনির্ভর নানা ব্যবস্থাকে তাদের আয়ত্তের মধ্যে নিয়ে এসেছে। ইদানিং নার্সিংহোম বা ডায়াগনস্টিক সেন্টারে এক বিজ্ঞপ্তি চোখে পড়ে: 'এখানে প্রাক-প্রসব লিঙ্গ নির্ধারণ করা হয় না'। 'প্রি-ন্যাটাল সেক্স ডিটারমিনেশন' নিয়ে সুপ্রিমকোর্ট নির্দেশিত এই বাধ্যতামূলক ঘোষণার উদ্দেশ্যটি যে সাধু তা নিয়ে কোনও সন্দেহ নেই।

তবে তাতে কাজের কাজ যে বিশেষ হচ্ছে না, জনগণনার সংখ্যাতত্ত্বই তার প্রমাণ। অ্যাবরশনের বিরুদ্ধে সবচেয়ে বড় অভিযোগের তীর এখন এই দিক থেকেই। আইন করে পণ-প্রথা বা ধূমপান কোনওটিই যখন আটকানো যায়নি, এক্ষেত্রেও আশা কম। এ ধরনের সামাজিক পাপস্খালনের জন্য দরকার রাজনৈতিক সদিচ্ছা আর সার্বিক গণ-আন্দোলন। আমাদের নেতা-নেত্রীরা কবে তেমন পরিণত হয়ে উঠবেন, অপেক্ষা এখন সেই সুদিনেরই।

আর যতদিন তা না হচ্ছে, আরও হাজার হাজার কন্যাসন্তান আকাশ ভরে উঠবে কেঁদে, 'হারিয়ে গেছি আমি'।

কোন পদ্ধতি কতটা নিরাপদ

গর্ভপাতের সময়কালকে আগের মতো আর একবার ভাগ করে নিই :

১] **ঋতু নিয়মিতকরণ**—যখন প্রেগনেন্সি আদৌ এসেছে কিনা নিশ্চিত না হয়েই পিরিয়ড মিস করার ১৪দিনের মধ্যে সাকশন পদ্ধতিতে জরায়ুর মধ্যে জমা কোষ-কলা বার করে দেওয়া হয়। দেখা গেছে শেষ পিরিয়ডের প্রথম দিন থেকে ৩৫-৪৫তম দিনের মধ্যে করতে পারলে এই পদ্ধতি সবচেয়ে ফলপ্রসূ এবং নিরাপদ। কোনও জন্মনিয়ন্ত্রণ পদ্ধতির ধার ধারছেন না এমন যৌন-সক্রিয় বেপরোয়া মহিলাকে তাঁর কুড়ির কোঠায় বয়স হলে বছরে তিনবার আর তিরিশের কোঠায় বয়স হলে বছরে দু'বার এই পদ্ধতির শরণাপন্ন হতে হবে। তবে সেটা যে কোনও কাজের কথা নয় সে তো বলাই

বাড়তি। সেক্ষেত্রে তখন ইনফেকশন আর জরায়ুমুখের শিথিলতা হওয়ার প্রবল সম্ভাবনা।

২] **গর্ভাবস্থার প্রথম ১২ সপ্তাহ**—এক্ষেত্রে রয়েছে দুটি সুযোগ। জরায়ুমুখ দিয়ে গর্ভস্থ ভ্রূণ বার করে আনার সাবেক সার্জিকাল পদ্ধতি তো রয়েইছে। সেই সঙ্গে এখন মুখে খাওয়ার ওষুধ ব্যবহারের সুবিধেও পাওয়া যাচ্ছে। মিফেপ্রিস্টন নামে এক অ্যান্টি-প্রোজেস্টেরন ট্যাবলেট ২০০ মিলিগ্রাম মুখে খাওয়ার ৩৬-৪৮ ঘণ্টা পর মিসোপ্রস্টল ট্যাবলেট মুখে খেয়ে বা যোনিদ্বারে ব্যবহার করার নিয়ম। পেটব্যথা, গা-বমি, পাতলা পায়খানার মতো সাধারণ কিছু পার্শ্বপ্রতিক্রিয়া বাদ দিলে এই পদ্ধতি মোটের ওপর নিরাপদ ও কার্যকর। তবে বিজ্ঞাপনে প্রভাবিত হয়ে অনেকেই এখন চিকিৎসকের পরামর্শ ছাড়াই এই ওষুধ নিজেরা ব্যবহার করছেন, তাই অন্তত তিনটি বিষয়ে সাবধান করা দরকার:

প্রথমত, এই পদ্ধতি গর্ভের ৯ সপ্তাহ অবধি ঠিকঠাক কার্যকর, তার চেয়ে দেরি হয়ে গেলে সার্জিকাল পদ্ধতিই ভালো।

দ্বিতীয়ত, ওষুধ খাওয়া সত্ত্বেও ৫ শতাংশ ক্ষেত্রে এটি ব্যর্থ হওয়ার বা অসম্পূর্ণ গর্ভমোচনের আশঙ্কা, তখন আর সাবেক সার্জারি ছাড়া গতি নেই। এরপর বাচ্চা রাখবার সিদ্ধান্তও বিপজ্জনক। কারণ এই ওষুধ খাওয়ার পর গর্ভ নষ্ট না হলে সেই গর্ভস্থ সন্তানের জন্মগত নানা ত্রুটি থাকার যথেষ্ট সম্ভাবনা। তাই ওষুধ খাওয়ার পর রক্তপাত হল দেখেই নিশ্চিন্ত না হয়ে সম্পূর্ণ গর্ভমোচন হল কিনা সে বিষয়ে ডাক্তারি পরামর্শ নেওয়া দরকার।

আর তৃতীয়ত, গর্ভপাতের আগে, বিশেষত প্রথম প্রেগনেন্সি নষ্ট করতে গেলে, মহিলার ব্লাড গ্রুপ অবশ্যই করিয়ে নিতে হবে। সেটি নেগেটিভ হলে ভ্রূণ নষ্টের ৭২ ঘণ্টার মধ্যে চিকিৎসকের সঙ্গে পরামর্শ করে একটি ইনজেকশন প্রয়োগ করতে হবে, না হলে ভবিষ্যতে বাচ্চা নেওয়ায় বড় রকম সমস্যা দেখা দেওয়ার আশঙ্কা।

৩] **গর্ভাবস্থার ১২-২০ সপ্তাহ**— আমাদের দেশের আইন অনুসারে এই শেষ সুযোগ। এখানেও ওষুধ আর সার্জারি দুটি পথ খোলা। তাদের প্রয়োগেও খুব একটা তফাত নেই। কিন্তু তফাত পার্শ্বপ্রতিক্রিয়ার আশঙ্কায়।

দেখা যাচ্ছে, প্রথম ৭-৮ সপ্তাহের মধ্যে গর্ভপাত খুবই নিরাপদ। গর্ভকালীন ও প্রসবকালীন যে যৎসামান্য প্রাণহানির আশঙ্কা, এই প্রথম

অবস্থায় গর্ভপাতে মৃত্যুর আশঙ্কা তারও মাত্র ৯ শতাংশ। কিন্তু এরপর প্রতি সপ্তাহের বিলম্বে ছোটবড় মিলিয়ে নানা পার্শ্বপ্রতিক্রিয়ার আশঙ্কা ১৫-৩০ শতাংশ হারে বাড়তে থাকে।

কী কী পার্শ্বপ্রতিক্রিয়া? তাৎক্ষণিক পার্শ্বপ্রতিক্রিয়ার মধ্যে প্রধানত রক্তক্ষরণ, ইনফেকশন, জরায়ুর ক্ষত এবং সর্বোপরি পদ্ধতির ব্যর্থতা, মানে গর্ভপাত না হওয়া। দীর্ঘস্থায়ী পার্শ্বপ্রতিক্রিয়ার মধ্যে ইনফেকশন ছাড়া আর প্রায় সবই ভবিষ্যৎ প্রেগনেন্সি সংক্রান্ত: অনভিপ্রেত গর্ভপাত, ভ্রূণের বৃদ্ধি ব্যাহত এই সব। এই সমস্ত পার্শ্বপ্রতিক্রিয়ার আশঙ্কাই ৮ সপ্তাহের চেয়ে যত দেরিতে অ্যাবরশন করা হবে ততই দ্রুত বাড়তে থাকবে। আর তা ছাড়া বারবার গর্ভপাত করালে বা প্রথম গর্ভ নষ্ট করলে দীর্ঘস্থায়ী পার্শ্বপ্রতিক্রিয়ার আশঙ্কা বাড়ে।

সুতরাং গর্ভপাত যদি করাতেই হয় তা হলে দ্রুত মনস্থির করে যত তাড়াতাড়ি সম্ভব তা করিয়ে নেওয়াই সবদিক থেকে মঙ্গল। এখন বাড়িতে বসেই যখন নিজে নিজে প্রেগনেন্সি কিট দিয়ে মূত্র পরীক্ষা করা যাচ্ছে, তখন পেটে বাচ্চা এসে গেছে কিনা সেটা জানতে কোনও অসুবিধে বা দেরি হওয়ার কথা নয়। কিন্তু বাস্তবে দেখা যায় অনেকেই আসছেন প্রেগনেন্সি অনেকটা এগিয়ে যাওয়ার পর। যাঁদের অনিয়মিত ঋতু তাঁদের বুঝে উঠতে একটু সময় লাগে। কেউ আবার চেষ্টাকৃত হাসি এনে বলেন, 'জাস্ট খেয়াল করিনি'। তা ছাড়া এই কারণে ডাক্তারের কাছে আসতে একটা সংকোচ তো আছেই— বিশেষত অবিবাহিত মেয়েদের ক্ষেত্রে। তাদের মায়েদের বকুনি দিলে তাঁরা উলটে রাগ প্রকাশ করেন স্যানিটারি ন্যাপকিনের ওপর, 'আমাদের সময় কাপড় শুকোতে দিলেই বাড়ির মেয়েরা জানতে পারত কার কবে হচ্ছে, এখন কেনা জিনিস চালু হয়ে মেয়েরা আর মা-মাসি-পিসিকে পাত্তাই দেয় না'।

না, ভুলটা শুধু এই হুঁশ হতে দেরি হওয়ায় নয়। বরং অনেক বড় ভুলের এটা একটা বাড়তি লেজুড়। মূল ভুলটা হল কোনও জন্মনিয়ন্ত্রণ পদ্ধতি না নেওয়া। তার জন্যই অগতির গতি এই ব্যাক-আপ ব্যবস্থার দ্বারস্থ হওয়া। কিন্তু সরাসরি জন্মনিয়ন্ত্রণ পদ্ধতি হিসেবে এটি কখনওই কাম্য নয়।

তাই সেই ভুল শুধরোনো শুরু করতে আর কোনও রকম দেরি নয়। শুরু করতে হবে আজই।

একটু বুঝিয়ে বলি। দেখা গেছে, গর্ভপাত করানোর ২০ দিনের মধ্যে ৭৫ শতাংশ মহিলার শরীরে আবার নতুন ডিম্বাণু তৈরি শুরু হয়ে যায়। অন্য কোনও সাবধানতা না নিলে ৬ শতাংশ মহিলা ৪-৬ সপ্তাহের মধ্যে আবার গর্ভবতী হয়ে পড়বেন। তাই অ্যাবরশনের দিন থেকেই শুরু করে দিতে হবে একটা কোনও স্বীকৃত জন্মনিয়ন্ত্রণ পদ্ধতি—ওরাল পিল বা কপার-টি বা অন্তত কনডোম। আর এই সময়ে সংশ্লিষ্ট মহিলা ও তাঁর পরিবারকে কোনও পদ্ধতি গ্রহণ করানোর জন্য রাজি করানোও অনেকটা সহজ।

জন্মনিয়ন্ত্রণে এটিই অ্যাবরশনের সবচেয়ে দূরপ্রসারী ভূমিকা।

গোলকিপার একা নয়

মূল দায়িত্ব ডিফেন্ডারদের। তাদের এড়িয়ে যদি কোনও আক্রমণ এসে পড়ে তাকে আটকাবে গোলকিপার। জন্মনিয়ন্ত্রণ পরিকল্পনায় অ্যাবরশনের ভূমিকা হওয়া উচিত এটাই। কিন্তু তেকাঠির নীচে কিপার আছে বলে রক্ষণভাগের খেলোয়াড়রা গা এলিয়ে দেবে সে তো আর সম্ভব নয়। বরং তারা আপ্রাণ লড়াই করবে, তাদের পেছনে এক নির্ভরযোগ্য গোলকিপারের উপস্থিতি তাদের আত্মবিশ্বাস যোগাবে।

এক্ষেত্রেও তাই। যে-কোনও জন্মনিয়ন্ত্রণ পদ্ধতির জমাট রক্ষণ আরও শক্তিশালী হবে। কারণ তাদের পেছনে রয়েছে এক অমোঘ ব্যাক-আপ, নানা চোখরাঙানি আর প্রতিকূলতাকে অগ্রাহ্য করে গত পাঁচ হাজার বছর ধরে যে নিজেকে একটু একটু করে দুর্ভেদ্য করে তুলেছে।

মহিলাদের অপারেশন

মহিলাদের অপারেশনের প্রতি পক্ষপাতিত্ব গোটা বিশ্ব জুড়েই। পুরুষদের অপারেশন তুলনামূলকভাবে অনেক সহজ এবং নিরাপদ হওয়া সত্ত্বেও সারা পৃথিবীতে পুরুষদের তুলনায় মহিলাদের অপারেশন হয় প্রায় চারগুণ।

উনিশ-কুড়ি বছরের মেয়েটিকে অপুষ্টির কারণে আরওই ছোটখাটো দেখতে। তার পারিবারিক চিকিৎসক বলেছেন, পেটে আবার যদি তোর বাচ্চা আসে তবে সে বাচ্চা বাঁচবে কিনা জানি না, কিন্তু তুই যে মরবি সে কথা আমি লিখে দিতে পারি। তিনিই ধমক-ধামক দিয়ে মেয়েটাকে হাসপাতালে পাঠিয়েছেন। তখন সবে বাচ্চা বন্ধের অপারেশন শুরু হয়েছে ইউরোপে। ভীত-সন্ত্রস্ত মেয়েটিকে নিয়ে আসা হল সার্জেনের কাছে। সার্জেন সাহেব জিজ্ঞেস করলেন, বয়স কত হল?

মেয়েটি জড়সড় হয়ে উত্তর দিল, কুড়ি বছর তিন মাস।

বাচ্চা-কাচ্চা কটি? গোটা ছয়েক হয়েছে?

সার্জেনের প্রশ্ন শুনে মেয়েটি আরওই ঘাবড়ে গিয়ে ঢোঁক গিলে বলল, দুই ছেলে দুই মেয়ে।

উত্তর শুনে সার্জেন ধমক লাগান, তবে আবার তাড়াহুড়ো কিসের? এত তাড়াতাড়ি কারও বাচ্চা বন্ধের অপারেশন করা যায়? যাও যাও, স্বামী-স্ত্রীতে আলাদা ঘরে শোওয়া অভ্যেস করো।

মেয়েটি শুকনো মুখে বিদায় নেওয়ার পরেই সার্জেনের ঘরে ঢুকলেন এক মাঝবয়সিনী। বয়স বললেন চুয়াল্লিশ। প্রথম দিকে পেটে বাচ্চা দাঁড়াতো না। দু’-তিন মাস যেতে না যেতেই গর্ভপাত হয়ে যেত। শেষ পর্যন্ত ভাগ্যক্রমে

দুটি বাচ্চা হয়েছে। এই বয়সে আর তিনি ধকল নিতে রাজি নন। বাচ্চা বন্ধের অপারেশন শুরু হচ্ছে শুনে তিনি অনেক দূর থেকে হাসপাতালে এসেছেন।

কিন্তু সার্জেন তাঁকেও ফিরিয়ে দিলেন। দোয়াতে কলম ডুবিয়ে খস খস করে লিখে দিলেন, অপারেশনের জন্য এখনও যোগ্য নয়।

ডাক পড়ল অপেক্ষমান তৃতীয় মায়ের। আগের দু'জনকে ফেরত যেতে দেখে সে ধরে নিয়েছে, এত কান্ড করে হাসপাতাল এসে এবার তাকেও ফিরে যেতে হবে। বিরস মুখে ঘরে ঢুকতেই সার্জেন সাহেব তাঁর বাঁধা প্রশ্ন আবার এর দিকেও ছুঁড়ে দিলেন, বয়স কত, কটি বাচ্চা?

বয়স সাড়ে একত্রিশ। চার ছেলে-মেয়ে।

উত্তর শুনে সার্জেন হুঙ্কার ছাড়লেন, তা এতদিন কী করছিলে? জানো না, বছর দুয়েক হল এখানে বাচ্চা বন্ধের অপারেশন শুরু হয়েছে?

মেয়েটি তো অবাক।

অবাক নিশ্চয় আপনারাও। হঠাৎ উনবিংশ শতাব্দীর এক ইউরোপীয় শল্যবিদের কাল্পনিক চরিত্র নিয়ে কেন নাট্যপালা ফেঁদে বসলাম তা নিয়ে ধন্দ জাগতেই পারে।

উদ্দেশ্য একটাই, আজকের দিনে দাঁড়িয়ে যে মানুষটিকে চূড়ান্ত খামখেয়ালি বলে মনে হচ্ছে, লাইগেশন অপারেশনের সেই আদি যুগের রীতিনীতি অনুসারে তিনি যে আদতে তুমুল নিয়মনিষ্ঠ এক মানুষ, এই কথাটা প্রতিষ্ঠিত করতে; বা আরও স্পষ্ট করে বললে, সেই আদ্যিকালের রীতিনীতি যে কতটা আজগুবি ছিল সে ব্যাপারটা সম্পর্কে সম্যক ধারণা গড়ে দিতে। কী ছিল সেই নিয়ম, যার ভিত্তিতে স্থির হত ইচ্ছুক মহিলাদের মধ্যে কাকে কাকে অপারেশন করা যাবে?

সমীকরণটি অত্যন্ত সহজ এবং স্পষ্ট। ইচ্ছুক মহিলার যত বছর বয়স সেই সংখ্যার সঙ্গে তার সন্তান সংখ্যা গুণ করলে প্রাপ্ত গুণফল যদি ১২০ বা তার বেশি হয় তবেই তাকে লাইগেশন অপারেশনের ছাড়পত্র দেওয়া যাবে। অন্য শারীরবৃত্তীয় কারণ যতই জোরদার হোক ১২০-র কম স্কোর হলে তার ভাগ্যে আপাতত শিকে ছিঁড়বে না।

কথা উঠতে পারে, এমন এক কৃত্রিম নিয়মের নিগড়ে বেঁধে লাইগেশনের উপকারি প্রভাবকে এত সীমিত করে রাখার যুক্তিটা কী?

এই প্রশ্নের উত্তর বুঝতে গেলে আগে লাইগেশন অপারেশন প্রচলনের প্রেক্ষাপটটি জানা দরকার।

জটিল প্রসব এড়াতে সে সময় সিজারিয়ান সেকশন ভাল মতোই চালু হয়ে গেছে। কিন্তু উপযুক্ত অ্যান্টিবায়োটিকহীন সেই যুগে, অপারেশন-পরবর্তী নানা গুরুতর সমস্যা দেখা দিত। কিছুটা ভাগ্য আর অনেকটাই আন্তরিক শুশ্রূষার কল্যাণে যারা বা সুস্থ হয়ে উঠত তাদের জন্য অপেক্ষা করে থাকত প্রায়-অনিবার্য আতঙ্কের এক দ্বিতীয়, বা বলা যায়, চূড়ান্ত পর্ব—সেটা হল পরের প্রেগনেন্সি। ভ্রূণের ক্রমবর্ধমান চাপে জরায়ুর দুর্বল ক্ষতস্থান তার সাধ্যের শেষ সীমায় পৌঁছে অনেক সময়েই ফেটে যেত। পেটের ভেতরের অনিয়ন্ত্রিত রক্তপাত মায়ের জীবনহানির কারণ হত। এই সমস্যার তখন একটাই বাস্তব সমাধান: সিজার হওয়া মাকে এক নিশ্চিত জন্মনিয়ন্ত্রণ পদ্ধতির মধ্যে নিয়ে আসা। কিন্তু মানবসভ্যতা তখন সে ব্যাপারেও অনেকটা পিছিয়ে।

এই পরিস্থিতিতে ১৮২৩ সালে লন্ডনের গাই'স্ হসপিটালের এক বক্তৃতাসভায় শল্যবিদ জেমস ব্লানডেল এক দিশা দেখালেন। তিনি বললেন, সিজারিয়ান অপারেশনের সময়েই জরায়ুর নালি দুটি বেঁধে বা কেটে দিতে হবে। তার ফলে ডিম্বাণুর সঙ্গে শুক্রাণুর দেখা হওয়ার আর সুযোগই থাকবে না। সুতরাং গর্ভধারণের সম্ভাবনা বরাবরের জন্য বন্ধ করে দেওয়া গেল। কিন্তু নারীশরীরের আর কোনও বিকৃতি না ঘটানোয় তার হরমোন বা যৌন জীবন কোনওটিই কিছুমাত্র প্রভাবিত হচ্ছে না। জরায়ুর টিউব বেঁধে দেওয়া হচ্ছে বলে এই অপারেশনের নাম 'টিউবাল লাইগেশন' বা সংক্ষেপে 'লাইগেশন'।

কৃত্রিমভাবে স্থায়ী বন্ধ্যাকরণের ব্যাপারটি অনেক চিকিৎসক নীতিগত দিক থেকে ঠিক মেনে নিতে পারলেন না। অথচ বিকল্প আর কোনও সমাধানও সেই মুহূর্তে নেই। তাই এই প্রস্তাবটি নিয়ে বিতর্ক জিইয়ে রইল। এমনকী এই অপারেশন করার কথা ব্লানডেল নিজেও কখনও সাহস করে স্বীকার করেননি। তবে এই বন্ধ্যাকরণের পদ্ধতি এত নিখুঁতভাবে তিনি লিখে রেখে গেছেন যে বুঝে নিতে অসুবিধে হয় না, সিজারিয়ান অপারেশনের সঙ্গে এক টানে দু'দিকের দুই টিউব অকেজো করে দেওয়ার কাজটাও তিনি খুব নিয়মিত ভাবেই করতেন।

ব্লানডেলের লাইগেশন অপারেশনে অনুমোদনের শিলমোহর পড়তে পড়তে অর্ধ শতকেরও বেশি সময় পেরিয়ে গেল। ১৮৮১ সালে ওহিও-র এক সার্জেন স্যামুয়েল লাংগ্রেন প্রথম ঘোষণা করলেন যে সিজার অপারেশনের সঙ্গে তিনি টিউব দুটিকেও বেঁধে দিচ্ছেন। এই টিউব বাঁধা এবং কাটার পদ্ধতি নিয়ে এরপর নানা প্রস্তাব শোনা যেতে লাগল। ১৯১০-এর দশকে জার্মানির ম্যাডলেনার এক পদ্ধতি চালু করলেন। কিন্তু তার কার্যকারিতা তেমন সুবিধের না হওয়ায় নিউ ইয়র্ক ব্রুকলিনের চিকিৎসক র‍্যাল্‌ফ পোমেরয় প্রবর্তিত পদ্ধতি বেশি স্বীকৃতি পেল। সেই পোমেরয়ের পদ্ধতিই সামান্য অদল-বদল করে এখনও প্রচলিত।

কিন্তু এর মাঝে অ্যান্টিবায়োটিক, অ্যানেস্থেশিয়া, সার্জারির সরঞ্জাম ইত্যাদি সব দিকেই যুগান্তকারী উন্নতি ঘটে যাওয়ায় সিজারিয়ান-পরবর্তী প্রেগনেন্সি, বা দ্বিতীয়-তৃতীয়বার সিজারিয়ান অপারেশন করা আর তেমন সমস্যার বিষয় রইল না। ফলে একবার সিজার হলেই আতঙ্কিত হয়ে বন্ধ্যাকরণ করে দেওয়ার প্রয়োজন ফুরোলো। কিন্তু লাইগেশন অপারেশনের প্রয়োজন ফুরোলো না।

কারণ এর মাঝে যুগান্তকারী পরিবর্তন ঘটে গেছে আরও এক গুরুত্বপূর্ণ ক্ষেত্রে— মানুষের আর্থসামাজিক পরিবেশে, তার অন্দরে, অন্তরে। নারী এখন ঘেরাটোপ ছেড়ে বাইরের জগতে পা রাখছে, পরিবার তথা সমাজে তার সিদ্ধান্ত গ্রহণের অধিকার গ্রাহ্যতা পাচ্ছে। ফলে বন্ধ্যাকরণ করে নেওয়ার প্রয়োজন নতুন করে ফিরে আসছে।

১৯৩০-এর দশক অবধি জন্মনিয়ন্ত্রণ পদ্ধতি হিসেবে ক্বচিৎ কদাচিৎ এই অপারেশন করা হত। জন্মনিয়ন্ত্রণ ক্ষেত্রে বিশিষ্ট প্রচারক স্যার ডগলাস বেয়ার্ড অবধি মনে করতেন, ৪০ বছরের বেশি বয়সী যে সব মহিলার আট বা তার বেশি সন্তান আছে তাদেরই নির্দ্বিধায় লাইগেশন করা উচিত। ১৯৬০-এর দশক থেকে এই দ্বিধার বাঁধন শিথিল হতে থাকল। জন্মনিয়ন্ত্রণ পদ্ধতি হিসেবে লাইগেশন অপারেশন খুব দ্রুত সামনের সারিতে চলে এল।

দ্রুত উন্নতি

দুই দশকের মধ্যেই ইউরোপ-আমেরিকা সহ উন্নতিশীল দেশগুলিতে লাইগেশন অপারেশনের বিজয়রথ দুর্বার গতি পেল। ১৯৭০-এর দশক থেকে প্রতি বছর প্রায় দশ লক্ষ মার্কিন মহিলা লাইগেশন করাতে লাগলেন। গত শতাব্দীর শেষের দশকে এই হার আরও বাড়ল। ১৯৮৮ সালে আমেরিকায় করা এক সমীক্ষায় দেখা গেল, ২৪ শতাংশ দম্পতি স্থায়ী জন্মনিরোধক অপারেশন করিয়ে নিচ্ছেন: তার মধ্যে ৭ শতাংশ পুরুষদের অপারেশন বা ভ্যাসেকটমি আর ১৭ শতাংশ মহিলাদের অপারেশন বা লাইগেশন।

গত কয়েক দশক ধরেই জন্মনিয়ন্ত্রণ পদ্ধতিগুলির মধ্যে লাইগেশন সবচেয়ে জনপ্রিয়। গোটা পৃথিবী জুড়ে ২০ কোটিরও বেশি দম্পতি এই পদ্ধতির ওপর ভরসা করছেন। ভারত, কলম্বিয়া আর নিকারাগুয়ায় সমীক্ষা চালিয়ে দেখা গেছে উন্নয়নশীল দেশে বিবাহিত মহিলাদের প্রায় ৯ শতাংশ লাইগেশন করিয়ে নিয়েছেন। লাতিন আমেরিকা এবং ওয়েস্ট ইন্ডিজের কিছু কিছু জায়গায় অবিবাহিত, বিধবা বা ডিভোর্সি মহিলাদের মধ্যেও লাইগেশন করিয়ে নেওয়ার রেওয়াজ রয়েছে।

মহিলাদের অপারেশনের প্রতি এই পক্ষপাতিত্ব গোটা বিশ্ব জুড়েই। পুরুষদের অপারেশন তুলনামূলকভাবে অনেক সহজ এবং নিরাপদ হওয়া সত্ত্বেও সারা পৃথিবীতে পুরুষদের তুলনায় মহিলাদের অপারেশন হয় প্রায় চারগুণ। এর পেছনে শুধু পুরুষতান্ত্রিক সমাজের ষড়যন্ত্র খুঁজতে যাওয়া ঠিক নয়। সন্তান জন্ম দেওয়ার ব্যাপারে নারীর দায়-দায়িত্ব যেহেতু বেশি এবং দীর্ঘস্থায়ী, তাই বরাবরই জন্মনিয়ন্ত্রণের ক্ষেত্রে নারীকুল বেশি সক্রিয়। তা ছাড়া স্থানীয়ভাবে অবশ করে মিনিল্যাপারোটমি এবং ল্যাপারোস্কোপি অপারেশন চালু হওয়ার পর এখন লাইগেশন অপারেশন-পরবর্তী রোগিণীর সমস্যা অনেকটাই কমে গেছে।

ভারতবর্ষের পরিস্থিতি

১৯৯০-এর দশকে ভারতবর্ষে লাইগেশনের প্রতি পক্ষপাতিত্ব ছিল সাংঘাতিক। তখন মোট স্থায়ী অপারেশনের ৯৩.৮ শতাংশ অপারেশনই হত

মহিলাদের। জরুরি অবস্থাকালীন জবরদস্তি নাসবন্দী অপারেশনের তিক্ত স্মৃতি ভারতীয়দের ভ্যাসেকটমি অপারেশনের প্রতি বিরূপ করে তোলায় এখানে লাইগেশনের এই আনুপাতিক বাড়-বাড়ন্ত। তবে সম্প্রতি কয়েক বছর হল ভ্যাসেকটমি অপারেশন করালে কেন্দ্রীয় সরকার লাইগেশনের তুলনায় বেশি উৎসাহভাতা দিতে শুরু করায় অনেক গরিব পুরুষ মানুষ সেই দিকে ঝুঁকছেন। আবার আমাদের সর্বোচ্চ ন্যায়ালয় সার্জেন-পিছু দৈনিক লাইগেশন অপারেশনের সংখ্যা বেঁধে দেওয়ায় আগের মতো ল্যাপারোস্কোপি ক্যাম্প করে একজন সার্জেনকে দিয়ে এক দিনে কয়েক শ' অপারেশন করানোর পুরোনো প্রথা নিয়ন্ত্রণ করতে হয়েছে। এই সব কারণে এখন তাই স্থায়ী অপারেশনের মধ্যে লাইগেশনের অনুপাত কিঞ্চিৎ কমে ৮৫ শতাংশ হয়েছে।

মেয়েদের ভুল বুঝিয়ে যথেচ্ছ অপারেশন করা আটকাতে কেন্দ্রীয় সরকার কিছু নির্দেশিকা দিয়ে রেখেছেন। এগুলি মানা বাধ্যতামূলক নয়, তবে মেনে চলাই কাম্য:

• স্বামীর বয়স সাধারণভাবে ২৫ থেকে ৫০ বছরের মধ্যে হওয়া বাঞ্ছনীয়।

• স্ত্রীর বয়স সাধারণভাবে ২০ থেকে ৪৫ বছরের মধ্যে হওয়া বাঞ্ছনীয়।

• দম্পতির অন্তত ২টি জীবিত সন্তান থাকতে হবে।

• দম্পতির সন্তান সংখ্যা ৩ বা তার বেশি হলে স্বামী বা স্ত্রীর বয়স আরও কম হলেও সার্জেন অপারেশন করে দিতে পারেন।

• যাঁর অপারেশন হচ্ছে সেই মহিলাকে ঘোষণা করতে হবে যে—

১. কোনও বাইরের চাপে পড়ে তিনি অপারেশন করাচ্ছেন না।

২. আগে তাঁর স্বামীর ভ্যাসেকটমি অপারেশন করানো হয়নি।

৩. তিনি জানেন, এই অপারেশন এক স্থায়ী পদ্ধতি, পরে চাইলেও সন্তান জন্ম দেওয়ার ক্ষমতা আর পূর্বাবস্থায় ফিরিয়ে আনা যাবে না।

এই শেষ বাক্যটি নিয়ে আরও কিছু কথা বলা দরকার। জীবিত সন্তানদের মধ্যে কেউ মারা গেলে, বা আগের স্বামীকে ছেড়ে নতুন সংসার পাততে চাইলে তখন নতুন করে অন্য অপারেশন করে জরায়ু-নালি দুটিকে আবার আগের অবস্থায় ফিরিয়ে আনার প্রয়োজন হয়। এটি যতটা না ডাক্তারি

সমস্যা তার চেয়ে বেশি সামাজিক। একে আমরা বলতে পারি উর্বরতা ফিরিয়ে আনার অপারেশন। এই অপারেশন অত্যন্ত জটিল, খরচসাপেক্ষ এবং সাফল্যের হার মাত্র ৫০ শতাংশের কাছাকাছি। তা ছাড়া এই অপারেশনের পর জরায়ুর মূল থলির বদলে জরায়ু-নালিতে গর্ভসঞ্চার বা এক্টোপিক প্রেগনেন্সি আসার একটা আশঙ্কাও থেকে যাচ্ছে। তবে ভরসার কথা, এই লাইগেশন উলটে দেওয়ার অপারেশন এক বিরল পরিস্থিতি। প্রতি ১,০০০ জন লাইগেশন হওয়া মহিলার মধ্যে আনুমানিক ২ জন এই পরিস্থিতির মধ্যে পড়েন।

আমরা বরং এর ইতিবাচক দিকটা দেখি। সবচেয়ে বড় কথা এই পদ্ধতির কার্যকারিতা। লাইগেশন করানোর পর ১ বছরের মধ্যে বাচ্চা এসে যাওয়ার আশঙ্কা প্রতি ২,০০০ জন মহিলার মধ্যে মাত্র ১ জন। দীর্ঘ ১০ বছরের মিলিত ব্যর্থতার হার হিসেব করলে দাঁড়াচ্ছে, প্রতি ১৩৩ জন মহিলার মধ্যে ১ জনের প্রেগনেন্সি। সরকারি ব্যবস্থাপনায় অপারেশন করালে সেই ব্যর্থতার দায়ও আমাদের কেন্দ্রীয় সরকারই বহন করে। নিরাপদ গর্ভপাতের ব্যবস্থা এবং আর্থিক ক্ষতিপূরণ দুটির ব্যবস্থাই করে সরকার।

সমীক্ষায় দেখা যাচ্ছে, লাইগেশন করানোর পর মেয়েদের শরীর-স্বাস্থ্যের উন্নতি ঘটছে, অনেকে মোটাও হয়ে যাচ্ছে। প্রথমে সন্দেহ করা হচ্ছিল এর পেছনে হরমোনের কোনও প্রভাব নেই তো? পরে দেখা গেল কারণটা একেবারেই অন্য জায়গায়। বহু প্রসবী হওয়ার হাত থেকে রেহাই পাওয়ায়, এবং তার আশঙ্কাও দূর হওয়ায় মেয়েরা শরীর এবং মনে যে বাড়তি স্বস্তি পাচ্ছে তাতেই তাদের শরীরের উন্নতি ঘটছে। এই নিশ্চিন্ততায় যৌনজীবনেও খানিকটা জোয়ার আসছে। এর সঙ্গে যোগ করা যেতে পারে বিশ্ব স্বাস্থ্য সংস্থার ১৯৯৬ সালে প্রকাশিত এক সমীক্ষার ফল। সেখানে বলা হচ্ছে, লাইগেশন অপারেশন খুব সম্ভবত ডিম্বাশয়ের ক্যানসার প্রতিরোধ করে; যদিও তার কারণ এখনও বিজ্ঞানীদের কাছে স্পষ্ট নয়। সুতরাং লাইগেশন যে গোটা বিশ্বজুড়ে তার বিজয়কেতন ওড়াবে তাতে আর আশ্চর্য কি?

সেই কোন আদ্যিকালের ১২০ স্কোরের চক্কর থেকে মুক্তি পেয়ে নারী তাই শতকের পর শতক জুড়ে নিজের শরীরে গ্রহণ করছে অপারেশনের ক্ষত। সে জেনে গেছে কার ওপর ভরসা করা যায়।

এবার পুরুষদের পালা

> বীর্যের যে অংশটুকু সন্তান উৎপাদন করে তাকে শুধু বেরোতে দেওয়া হচ্ছে না। কিন্তু বীর্যরসের অন্য যা সব উপাদান, তা মূত্রনালিতে আসে অন্য গ্ল্যান্ড বা অন্য উৎস থেকে। তাদের আটকানো হচ্ছে না। ফলে ভ্যাসেকটমি করিয়ে নিলেও বীর্যরসের ঘনত্ব, চেহারা কোনও দিক থেকেই বাহ্যত কোনও তফাত হবে না।

নমস্কার, ডাক্তারবাবু, আপনার সঙ্গে একটু কথা ছিল—

নিশ্চয়। আসুন, বসুন। আমি শুনেছি, পুরুষদের ভ্যাসেকটমি অপারেশন সম্পর্কে আপনি জানতে আগ্রহী। তার জন্য প্রথমেই আপনাকে অভিনন্দন। অনেকে তো আগ্রহ প্রকাশ করতে করতেই সময় কাবার করে ফেলেন।

তা হয়তো ঠিক, কিন্তু... আমার যে কিছু কনফিউশন ছিল।

সে তো থাকতেই পারে। বরং সেটা থাকাই স্বাভাবিক। সারা জীবনের জন্য একটা সিদ্ধান্ত নিতে চলেছেন। তার আগে সব কিছু ঠিকঠাক বুঝে নেওয়া দরকার বইকি। বলুন, কী কী খটকা আপনার আছে?

খটকা মানে... মানে, কী করে যে গুছিয়ে বলি—

বেশ তো, আমি বরং পুরুষদের অপারেশনটা কেমন, কী করা হয়, সেটা যতটা সম্ভব ছোট করে আপনাকে বলি। তা হলে আপনার পক্ষে প্রশ্নগুলো করা সহজ হবে।

হ্যাঁ সেই বরং ভাল।

পুরুষদের অপারেশনটার ডাক্তারি নাম ভ্যাসেকটমি। মানে ভাস কেটে বাদ দেওয়া। ভাস হল একটা টিউব বা নালি যার মধ্যে দিয়ে শুক্রাণু বা স্পার্ম শুক্রাশয় থেকে মূত্রনালিতে আসে। পুরুষদের অন্ডথলিতে দু'দিকে দুটো শুক্রাশয়। তাই ভাসও দু'দিকে দুটো। এই অপারেশনের সময় দুটি ভাসকে

মাঝ বরাবর খানিকটা কেটে বেঁধে দেওয়া হয়। ফলে শুক্রাণু বেরোবার পথ চিরকালের মতো আটকা পড়ল। তাই এটা পুরুষদের স্থায়ী বন্ধ্যাকরণ অপারেশন।

এ অপারেশন কি অনেক যুগ পুরোনো?

না, তেমন পুরোনো নয়। এই অপারেশনের প্রথম নজির আনুমানিক ১৮৩২ সালে। ইংল্যান্ডে স্যার অ্যাস্টলে কূপার তাঁর পোষা কুকুরের ওপর এই অপারেশন করেন। পরে মানুষের ওপর কিছু কিছু চিকিৎসাবিজ্ঞানী এই অপারেশন করেন। কিন্তু তখন এই অপারেশন করা হত প্রস্টেট গ্ল্যান্ডের সমস্যায় বা অতিরিক্ত হস্তমৈথুনের আকুতি থেকে মুক্তি দিতে। চিকিৎসার এই ধারণা অবশ্য অচিরেই ভুল প্রমাণিত হয়। বিংশ শতকের প্রথম দিক অবধি ইউরোপে গুরুতর অপরাধী বা নেশাগ্রস্তদের ওপর শাস্তিস্বরূপ এই অপারেশন কোথাও কোথাও করা হত। এশিয়া-ইউরোপে জন্মনিয়ন্ত্রণে এই পদ্ধতি চালু হয় মোটামুটি ১৯৪০-এর দশকে।

আর রেডিও-টিভি-পোস্টারের বিজ্ঞাপনে আজকাল যে এনএসভি-র কথা খুব বলছে, সেটা তাহলে কী?

সে-ও একরকমের ভ্যাসেকটমি। আধুনিক ধরনের ভ্যাসেকটমি। পুরো কথাটা হল, 'নো স্ক্যালপেল ভ্যাসেকটমি'। আগে এই অপারেশনে অন্ডথলির চামড়া কেটে ভাস দুটিকে বাইরে কিছুটা টেনে এনে অপারেশন করা হত। পরে চামড়া আবার সেলাই করে দেওয়া হত। এনএসভি-র নতুন পদ্ধতিতে কাটাকাটির ঝামেলা আর নেই। একটা ছোট ফুটো করেই কাজ সারা হয়। ফলে ব্যথা প্রায় লাগেই না। সেলাই দেওয়ার ঝামেলাও রইল না। কাটা হচ্ছে না বলে ইনফেকশনের আশঙ্কাও কম থাকছে। এনএসভি তাই আরও নিরাপদ, আরও আধুনিক, আরও সুবিধেজনক এক ভ্যাসেকটমি পদ্ধতি। চিনদেশের সিচুয়ান প্রদেশের চিকিৎসক লি সুঙ্গিয়াঙ্গ ১৯৭৪ সালে এই পদ্ধতি প্রচলন করেন।

কিন্তু শুক্রাণু যাওয়ার নালি বেঁধে দিলে শুক্রাণু যাবে কোথায়? শুক্রাশয়ে স্পার্ম তৈরি তো আর বন্ধ করা হচ্ছে না।

একদম ঠিক কথা। শুক্রাণু তৈরি কখনোই বন্ধ হচ্ছে না। কিন্তু নালির মুখ আটকে থাকায় শুক্রাণু কিছুদিন জমে থাকে এবং তারপর আস্তে আস্তে সেগুলো শরীরে শোষিত হয়ে যায়। শুধু ভ্যাসেকটমি হলেই যে এমনটি হয়

তা নয়। ধরুন কোনও কারণে কিছুদিন যৌন মেলামেশা হচ্ছে না। তা হলেও তো শুক্রাণু জমেই থাকে। আর কিছুদিন পর জমে থাকা শুক্রাণু শরীরের সঙ্গে মিশে যায়। শুক্রাণুর আয়ু মোটামুটি ৪৮ ঘণ্টা, তারপর সে তার নানা গঠনকারী উপাদানে ভেঙে যাবেই।

তা না হয় হল। কিন্তু শুক্রাণু যাওয়ার নালি আটকে দিলে... মানে তা হলে আর—

তা হলে আর বীর্যই বেরোবে না, ফলে শরীরী মেলামেশা আর হবে কী করে—এই কথা ভাবছেন তো?

হ্যাঁ, সেই তো, বীর্য বা সিমেন আসা বন্ধ হয়ে গেলে আর—

সিমেন আসা বন্ধ হবে কে বলল? আমি বললাম কি?

বন্ধ হবে না? নালি বন্ধ করে দিলেও?

আরে নালি বন্ধ করে তো শুধু শুক্রাণু যাওয়ার পথটুকু আটকানো হচ্ছে। মানে, বীর্যের যে অংশটুকু সন্তান উৎপাদন করে তাকে শুধু বেরোতে দেওয়া হচ্ছে না। কিন্তু বীর্যরসের অন্য যা সব উপাদান, তা মূত্রনালিতে আসে অন্য গ্ল্যান্ড বা অন্য উৎস থেকে। তাদের তো আর আটকানো হচ্ছে না। ফলে ভ্যাসেকটমি করিয়ে নিলেও বীর্যরসের ঘনত্ব, চেহারা কোনও দিক থেকেই বাহ্যত তেমন কোনও তফাত হবে না।

তবে যে বলে, এই অপারেশন করালে পুরুষ মানুষের ক্ষমতা কমে যায়?

কে বলে? এসব মারাত্মক ভুল ধারণা। একটা কথা বোঝার চেষ্টা করুন। যৌন উত্তেজনা নিয়ন্ত্রণ করে যেসব নার্ভ সেগুলো থাকে পেটের ভেতর, হরমোনও আসছে রক্তরসের মাধ্যমে। সেসব কিছুকে স্পর্শ পর্যন্ত করা হচ্ছে না। শুধু বাঁধা হচ্ছে শুক্রাণু আসার নালি। তাই অপারেশন করার পর পুরুষের ক্ষমতা কমার কোনও প্রশ্নই উঠছে না। না শারীরিক ক্ষমতা, না যৌন ক্ষমতা। বরং কিছু কিছু সমীক্ষায় দেখা গেছে, অপারেশনের পর পুরুষের যৌন তৃপ্তি বেড়ে যাচ্ছে।

বেড়ে যাচ্ছে? কেন বাড়ার কারণটা কী?

কারণ বাচ্চা এসে যাওয়ার ভয়টা আর মনের মধ্যে না থাকায় অনেক খোলা মনে পুরুষ মানুষ যৌন মিলন উপভোগ করতে পারছেন। এমনকী এটাও শুনে রাখুন, নিষ্কণ্টক যৌন আনন্দ পাওয়ার জন্য কোনও পুরুষ এই

অপারেশন করাতে এলে তাকে বুঝিয়ে নিবৃত্ত করার পরামর্শও দিয়েছে বিশ্ব স্বাস্থ্য সংস্থা।

এমনও আবার কেউ আসে নাকি?

এখন হয়তো আসে না। কিন্তু উনবিংশ শতাব্দীর শেষের দিকে ইউরোপে এই উদ্দেশ্যে ভ্যাসেকটমি করানোর এক প্রবণতা তৈরি হয়। তখন ধারণা করা হত, ভাস বেঁধে দিয়ে স্পার্ম আসার পথ আটকে দিলে রক্তে টেস্টোস্টেরন হরমোনের মাত্রা বাড়ে।

কথাটা কি সত্যি?

একেবারেই না। তবে শোনা যায়, মনোবিজ্ঞানী ফ্রয়েড এবং কবি কিটস্ নাকি এই উদ্দেশ্যে এই অপারেশন করিয়েছিলেন।

বলেন কী?

সেই ধারণাও যেমন ভুল, এখন যে অপপ্রচার হয় এই অপারেশনে যৌন ক্ষমতা কমে যায় সেটাও সমান ভুল। এই ব্যাপারে জনমানসে ভুলভাল ধারণা যাতে তৈরি না হয় তার জন্য, যাঁদের যৌন ক্ষমতা নিয়ে আগে থেকেই সন্দেহ রয়েছে তাঁদের তড়িঘড়ি অপারেশন না করানোর কথা আজকাল বলা হয়।

কিন্তু অপারেশনটা কি নিরাপদ?

প্রায় পুরোপুরি নিরাপদ। এমনিতেই আগে প্রচলিত ভ্যাসেকটমি পদ্ধতিতে ইনফেকশন এবং রক্তের ডেলা পেকে যাওয়ার সম্ভাবনা ছিল সব মিলিয়ে ২ শতাংশ। এনএসভি চালু হওয়ার পর কাটাছেঁড়ার দরকার আরও কমে যাওয়ায় চামড়ায় ছোটো-খাটো ইনফেকশন হওয়ারও আর প্রায় কোনও ভয় থাকছে না। এই পদ্ধতিতে অজ্ঞান করার কোনও দরকার না থাকায় ব্লাডপ্রেসার, থাইরয়েড, রক্তাল্পতা, হাঁপানি, টিবি জাতীয় স্বাস্থ্য সমস্যা থাকলেও এই অপারেশন করাতে কোনও অসুবিধা নেই। শুধু যেখানটায় অপারেশন হবে সেই অন্ডথলির চামড়ায় ছত্রাক বা জীবাণুঘটিত কোনও সংক্রমণ থাকলে সেটা আগে সারিয়ে তারপর অপারেশন করাতে হবে।

আমাদের পরিবারে এর আগে আমার দুই বৌদি অপারেশন করিয়েছেন। আমার স্ত্রী অপারেশন করিয়ে নিলেই বা ক্ষতি কী?

ক্ষতি কিছু নেই। দম্পতিরা যৌথভাবে বাচ্চা বন্ধের স্থায়ী ব্যবস্থা নেওয়ার সিদ্ধান্ত নেওয়ার পর স্ত্রী-ই হোন বা স্বামী দু-জনের যে-কেউই অপারেশন

করাতে পারেন। তবে মহিলাদের অপারেশন বা লাইগেশনের ক্ষেত্রে পেট কেটেই হোক আর ল্যাপারোস্কোপির মাধ্যমে পেট ফুটো করেই হোক, অ্যাবডোমেন খুলতে হচ্ছেই। তাই মেয়েদের লাইগেশনের তুলনায় ছেলেদের ভ্যাসেকটমি অনেক বেশি নিরাপদ; অপারেশন করাও তুলনামূলকভাবে কম সময়সাপেক্ষ এবং সস্তা।

কিন্তু সরকারি জায়গায় করালে তো দুটো অপারেশনের কোনওটাতেই কোনও খরচ লাগে না, উলটে টাকা পাওয়া যায়।

সে যিনি অপারেশন করাচ্ছেন তাঁর কথা বলছেন। কিন্তু রাষ্ট্রের তো খরচ হচ্ছেই। যন্ত্রপাতি, হাসপাতালের ব্যবস্থাপনা, সার্জেনের বিশেষ ট্রেনিং। এই সব খাতে খরচের হিসেব নিলে দেখা যাচ্ছে একজন মহিলার লাইগেশন করতে যে খরচ সেই টাকায় প্রায় পাঁচজন পুরুষের ভ্যাসেকটমি হয়ে যায়।

শুনেছি ভ্যাসেকটমি করানোর পরেও বাচ্চা এসে যায়?

এই প্রশ্নটা তুলে খুব ভালো করেছেন। হ্যাঁ এমন একটা ধারণা ভ্যাসেকটমি প্রসঙ্গে চালু আছে। কিন্তু আদতে অপারেশনের পর ডাক্তারবাবুর পরামর্শ ঠিকমতো মেনে চললে এতে ব্যর্থতার হার খুবই কম: প্রতি ১০০০ জন পুরুষের অপারেশন হলে মাত্র ৫জনের ক্ষেত্রে বাচ্চা এসে যেতে পারে। তবে আবার বলছি, পরামর্শ ঠিকমতো মানলে এই হার। আর না মানলে অপারেশনের দু'এক মাসের মধ্যে বাচ্চা চলে আসতে পারে।

পরামর্শ বলতে কী বলছেন? অপারেশনের পরের ওষুধপত্র?

না না, ওষুধপত্র নয়। দাঁড়ান, আপনাকে বিষয়টা বুঝিয়ে বলি। ভ্যাসেকটমিতে আমরা শুক্রাণু বা স্পার্ম যাওয়ার নালিটি মাঝখান থেকে বেঁধে দিচ্ছি। এই বেঁধে দেওয়ার ফলে শুক্রাশয় থেকে আসা স্পার্ম সেই বাঁধন পেরিয়ে আর মূত্রনালিতে আসতে পারছে না। এই হল ভ্যাসেকটমির মূল নীতি, এই পর্যন্ত কোনও সমস্যা নেই। কিন্তু ভেবে দেখুন, বাঁধনের ওপারে, মূত্রনালির দিকে টিউবের যে অংশ, সেখানে কিছু শুক্রাণু আগেই এসে জমা হয়েছিল। এবার অপারেশনের পর যে বীর্যপাত হবে তাতে ওই আগে এসে জমে থাকা শুক্রাণু বেরোবেই। এবং তা থেকে স্ত্রী গর্ভধারণও করতে পারেন। তখন শুরু হবে স্বামী-স্ত্রীতে মারাত্মক ভুল বোঝাবুঝি।

অপারেশনের পর কতদিন পর্যন্ত বীর্যে এমন শুক্রাণু চলে আসার সম্ভাবনা?

সেই পরামর্শ মানার কথাই বলছিলাম। এই জমে থাকা শুক্রাণুর কথা

ভেবেই বলা হয়, অপারেশনের পর অন্তত ২০বার বা ৩ মাস দৈহিক মিলনের সময় কনডোম ব্যবহার করতে হবে, বা অন্য কোনও জন্মনিয়ন্ত্রণ পদ্ধতিতে এতদিন অভ্যস্ত থাকলে সেটাই চালিয়ে যেতে হবে। যেমন, স্ত্রী যদি এতদিন পিল খেতেন তা হলে এই ৩টে মাস সেটাই চলুক; বা স্ত্রীর যদি কপার-টি পরা থাকে তা হলে এই ৩ মাস পেরিয়ে গেলে তারপর সেটা খুললেই হবে। আর বাড়তি সাবধানতার জন্য অপারেশনের মাস তিনেক পর বীর্য বা সিমেন টেস্ট করিয়ে 'নো স্পার্ম' রিপোর্ট পেলে একেবারে নিশ্চিন্ত। তাতে বিশেষ খরচও নেই।

আচ্ছা ডাক্তারবাবু, অপারেশন করানোর পর এইসব নিয়ম ঠিক ঠিক পালন করার পরও যদি বাচ্চা আসে, সরকার ক্ষতিপূরণ দেবে তো?

হ্যাঁ, ঠিক ঠিক পালন করার পরও যদি বাচ্চা আসে সরকার নিশ্চয় ক্ষতিপূরণ দেবে। প্রথমত, দম্পতি যদি চান এবং পিরিয়ড মিস করার মাস খানেকের মধ্যেই যদি তাঁরা সরকারি জায়গায় যোগাযোগ করেন তা হলে সেই অনভিপ্রেত ভ্রূণ অ্যাবরশন করানোর দায়িত্ব সরকারের। তা ছাড়া প্রতিটি স্থায়ী গর্ভরোধক অপারেশনের জন্য সরকারের বীমা করা থাকে; অপারেশন ব্যর্থ হয়ে বাচ্চা চলে এলে সেই বীমার অঙ্ক থেকেই দম্পতিকে ক্ষতিপূরণ দেওয়া হয়। ভ্যাসেকটমি বা লাইগেশন দুই ক্ষেত্রেই একই নিয়ম। এ-প্রসঙ্গে ভারতীয় সুপ্রিম কোর্টের এক সুস্পষ্ট নির্দেশ আছে। তদানীন্তন মাননীয় প্রধান বিচারপতি আর. সি. লাহোটির নেতৃত্বে তিন সদস্যের এক বেঞ্চ রায় দেন, ভ্যাসেকটমি বা লাইগেশন যে-কোনও বন্ধ্যাকরণ অপারেশনের পর গর্ভসঞ্চার হলে তার জন্য কোনও সার্জেন বা তাঁর নিয়োগকর্তাকে দোষী সাব্যস্ত করা যাবে না। এই ধরনের অপারেশনে যৎসামান্য যে বিফলতার আশঙ্কা সে কথা মাথায় রেখেই এই সিদ্ধান্ত।

আমাদের পাড়ার এক দিদি এক ছেলে এক মেয়ে হওয়ার পর লাইগেশন করিয়ে নেয়। বছর তিনেক পর বাচ্চা ছেলেটা একটা অ্যাক্সিডেন্টে মারা যায়। তখন সেই দিদি-জামাইবাবু আর একটা বাচ্চা নেওয়ার আশায় আবার অপারেশন করে বাঁধন খুলে দেওয়ানোর অনেক চেষ্টা করেছিল। ছেলেদের এই অপারেশন করলে কি চাইলে আবার বাচ্চা নেওয়া যায়?

খুব বাস্তব এক সমস্যার কথা তুললেন। সমস্যাটা দম্পতির পক্ষে তো খুবই হৃদয়বিদারক। কিন্তু সংশ্লিষ্ট ডাক্তারের কাছেও বিষয়টি বেশ জটিল।

ভেবে দেখুন, অপারেশনটি যখন করা হচ্ছে তখন সার্জেন আপ্রাণ চেষ্টা করেছেন যাতে শুক্রনালিকে পাকাপোক্তভাবে আটকে দেওয়া যায়। এখন এক পারিবারিক বিপর্যয়ের পর তাঁকে অনুরোধ করা হচ্ছে, আগের অপারেশনটিকে কার্যত ব্যর্থ করে দিতে, মানে শুক্রাণু আসার পথ সুগম করে দিতে। কাজটা অবশ্যই কঠিন। এর জন্য অতি সূক্ষ্ম মাইক্রো-সার্জারির প্রয়োজন। দেখা গেছে, অপারেশনের কয়েক বছরের মধ্যে এই চেষ্টা করলে ৯০ থেকে ৯৫ শতাংশ ক্ষেত্রে বীর্যে আবার শুক্রাণু ফিরিয়ে আনা সম্ভব হয়, গর্ভসঞ্চার করার মতো মাত্রায় আসে ৭০ শতাংশ ক্ষেত্রে। কিন্তু অপারেশনের পর সময় যত এগোবে এই সাফল্যের সম্ভাবনা ততই কমতে থাকে। বছর সাতেকের বেশি হয়ে গেলে আর সাফল্য আসার আশা খুবই কম।

আচ্ছা, পুরুষদের এই বাচ্চা বন্ধের অপারেশন আমাদের দেশ ছাড়া আর কোথাও কি হয়?

অবশ্যই হয়। অন্য অনেক দেশে আমাদের চেয়ে বেশি হারে হয়। বিশেষত আমেরিকা, নিউজিল্যান্ড, অস্ট্রেলিয়া, ইংল্যান্ড, ক্যানাডা, নেদারল্যান্ডের মতো উন্নত দেশে এনএসভি নিয়ে আগ্রহ এখন ক্রমশই বাড়ছে। উত্তর আমেরিকায় এখন প্রায় ৪০ শতাংশ দম্পতি ভ্যাসেকটমি করাতে চাইছেন।

আর উন্নতিশীল দেশে?

সেখানে ভ্যাসেকটমি এখনও পেছিয়ে। চিনে এই অপারেশনের হার ৮ শতাংশ, নেপালে ৬ শতাংশ আর ভারতে ২ শতাংশ। এ ছাড়া উন্নতিশীল অন্যান্য আর প্রায় কোনও দেশেই এই হার ১ শতাংশ পেরোয় না। তবে চিনদেশের যে প্রদেশে এনএসভি আবিষ্কৃত হয় সেই Szechwan প্রদেশে এনএসভি-র হার লাইগেশনকেও ছাড়িয়ে গিয়েছে।

আচ্ছা ডাক্তারবাবু, ভ্যাসেকটমি যদি এতই ভাল একটা পদ্ধতি তা হলে এতদিন এটা নিয়ে কোনও প্রচার হয়নি কেন?

প্রশ্নটা অস্বস্তিকর। এর পেছনে পুরুষতান্ত্রিক সমাজের অঙ্গুলিহেলন নিশ্চয় আছে। কিন্তু আমাদের দেশে তার চেয়েও যেটা বেশি করে আছে সেটা একেবারেই রাজনৈতিক কারণ। জরুরি অবস্থার সময় আমাদের দেশে বলপূর্বক জন্মবন্ধের অপারেশন করাতে গিয়ে তদানীন্তন কেন্দ্রীয় সরকার বিপুল জনরোষের শিকার হন। তারপর থেকে বেশ কিছু দশক রাজনৈতিক

নেতা-নেত্রীরা বিষয়টি সভয়ে এড়িয়ে যেতেন। আজ এতদিন পর তাঁরা সদিচ্ছা দেখাচ্ছেন। এই অত্যন্ত কার্যকর পদ্ধতিটিকে প্রচারে গুরুত্ব দিচ্ছেন। তাই আবার মানুষ জানছেন, এগিয়ে আসছেন। এই আপনি যেমন এলেন। সবাইকে যে এই পদ্ধতি গ্রহণ করতে হবে তা নয়। কিন্তু সব জেনে নিয়ে তারপর তাঁরা সিদ্ধান্ত নিতে পারবেন।

আমি, ডাক্তারবাবু সিদ্ধান্ত নিয়ে ফেলেছি। আমার মনে হচ্ছে এনএসভি-ই আমার উপযুক্ত। কিন্তু আমার স্ত্রীর সঙ্গে আগে কথা বলে নিই, আপনার কথাগুলো ওকে জানাই, তারপর আপনাকে জানাবো।

নিশ্চয়। এটা এক দম্পতির জীবনের অত্যন্ত গুরুত্বপূর্ণ সিদ্ধান্ত। এই সিদ্ধান্ত সবসময়েই যৌথ হওয়া উচিত।

নমস্কার, ডাক্তারবাবু, আজ তা হলে আসি।

নমস্কার। আপনার স্ত্রীকেও আমার নমস্কার জানাবেন।

কার জন্য কী

কনডোমকে সর্বজনীনতার স্বীকৃতি দেওয়া যায়। প্রায় যেকোনও বয়স, বা পরিস্থিতি, বা শারীরিক অবস্থাতেই এটি নিশ্চিন্তে ব্যবহার করা যাবে। এমন সর্বজনীন পদ্ধতি হিসেবে আর একটির কথাই বলা যায়— ইমার্জেন্সি কন্ট্রাসেপটিভ (ইসি) পিল। আপৎকালীন ক্ষেত্রে প্রায় সকলেই এটি ব্যবহার করতে পারেন।

ধরা যাক আপনি একটা অপরিচিত কাফেটেরিয়ায় গেছেন। সেখানে ঢুকতেই আপনাকে সাদর সম্ভাষণ জানানো হল। পরিবেশনকারী আপনার হাতে মেনু-কার্ড দিয়ে জানতে চাইলেন বিশেষ কোনও খাবারের প্রতি আপনার পছন্দ-অপছন্দ বা বাধা-নিষেধ আছে কিনা। আপনি খাদ্যতালিকায় চোখ বুলিয়ে দেখলেন, কয়েকটি খাবারের নাম পড়ে সেটা সম্পর্কে কোনও ধারণা করাই সম্ভব নয়। আপনি জিজ্ঞেস করায় ওয়েটার আপনাকে বুঝিয়ে দিলেন, কোনটা মাংসের তৈরি, কোনটায় পেঁয়াজ-রসুন আছে, কোনটায় ঝাল বেশি, কোনটা শুকনো-শুকনো, এই সব খুঁটিনাটি সব জেনে বুঝে আপনি আপনার খাবারের অর্ডার দিলেন।

জনস্বাস্থ্যবিদরা চান, নিজেদের নিজেদের জন্মনিয়ন্ত্রণ পদ্ধতি বেছে নেওয়ার জন্য একজন মানুষ এককভাবে বা এক দম্পতি যৌথভাবে ঠিক এই রকম এক বাতাবরণের সুযোগ পান। মানে, প্রচলিত পদ্ধতিগুলো সম্পর্কে তাঁরা খোলাখুলি কোনও অভিজ্ঞ ব্যক্তির সঙ্গে ব্যক্তিগত স্তরে আলোচনা করুন, তারপর নিজের বা নিজেদের প্রয়োজন ও অভিরুচি অনুসারে একটি পদ্ধতি বেছে নিন। এই ব্যবস্থাকে তাই বলা হয় 'কাফেটেরিয়া চয়েস'।

এই বইয়ে এই কাফেটেরিয়া চয়েস-এরই একটু বিস্তারিত আয়োজন। এখানে আলাদা আলাদা পদ্ধতি ধরে ধরে আলোচনা করা হয়েছে। যদি

উলটোভাবে করা হত, মানে বিশেষ বিশেষ শ্রেণির উপভোক্তা ধরে ধরে আলোচনা, তা হলে বইয়ে পুনরুক্তির মেদ জমত বেশি। কিন্তু অস্বীকার করা যাবে না, কোনও কোনও ক্ষেত্রে আলোচনায় এই উলটো অভিমুখেরও প্রয়োজন হয়। ওই রেস্তোঁরার উদাহরণ ধরেই বলি, খাদ্যতালিকার সব খাবারের সঙ্গে পরিচিত হওয়ার আগেই যদি আপনি বলে দেন, আমি নিরামিষ খাবো, বা আমার ঘি-মাখন খাওয়া বারণ, বা চিংড়ি আর কাঁকড়ায় আমার অ্যালার্জি আছে, তা হলে সেই বুঝে খাবার পছন্দে আপনাকে সাহায্য করা যাবে। সেক্ষেত্রে সম্ভাব্য তালিকাটা খানিকটা ছোটও হয়ে যাবে।

এই অধ্যায়ে তেমন কিছু বিশেষ শ্রেণিভুক্ত মহিলার উপযুক্ত অস্থায়ী জন্মনিয়ন্ত্রণ পদ্ধতি নিয়ে কথা বলা হল।

হ্যাঁ, শুধু অস্থায়ী পদ্ধতি নিয়েই। কারণ স্থায়ী পদ্ধতি যাঁরা চাইছেন, তাঁদের পছন্দের সুযোগ শুধু স্বামী অপারেশন করাবেন, নাকি স্ত্রী করাবেন— এর মধ্যেই সীমাবদ্ধ; এবং তা নিয়ে আগেই অনেক কথা হয়ে গিয়েছে।

আর হ্যাঁ, মহিলাদের পদ্ধতির কথাই শুধু হবে। কারণ পুরুষদের একমাত্র অস্থায়ী পদ্ধতি যে কনডোম, তাকে সর্বজনীনতার স্বীকৃতি দেওয়া যায়। প্রায় যে কোনও বয়স, বা পরিস্থিতি, বা শারীরিক অবস্থাতেই এটি নিশ্চিন্তে ব্যবহার করা যাবে।

এমন সর্বজনীন পদ্ধতি হিসেবে আর একটির কথাই বলা যায়— ইমার্জেন্সি কন্ট্রাসেপটিভ (ইসি) পিল। আপৎকালীন ক্ষেত্রে প্রায় সকলেই এটি ব্যবহার করতে পারেন।

বয়ঃসন্ধিকালীন বিবাহিতা

বিশ্ব স্বাস্থ্য সংস্থার হিসেবে ১০ থেকে ১৯ বছর বয়সকে বয়ঃসন্ধি বলা হয়। বয়ঃসন্ধিকালীন স্বাস্থ্যশিক্ষাকে স্কুল শিক্ষার আওতায় আনার জন্য জুন ২০০৬ থেকে ভারত সরকার এই বয়ঃসীমার সূচনাকে ৯ বছরে নামিয়ে এনেছেন। কিন্তু শুধু শিক্ষা নয়, হাতে-কলমে জন্মনিয়ন্ত্রণের প্রয়োজনও অনেকের শুরু হয়ে যায় এই বয়সেই। বিয়ের বয়স নিয়ে আইন যা-ই বলুক, ভারতবর্ষে ১৫ থেকে ১৯ বছর বয়সী মেয়েদের প্রতি ১,০০০ জনের মধ্যে ৭৬ জন হয়

গর্ভবতী অথবা অন্তত এক সন্তানের মা। গোটা পৃথিবীর হিসেবে ১৩ কোটির ওপর মানব শিশু প্রতি বছর জন্মাচ্ছে, আর তার মধ্যে দেড় কোটির ওপর বাচ্চার মায়ের বয়স ১৫ থেকে ১৯ বছরের মধ্যে। বিশ্বের মোট গর্ভপাতের ১০ শতাংশ হয় এই বয়ঃক্রমের মধ্যে। বয়ঃসন্ধিকালীন মেয়েদের লেখাপড়া বা স্বাবলম্বী হয়ে ওঠার প্রস্তুতি মাঝপথে আটকে যাওয়ার এক অন্যতম প্রধান কারণ অপরিকল্পিত প্রেগনেন্সি। কুড়ির ওপর বয়স যে সব মহিলার তাদের তুলনায় বয়ঃসন্ধিকালীন মেয়েদের প্রসবকালীন মৃত্যুর আশঙ্কা প্রায় দ্বিগুণ। সুতরাং এই বয়সে জন্মনিয়ন্ত্রণের প্রয়োজন নিয়ে কোনও দ্বিমত নেই।

আগে বলা হত, এই বয়সী মেয়েদের অন্তত একটা বাচ্চা হওয়ার আগে অবধি কনডোম ছাড়া আর কোনও পদ্ধতি দেওয়া যাবে না। কিন্তু পিল-সংক্রান্ত সেই পুরোনো ভীতি এখন কেটে গেছে। বিজ্ঞানীরা বলছেন, ২০ বছর বয়সের নীচেও নির্ভাবনায় পিল খাওয়া যেতে পারে। কিছু মাস পরপর পিল খাওয়া স্থগিত রাখারও কোনও দরকার নেই। পিল ব্যবহারে মেয়েদের শারীরিক বৃদ্ধির শেষ পর্যায় ব্যাহত হয় না। তা ছাড়া কম বয়সে পিল খেতে শুরু করলে পরে বাচ্চা আসতে সমস্যা হয়, এমন কোনও প্রমাণও পাওয়া যায়নি। বয়ঃসন্ধিকালে নিয়মিত পিল খেতে শুরু করলে ব্রেস্ট ক্যানসার হওয়ার বাড়তি আশঙ্কাও অঙ্কের হিসেবে প্রায় নগণ্য।

তবে অন্তত একটি বাচ্চা, বা নিদেন পক্ষে একবার গর্ভপাত না হওয়া অবধি কপার-টি ব্যবহার না করাই ভাল। এদের জন্য অপেক্ষাকৃত ছোট মাপের কপার-টি এখন পাওয়া যায় ঠিকই, তবু বিশেষজ্ঞরা এ-ব্যাপারে মোটেও উৎসাহী নন।

সেক্ষেত্রে বাকি রইল কনডোম আর ইসি ট্যাবলেট। সংক্রমণ প্রতিরোধে কনডোমের বাড়তি ভূমিকা, আর সহজ ব্যবহারবিধির জন্য তার কিছুটা বাড়তি গ্রহণযোগ্যতাও আছে।

স্তন্যদায়ী মা

বলা হয়ে থাকে, গোটা পৃথিবী-জুড়ে চালু যাবতীয় জন্মনিয়ন্ত্রণ প্রকল্প সব মিলিয়ে যত গর্ভ প্রতিরোধ করে, ব্রেস্ট ফিডিং একাই তার চেয়ে কার্যকর

ভূমিকা নেয়। সন্তান জন্মের প্রথম ৬ মাসের মধ্যে যদি পিরিয়ড শুরু না হয় এবং বাচ্চাকে যদি শুধু বুকের দুধই খাওয়ানো হয় তা হলে ৯৮ শতাংশ ক্ষেত্রে গর্ভধারণ আটকানো যাবে।

তবে ৬ মাস পেরিয়ে গেলে যেহেতু একটা কোনও ব্যবস্থা নিতে হবে তাই তার প্রস্তুতি এই সময়ে শুরু করা ভাল। আর তার জন্য প্রায় সবার জন্য প্রথম পছন্দ হওয়া উচিত কপার-টি। বাচ্চাকে বুকের দুধের সঙ্গে অন্য কোনও খাবার শুরু করার সময়ে অথবা, বাচ্চার জন্মের পর প্রথম পিরিয়ড হয়ে গেলেই কপার-টি পরে নিতে হবে। বাড়তি সাবধানতা নিতে চাইলে তার আগেও নেওয়া যায়। তাই প্রসবের ৬ থেকে ৮ সপ্তাহ পর যেকোনও সময় কপার-টি পরে নেওয়ার কথা আজকাল বলা হয়।

এই সময় ইস্ট্রোজেন-প্রোজেস্টেরন যুক্ত প্রচলিত পিল খাওয়া বারণ। কারণ ইস্ট্রোজেন হরমোনের প্রভাবে মায়ের দুধের পরিমাণ এবং গুণমান উভয়েরই ক্ষতি হয়। নানা সমীক্ষার ভিত্তিতে যদিও দেখা গেছে, স্তন্যদায়ী মা পিল খাওয়া চালিয়ে গেলে তাতে শিশুর স্বাস্থ্য ও বিকাশে কোনও বিরূপ প্রভাব পড়ে না, তবু দীর্ঘদিন ধরে প্রচলিত এই ডাক্তারি নিষেধাজ্ঞা মেনে চলাই ভাল। একান্তই পিল খাওয়ার পক্ষপাতি হলে শুধু প্রোজেস্টেরনের 'মিনিপিল' খাওয়া যেতে পারে। তবে তার ব্যর্থতার হার যে অপেক্ষাকৃত বেশি তা আমরা আগেই জেনেছি।

এর সঙ্গে কনডোম তো থাকছেই। আর নেহাত অসাবধানী হলে আপৎকালীন ইসি ট্যাবলেট বা যত তাড়াতাড়ি সম্ভব কপার-টি। কপার-টি হলে একদিকে ইমার্জেন্সি সুরাহা হল, সেই সঙ্গে এই সুযোগে এক দীর্ঘমেয়াদী সুরক্ষার আওতায় চলে আসা গেল।

সব শেষে বলা দরকার, একের চেয়ে বেশি বাচ্চা হয়ে গেলে এবং দম্পতি আর বাচ্চা না চাইলে, ছোট বাচ্চাটির প্রাথমিক টীকাকরণ সম্পূর্ণ হওয়ার পর এই সময়কাল স্থায়ী জন্মনিয়ন্ত্রণ অপারেশনের পক্ষে আদর্শ।

মধ্যবয়সিনী

৪৫ থেকে ৫৫ বছর বয়সের মধ্যে সাধারণত সব মহিলারই মেনোপজ বা রজোনিবৃত্তি হয়। সেই হিসেবে ৩৫ বছর থেকে 'মধ্যবয়স'-এর সূচনা আর

এই বয়স থেকে গর্ভাবস্থায় শারীরিক ঝুঁকি ক্রমশই বাড়তে থাকে। চল্লিশের কোঠায় বয়স যে প্রসূতি মায়ের তাঁর প্রসব-সংক্রান্ত কারণে মৃত্যুর আশঙ্কা একজন কুড়ির কোঠার মেয়ের তুলনায় প্রায় ৪ গুণ। অথচ দেখা গেছে, অন্তত পঞ্চাশ বছর বয়সে পৌঁছনোর আগে অবধি অধিকাংশ মহিলারই গর্ভধারণের ক্ষমতা কিছু না কিছু অবশিষ্ট থাকে। তাই জন্মনিয়ন্ত্রণ পদ্ধতি তাঁদেরও প্রয়োজন।

যেসব মহিলা বা তাঁর স্বামী এখনও স্থায়ী অপারেশন করান নি, তাঁদের অস্থায়ী পদ্ধতি বাছাইয়ের ক্ষেত্রে কয়েকটি কথা মাথায় রাখতে হবে:

• গর্ভধারণের ক্ষমতা এখন নিম্নমুখী।

• সহবাস হয় অনেক দিন পর পর।

• শারীরবৃত্তীয় কারণে নারীর প্রবেশদ্বার এই সময় সংকীর্ণ এবং শুকনো হতে থাকে। ফলে মিলনকালীন যন্ত্রণা হয়।

• ডায়াবেটিস, হাইপ্রেশার, মেদবাহুল্য ইত্যাদি নানা আনুষঙ্গিক কারণে হরমোন ব্যবহারে নিষেধ থাকতে পারে।

ভেবে দেখলে এই সবগুলো কারণ একযোগে কনডোম-এর ভোট বাড়াচ্ছে। বাইরের দেওয়ালে শুক্রাণু-ধ্বংসী পিচ্ছিলকারক রস লাগানো থাকায়, এই বয়সে জন্মনিয়ন্ত্রণ, সংক্রমণ প্রতিরোধ, শরীরী তৃপ্তি—সব দিক থেকেই কনডোম এগিয়ে।

এই সময়ে আর একটি গ্রহণযোগ্য পদ্ধতি হল কপার-টি। একবার পরে নিলে দীর্ঘ দিনের জন্য নিশ্চিন্ত। তা ছাড়া এটি নেওয়ার পর প্রথম কয়েক মাস বেশি রক্তস্রাব হওয়ার পার্শ্বপ্রতিক্রিয়াও এই বয়সে সাধারণত অনেক কম হয়।

এই বয়সে পিল ব্যবহার সম্পর্কে অনেকের মনেই এক আতঙ্ক কাজ করে: একটু বেশি বয়স অবধি পিল খেয়ে গেলে নাকি ব্রেস্ট ক্যানসার হওয়ার ভয়। আধুনিক পিল নিয়ে এই বিষয়ে অনেক সমীক্ষা করা হয়েছে। তাদের ফলাফল কিন্তু মোটেও তেমন আঁতকে দেওয়ার মতো নয়। উন্নয়নশীল দেশগুলিতে দেখা যাচ্ছে, ৫০ বছর বয়সে নিয়মিত পিল খেয়ে গেলে ১০,০০০ মহিলার মধ্যে মাত্র ২ জনের স্তন ক্যানসার হওয়ার আশঙ্কা থাকে।

কিছু কিছু অসুখ-বিসুখে

অসুখ বিশেষে বাড়তি সাবধানতা নিতেই হবে। পারিবারিক চিকিৎসক এক্ষেত্রে সেরা পরামর্শদাতা। এখানে শুধু কিছু সাধারণ সূত্র ধরিয়ে দেওয়া হল।

প্রথমে মনে করিয়ে দেওয়া ভাল, যে অসুখই থাকুক, কনডোম এবং ইমার্জেন্সি কন্ট্রাসেপটিভ (ইসি) পিল প্রায় নিশ্চিন্তে ব্যবহার করা যাবে। আর জরায়ুর টিউমার বা অতিরিক্ত পিরিয়ডের সমস্যা না থাকলে, একই কথা বলা যায় কপার-টি সম্পর্কেও।

হার্টের অসুখ বা হাই প্রেশার থাকলে পিল এড়িয়ে যাওয়াই ভাল। আধুনিক অতি কম ডোজের পিল অনেক ক্ষেত্রে খাওয়া যেতে পারে ঠিকই; তবু সঙ্গে ডায়াবেটিস থাকলে, বা ৩৫ বছরের বেশি বয়স হলে, বা ধূমপানের নেশা ছাড়তে না পারলে পিল নেওয়া চলবে না।

ডায়াবেটিসের সঙ্গে পিল-এর সহাবস্থানকে চিকিৎসকরা খুব একটা ভালো চোখে দেখেন না। ধরা যাক, ভদ্রমহিলার আর কোনও সমস্যা নেই, শুধু ব্লাড সুগার বেশি, তবু তাঁকে অন্য পদ্ধতি নিতে পরামর্শ দেওয়া হয়।

একই কথা বড়সড় কোনও লিভারের অসুখেও, এমনকী একটু বেশি মাত্রায় জন্ডিস হলেও।

অনিয়ন্ত্রিত মাইগ্রেন থাকলেও পিল এড়িয়ে যেতে হবে।

প্রাক-বিবাহ যৌনতা

সমাজ বদলাচ্ছে। বদলাচ্ছে সাবেক নানা বিশ্বাস আর ধারণা, আবহমানের নানা সংস্কার আর মূল্যবোধ। বিবাহ-পূর্ব যৌনতা তাই আজ আর বিরাট কোনও ট্যাবু নয়। মেট্রোপলিস ছাড়িয়ে মফস্‌সল শহর, শহরতলি বা এমনকী গ্রামেও বিয়ের আগে আজকাল ছেলেমেয়েদের শারীরিক অভিজ্ঞতা হয়ে যাচ্ছে প্রায়শই।

এখানে একটা কথা প্রথমেই পরিষ্কার করে দেওয়া দরকার, এই যৌন অভিজ্ঞতা বলতে কোনও বীভৎস আক্রমণের কথা এখানে আসছে না; নারী-পুরুষের পারস্পরিক সাগ্রহ সায় থেকে তৈরি হচ্ছে যে সম্পর্ক তার কথাই বলছি।

এরও আবার রকমফের আছে। সূক্ষ্ম নানা শাখা-উপশাখায় না গিয়ে সাধারণভাবে তিনটি ধাঁচের কথা বলি:

১. প্যাশন— উভয়ের প্রতি উভয়ের এক তীব্র আকর্ষণ যখন দুজনের মন উথাল পাতাল করে শেষে শরীরে নোঙর ফেলতে চাইল। প্রি-ম্যারাইটাল সেক্সের এটিই সবচেয়ে পুরনো এবং চেনা ধারা।

২. নেহাত কৌতূহল— বন্ধুস্থানীয় বা অল্প-পরিচিত ছেলেমেয়ে দু'জন দুজনের শরীর চিনতে এল। এবং এই সাহসী প্রয়াসে মেয়েরাই উদ্যোগ নিচ্ছে, এমন ঘটনাও এখন খুব বিরল নয়। লেখাপড়া বা কেরিয়ার মেয়েদের বিয়ের বয়সকে বাড়িয়ে দেওয়া হয়তো একটা সামাজিক কারণ। তা ছাড়া, নারীর ক্ষমতায়নের নিজস্ব ব্যাখ্যান অনেক সময় এই আগুনে ঘি ঢালছে। ছেলেরা করলে আমরা নয় কেন, এমন এক জেদ যেমন মেয়েদের মদ্যপান বা তামাকের নেশায় জড়িয়ে পড়ার একটা বড় কারণ, প্রি-ম্যারাইটাল সেক্সও এখন অনেকটা তাই।

৩. শরীর যখন পণ্য— শহুরে প্রাপ্তবয়স্ক ছাত্রীদের কেউ কেউ আজ সেক্স র‍্যাকেটে জড়িয়ে। হ্যাঁ, আমাদের বাঙালিদের মধ্যেও এরা প্রায় সবাই যথেষ্ট সম্পন্ন শিক্ষিত পরিবারের সন্তান। এবং এরা অনেকেই তথাকথিত নাক-উঁচু স্কুল-কলেজের স্টুডেন্ট। নিজের শরীর সম্পর্কে ছুঁতমার্গ ত্যাগ করে তারা এইভাবে তাদের পকেট মানি রোজগার করে।

এই তিন ধাঁচের থেকে বেরিয়ে আসছে আর এক রকমের বিভাজন। প্রাক-বিবাহ সেক্স তা হলে হতে পারে:

১. ঘনিষ্ঠভাবে চেনা মানুষের সঙ্গে, কিংবা

২. অল্পচেনা বা একেবারে না-চেনা মানুষের সঙ্গে।

দ্বিতীয় ক্ষেত্রে বিপদ অবশ্যই অনেক বেশি। আর তাই শরীর-সংক্রান্ত সাবধানতা নেওয়াও অনেক বেশি জরুরি।

শরীর বাঁচানো মানে মূলত দুটি ব্যাপার থেকে বাঁচা: প্রেগনেন্সি আর সংক্রমণ।

ইউরোপে অবিবাহিত মেয়েরা অনেকে যে ওরাল কন্ট্রাসেপটিভ পিল খায়, সেটা পুরনো খবর। এখন ইমার্জেন্সি কন্ট্রাসেপটিভ (ইসি) পিল বাজারে চলে আসার পর অনেকেই বিজ্ঞাপনে বিভ্রান্ত হচ্ছে। ছেলেমেয়েদের

বেপরোয়া হতে লোভ দেখাচ্ছে এই বিজ্ঞাপন। অনেকে ভাবছে, অসাবধানী হলেও চিন্তা কী, ৭২ ঘণ্টার মধ্যে ইসি খেলেই হবে। এ এক বিপজ্জনক প্রবণতা। মাসে তিন-চারবার করে ইসি খেয়ে পিরিয়ডের ছন্দ পুরোপুরি এলোমেলো করে দিয়ে আজকাল যেসব মেয়েরা আসছে আমাদের কাছে, তাদের আবার তার স্বাভাবিক সাইক্‌লে ফিরিয়ে আনা এক মুশকিলের চ্যালেঞ্জ। তা ছাড়া বেহিসেবি হরমোন গলাধঃকরণের পার্শ্বপ্রতিক্রিয়া তো আছেই।

এক্ষেত্রে সবচেয়ে নিরাপদ হল কনডোম। কারণ কনডোম শুধু প্রেগনেন্সি আটকাচ্ছে না। আটকাচ্ছে প্রায় সবরকমের সংক্রমণও: ফাঙ্গাল চুলকুনি থেকে এডস অবধি প্রায় সবই। একটি হিসেব মাথায় রাখতে হবে: নতুন করে যৌন সংক্রমণে আক্রান্ত মানুষের মধ্যে অন্তত এক-তৃতীয়াংশ এবং নতুন করে এইচআইভি-আক্রান্ত মানুষের প্রায় অর্ধেক ২৫ বছরের কম বয়সী। ব্যক্তিগত পরিচ্ছন্নতা রাখতেই হবে, তার সঙ্গে পুরুষ সঙ্গীর কনডোম সেই সর্বোত্তম প্রতিরোধ যা দু'জনকেই সুরক্ষিত রাখবে— অবাঞ্ছিত প্রেগনেন্সি আর সংক্রমণ দুটি থেকেই।

ফিমেল কনডোমের যে এই ক্ষমতা নেই তা নয়, তবু দুনিয়া জুড়ে পুরুষ কনডোমের ওপরেই প্রধানত ভরসা রাখা হয়। কারণ পুরুষ কনডোম:

১. সহজে পাওয়া যায়।

২. ব্যবহার করা সহজ।

৩. ফেলিওর রেট কম।

৪. দামে সাশ্রয়।

ডাক্তারি দৃষ্টিকোণের বাইরে আরও একটি কারণে পুরুষ কনডোমকেই ভোট দেওয়া উচিত— কনডোম চিনিয়ে দেয় পুরুষ সঙ্গীটি কতটা দায়িত্ববান। মনের মানুষ যদি কনডোম ব্যবহার করতে গাঁইগুঁই করে তবে তেমন মানুষের ওপর কতটা ভরসা রাখা যায় তা আর একবার ভাবতে হবে।

নব নব রূপে

বিজ্ঞান সদাই এগিয়ে চলে। কোনও কিছুতে সন্তুষ্ট হয়ে থেমে যাওয়া তার ধাতে নেই। জন্মনিয়ন্ত্রণ পদ্ধতি নিয়ে চর্চাও নানা অভিমুখে অব্যাহত। সেইসব চর্চার বৈজ্ঞানিক খুঁটিনাটি নিয়ে আলোচনার জায়গা এটা নয়। এখানে উল্লেখযোগ্য কয়েকটি গবেষণার সঙ্গে প্রাথমিক আলাপ-পরিচয়টুকু করিয়ে দিই।

অন্য পথে হরমোন

হরমোন দ্বারা জন্মনিয়ন্ত্রণের ক্ষেত্রে পিল এক দিকচিহ্ন বিশেষ। এটি প্রচলিত হওয়ার সময় মনে করা হয়েছিল, মুখে খাওয়ার পদ্ধতিই সবার কাছে বেশি গ্রহণযোগ্য হবে। কিন্তু ক্রমশ দেখা গেল, হরমোন প্রয়োগের সুবিধে পুরোটা নেবো কিন্তু রোজ রোজ মনে করে ওষুধ খাওয়ার ঝামেলাটা পোহাতে হবে না— এমন এক চাহিদাও এক শ্রেণির মহিলার মধ্যে তৈরি রয়েছে। তা ছাড়া গা-গুলোনোর অস্বস্তিতে যাঁরা বাধ্য হয়ে পিল এড়িয়ে চলছিলেন তাঁদের পক্ষেও এমন এক বিকল্প পথ দরকার ছিল। নিত্যনতুন গবেষণার কল্যাণে এখন সম্ভাব্য অনেকগুলি বিকল্প পথ প্রস্তুত। আমরা একে একে বলি। আর তার আগে বলে রাখি, এগুলি কিন্তু আমাদের দেশে এখনও সহজলভ্য নয়।

কপার-টি'র উত্তরসূরি : কপার-টি নিয়ে আলোচনার সময়েও এই বিষয়টির কথা অল্প করে উঠেছিল। এটিও T-আকৃতির, এটিও জরায়ুর মধ্যে প্রবেশ করাতে হবে। শুধু তফাতের মধ্যে, কপার তারের বদলে এর লম্বালম্বি ডান্ডায় থাকবে হরমোন। সেই হিসেবে এর ডাক নাম দেওয়া যেতে পারে, 'হরমোন-টি'। এই হরমোনের তেমন কোনও দূরপ্রসারী প্রভাব নেই,

স্থানীয়ভাবেই এর কাজকারবার জরায়ুর ভেতর। এটি সারাক্ষণ প্রোজেস্টেরনের আধিক্য বজায় রাখে। ফলে নিষিক্ত ডিম্বাণু জরায়ুর দেওয়ালে আশ্রয় নিতে পারে না। এর সঙ্গে জন্মনিয়ন্ত্রণে লুপ বা টি-র সাবেক যান্ত্রিক কারিকুরি তো থাকছেই।

হরমোন-টি হিসেবে ১৯৭৩ সাল নাগাদ প্রথম বাজারে এসেছিল 'প্রোজেস্টোসার্ট' বা প্রোজেস্টেরন-টি। কার্যকারিতার দিক থেকে এটি কপার-টি-380A'এর সমতুল। সঙ্গে বাড়তি সুবিধে হল, হরমোনের প্রভাবে পিরিয়ডের সময় রক্তক্ষয় এতে কম হয়। আর অসুবিধে হল, প্রতি বছর বছর এটি বদলাতে হয়। আর এটি পরানো কিঞ্চিৎ যন্ত্রণাদায়ক। ফলে প্রোজেস্টোসার্ট তেমন বাজার পায় নি।

এই সমস্যা কাটাতে এর পর এসেছে দীর্ঘস্থায়ী প্রভাবের লিভোনরজেস্টেরল নামে এক প্রোজেস্টেরন জাতীয় হরমোনযুক্ত টি। এটি পাঁচ বছর অবধি একটানা রাখা যায়। এখনও পর্যন্ত যত অস্থায়ী জন্মনিয়ন্ত্রণ পদ্ধতি চালু হয়েছে তার মধ্যে এটির কার্যকারিতা সবচেয়ে বেশি। ১,০০০ জন মহিলা এক বছর ধরে এই পদ্ধতির ওপর ভরসা রাখলে ব্যর্থতা বা প্রেগনেন্সি চলে আসার ভয় মাত্র ১ থেকে ৪ জনের। পিরিয়ডের সময় রক্তক্ষরণের পরিমাণ এটির ক্ষেত্রে আরও কম (এক এক মাসে পিরিয়ড এমনকি পুরো বন্ধও থাকতে পারে)। তবে পরানোর সময় ব্যথার সমস্যাটা এর ক্ষেত্রেও একই।

ইনজেকশন: মুখে খাওয়ার বিকল্প হিসেবে ছুঁচ ফোটানোর কথা উঠবে এ খুব স্বাভাবিক কথা। শুধু প্রোজেস্টেরন আর প্রোজেস্টেরন-ইস্ট্রোজেন জুটি—এই দুই রূপেই ইনজেকশন পাওয়া যায়। তবে ইনজেকশনের ক্ষেত্রে জুটি নয়, শুধু প্রোজেস্টেরনের জনপ্রিয়তাই বেশি। 'ডিপোপ্রোভেরা' নামেই এর পরিচিতি। ১৯৭৫ সাল থেকে এর যাত্রা শুরু। পিরিয়ডের ৫-৭ দিনের মধ্যে এই ইনজেকশন নেওয়ার কথা। আড়াই থেকে সাড়ে-তিন মাস বাদ বাদ একটি করে নিতে হয়। বর্তমানে প্রায় ১৩০ দেশ জুড়ে প্রায় ১ কোটি ৩০ লক্ষ মহিলা এই পদ্ধতি ব্যবহার করছেন। কার্যকারিতা পিলেরই মতো, অথচ রোজ মনে করে করে খাওয়ার ঝামেলা নেই, এই এক মস্ত সুবিধে। তবে এই পদ্ধতির বিরুদ্ধে সবচেয়ে বড় অভিযোগ, অনিয়মিত পিরিয়ড, এমনকী কোনও কোনও মাসে পিরিয়ড মিস। এ ছাড়া পিলের অন্যান্য হরমোন-

ঘটিত পার্শ্বপ্রতিক্রিয়া তো থাকবেই, বিশেষত ইস্ট্রোজেন-প্রোজেস্টেরন যুগ্ম ইনজেকশনের বেলায়। এই যুগ্ম ইনজেকশন আবার নিতে হয় ৪ থেকে ৫ সপ্তাহ পর পর।

আর যে অভিযোগটি নিয়ে এই ইনজেকশনের বিরুদ্ধে সবচেয়ে শোরগোল সেটি হল, এটি নাকি মহিলাদের স্থায়ীভাবে বন্ধ্যা করে দেয়। এই নিয়ে আমাদের দেশেও বহু সংগঠন এক সময় আন্দোলন করেছে। কিন্তু দেশে-বিদেশে বহু সমীক্ষা চালিয়ে নিশ্চিতভাবে এই অভিযোগ খন্ডন করা গেছে। ১৯৮৪ সালে থাইল্যান্ডে এই বিষয়ে এক বড় ক্ষেত্রসমীক্ষা চালানো হয়। সেখানে দেখা গেল, প্রোজেস্টেরন ইনজেকশন ব্যবহার থামিয়ে দেওয়ার ১ বছরের মধ্যে তিন-চতুর্থাংশ আগ্রহী মহিলা গর্ভধারণ করেছেন, আর ২ বছরের মধ্যে করেছেন ৯০ শতাংশ।

ইমপ্ল্যান্ট : ১৯৫০-এর দশকে, জন্মনিয়ন্ত্রণে হরমোনের কার্যকারিতা নিয়ে তখন অনেক গবেষণা হচ্ছে, সেই সময় খরগোসের চামড়ার নীচে প্রোজেস্টেরন ঢুকিয়ে দেখা গিয়েছিল তার ফলে খরগোসের গর্ভ রোধ করা যাচ্ছে। কয়েক দশক পরে সেটাই জন্মনিয়ন্ত্রণের এক স্বীকৃত রূপ হিসেবে বাজারে চলে এল। ছ'টি লিভোনরজেস্টেরল ভরা ক্যাপসুল ঢুকিয়ে দেওয়া হচ্ছে চামড়ার নীচে। এর নাম দেওয়া হয়েছে 'নরপ্ল্যান্ট'। ব্যাস বছর সাতেকের জন্য নিশ্চিন্ত। ৭ বছর শেষ হলে মনে করে ফাঁকা ক্যাপসুলগুলি বার করে নিতে হবে। তার চেয়েও বড় কথা, তারপর হয় নতুন ইমপ্ল্যান্টের ব্যবস্থা করতে হবে আর নয়ত অন্য কোনও পদ্ধতির শরণাপন্ন হতে হবে। 'ইমপ্ল্যানন' নামে আর একটি ইমপ্ল্যান্ট এখন পাওয়া যাচ্ছে। এটি একটি সরু রডের মতো জিনিস। তার ভেতরে পোরা রয়েছে 'ইটোনরজেস্ট্রেল' নামে আর এক রকমের প্রোজেস্টেরন। এটিকে আবার ৩ বছর বাদ বাদ বদল করতে হয়।

ইমপ্ল্যান্টের ক্ষেত্রে অনিয়মিত পিরিয়ডের সমস্যায় অনেককেই ভুগতে হয়। তা ছাড়া মেয়াদ-উত্তীর্ণ ইমপ্ল্যান্ট চামড়ার নীচ থেকে বার করার জন্য অভিজ্ঞ চিকিৎসক ছাড়া উপায় নেই। পরানোর সময় আমাদের এসব ঠিকমত জানানো হয়নি, এই অভিযোগ তুলে আমেরিকার অনেক ভুক্তভোগী মহিলা মামলা-মোকদ্দমা অবধি করেছিলেন। মামলার কথা যখন উঠলই তখন আর

একটি কথা বলি। গত শতকের শেষের দশকে ক্যালিফোর্নিয়া এবং টেক্সাসে শিশু নির্যাতনে অভিযুক্ত মহিলাদের বিচার চলাকালীন নরপ্ল্যান্ট ধারণ বাধ্যতামূলক করার উদ্যোগ নেওয়া হয়। তাই নিয়ে পরে মানবাধিকার কর্মীরা হরেক আইনি প্রশ্ন তোলায় সে চেষ্টা অবশ্য আর বেশি দূর এগোয়নি।

ভ্যাজাইনাল রিং: ছোট এক নরম রিং। নাম 'নুভা রিং'। তার ভেতর হিসেব-মতো ইস্ট্রোজেন আর প্রোজেস্টেরন ঢোকানো। মহিলারা নিজেরাই এটি যোনিপথে পরে নিতে পারবেন। কাজকর্ম, চলাফেরাতেও কোনও অসুবিধে হবে না। টানা তিন সপ্তাহ ভেতরে রেখে তারপর বার করে নেওয়া হয়। এক সপ্তাহ পর আবার নতুন এক রিং ধারণ করতে হবে। এই মধ্যের এক সপ্তাহে শরীর বাড়তি হরমোন না পাওয়ায় পিরিয়ড হয়ে যাবে, ঠিক যেমন তিন সপ্তাহ পিল খাওয়া শেষ হলে চতুর্থ সপ্তাহে পিরিয়ড হয়। কারও কারও স্থানীয়ভাবে ব্যথা হওয়া ছাড়া এই পদ্ধতি নিয়ে সবচেয়ে বড় সমস্যা তার চড়া দাম।

প্যাচ: বছর কয়েক আগে পশ্চিমবঙ্গে ব্লাড-সুগার চিকিৎসার এক অভিনব পদ্ধতি সংবাদমাধ্যমের কল্যাণে বেশ সাড়া ফেলেছিল। ব্যান্ড-এইড'-এর মতো আঠা লাগানো এক ছোট পটি বিশেষ এক ওষুধে ভিজিয়ে সেটি রোগীর শরীরে লাগিয়ে দেওয়া হত। জন্মরোধের কাজেও এমন প্যাচ ব্যবহার করা হয়। ইস্ট্রোজেন-প্রোজেস্টেরনের মিলিত দ্রবণে ভেজানো পটি পিরিয়ড শুরুর প্রথম পাঁচ দিনের মধ্যে তলপেটে, পিঠে, পশ্চাদ্দেশে বা বাহুর ওপর লাগিয়ে দেওয়া হয়। পরের দুই সপ্তাহে সাপ্তাহিক একবার করে নতুন প্যাচ লাগানো হয় শরীরের নতুন নতুন জায়গায়— মানে প্রথম পটি তলপেটে লাগালে পরেরটি নির্দিষ্ট বাকি অংশগুলোর মধ্যে কোনও একটিতে। এইভাবে পরপর তিন সপ্তাহে তিন প্যাচ লাগানো হয়ে গেলে চতুর্থ সপ্তাহে ফাঁক। শরীর বাড়তি হরমোন না পাওয়ায় ওই সময়ে পিরিয়ড হয়ে যাবে। যেখানে প্যাচ লাগানো হয়েছে সেখানে কারও কারও র‍্যাশ বেরোয়। আর হরমোন-সংক্রান্ত পার্শ্বপ্রতিক্রিয়া সব পিলের মতো।

এ ছাড়া চামড়ায় লাগাবার জেল বা স্প্রে হিসেবেও হরমোন প্রয়োগ করার চেষ্টা চলছে। গবেষণা চলছে মূলত প্রোজেস্টেরন নিয়ে, যাতে যে সব

মা এখনও বাচ্চাকে বুকের দুধ খাওয়াচ্ছেন তাঁরা নিশ্চিন্তে এই পদ্ধতি ব্যবহার করতে পারেন।

টীকা-টিপ্পনি

ধরা যাক, এমন এক টীকা বার করা গেল যেটি নারী বা পুরুষকে প্রয়োগ করলে সন্তান উৎপাদন ক্ষমতা বন্ধ হল অথচ যৌন-ক্ষমতায় কোনও টান পড়ল না; আবার টীকা প্রয়োগ করাও এত সহজ যে সাধারণ স্বাস্থ্যকর্মীরাই এটি দিতে পারবেন। দীর্ঘশ্বাস ফেলে বলতে ইচ্ছে করে, এমন কেন সত্যি হয় না আহা!

সুখের কথা, এমন টীকা তৈরিতে সারা পৃথিবী জুড়ে যেসব গবেষক কাজ করছেন তাঁদের মধ্যে একেবারে প্রথম সারিতে আছেন এক ভারতীয়, এবং তার চেয়েও বড় কথা তিনি কাজ করছেন এক ভারতীয় প্রতিষ্ঠানেই। বিজ্ঞানীর নাম ডা. জি পি তলওয়ার। তিনি তাঁর সহ-গবেষকদের নিয়ে নয়াদিল্লির ন্যাশনাল ইনস্টিটিউট অফ ইমিউনোলজি থেকে মহিলাদের ওপর ব্যবহার্য এক টীকা তৈরিতে অনেক দূর এগিয়ে গেছেন। এই টীকা বৈজ্ঞানিক পরিভাষায় 'অ্যান্টি-এইচসিজি' গোত্রের।

কিন্তু কিছু কিছু মহিলা সংগঠনের আপত্তি এই ধরণের টীকা-সংক্রান্ত গবেষণায় এক বিতর্কের বাতাবরণ তৈরি করেছে।

পুরুষদের বাঙালি ইনজেকশন

ইনজেকশনের বিশেষণ হিসেবে 'বাঙালি' শব্দটিকেই বেছে নিলাম কারণ যে গবেষক দল এটি তৈরি করছেন তার শীর্ষে রয়েছেন এক বাঙালি ডাক্তারবাবু সুজয় গুহ, আর এটি তৈরি হচ্ছে খড়গপুর আইআইটি-তে [দ্য টাইমস অফ ইন্ডিয়া, ১৮ অগস্ট ২০১১]। জেল জাতীয় এই ইনজেকশন প্রয়োগ করা হবে পুরুষের বীর্যনালিতে (ভাস ডিফারেন্স)। ফলে শুক্রাণু নিষ্ক্রিয় হয়ে যাবে। এর কার্যকাল ১০ বছরের। কিন্তু তার আগে বীর্যক্ষমতা ফিরে পেতে চাইলে এই ওষুধের 'প্রতিষেধক' এক ইনজেকশনও রেডি। সেটি প্রয়োগ করলেই আগের ইনজেকশনের প্রভাব কাটিয়ে দেওয়া যাবে।

এক মার্কিন ওষুধ প্রস্তুতকারক সংস্থা ভারতের বাইরে এই জন্মনিরোধক পদ্ধতির প্রস্তুতি ও বিপণনের চেষ্টা করছে।

অরিগামি কনডোম

ছেলেবেলায় কাগজ ভাঁজ করে করে নৌকো বানিয়েছেন, টুপি বানিয়েছেন, পাখি বানিয়েছেন। ড্যানি রেসনিক নামে এক উদ্যোগী সেই ছেলেমানুষি জাপানি খেলার মধ্যে এক প্রাপ্তবয়স্ক সম্ভাবনা খুঁজে পেয়েছেন। কাগজ ভাঁজ করে বানিয়ে ফেলেছেন এক 'কোলাপসেব্‌ল' কনডোম। এটি শরীরের সঙ্গে এঁটে থাকবে না। বরং অঙ্গের ওঠা-পড়ার সঙ্গে সঙ্গে এটিও নড়াচড়া করবে এবং ফলে নারী-পুরুষ উভয়েরই নাকি তৃপ্তি অনেকটা বাড়বে। ক্যালিফোর্নিয়ার একটি কোম্পানি এই কনডোমের ব্যবসায়িক দিকটি দেখছে। গেট্‌স ফাউন্ডেশন এই অরিগামি কনডোমের বিষয়ে বিশেষ উচ্ছ্বাস প্রকাশ করেছে।

কনডোম নিয়ে কথা বলতে গিয়ে বিল গেট্‌স'এর কথা উঠল কেন? আসলে কনডোমের সেকেলেপনা নিয়ে অনেক দিন ধরেই অভিযোগ উঠছিল। বলা হচ্ছিল, গত পঞ্চাশ বছরে প্রায় ৪০০ বছরের পুরোনো এই পদ্ধতিটির প্রযুক্তিগত কোনও উন্নতিই আর হয়নি। ল্যাটেক্স ব্যবহার শুরু হওয়া কনডোমের দুনিয়ায় এক যুগান্তর। কিন্তু তারপর কনডোমে আর তেমন কোনও বিপ্লব কই? তেমন কিছু কেরামতি দেখানোয় উৎসাহিত করতে গেট্‌স ফাউন্ডেশন ১,০০,০০০ ডলারের এক অনুদান ঘোষণা করেছেন [দ্য টাইমস অফ ইন্ডিয়া, ৫ মে ২০১৩]। নতুন প্রজন্মের সেই নয়া কনডোমের জন্য আমরা অপেক্ষায় থাকি।

ভারতীয় কর্মসূচীর আলো-আঁধারি

আমাদের হাতে সময় নষ্ট করার মতো সময় আর নেই। আমরা জেনে গেছি, এক মিনিট সময় নষ্ট করার অর্থ প্রায় চৌত্রিশ জন নতুন ভারতবাসীর জন্ম, তিন সপ্তাহে প্রায় চন্ডীগড়ের সমান জনসংখ্যা। নতুন দৃষ্টিভঙ্গীতে আর নতুন উদ্যমে আমাদের পথ চলা শুরু হোক। এর কোনও বিকল্প শর্ট কাট নেই। এ এক দীর্ঘ দীর্ঘ সফর...।

আমরা বাড়ছি। বাড়ছি। বেড়েই চলেছি। প্রতি মুহূর্তে ভারতবাসী বাড়ছে। উন্নতির নিক্তিতে নয়। নেহাতই সংখ্যায়। সব বল্গা ছিঁড়ে ভারতবাসীর সংখ্যা দুর্বার গতিতে বেড়ে চলেছে।

প্রতি মিনিটে প্রায় চৌত্রিশ জন ভারতবাসীর জন্ম হচ্ছে। তিন সপ্তাহে প্রায় চন্ডীগড়ের সমান জনসংখ্যা ভারতের সঙ্গে যুক্ত হয়ে যাচ্ছে। গোটা ভূপালের সমান মানুষ যুক্ত হচ্ছে প্রায় প্রতি মাসে। আমেরিকা যুক্তরাষ্ট্র, ইন্দোনেশিয়া, ব্রাজিল, পাকিস্তান, বাংলাদেশ আর জাপানের মোট জনসংখ্যা যোগ করলে তা মোট ভারতবাসীর প্রায় সমান হচ্ছে। ধারণা করা হচ্ছে, ২০২৫ সাল নাগাদ চিনকেও টপকে গিয়ে আমরা পৃথিবীর মধ্যে জনসংখ্যায় সেরার শিরোপা পাব।

এই অপ্রতিরোধ্য জনবিস্ফোরণের শেকড় যদি আমরা খুঁজতে যাই, তা হলে পৌঁছতে হবে ১৯২১ সালে। সেই বছরের আদমসুমারিতেই প্রথম দেখা গেল, ভারতবর্ষের জন্মহারের তুলনায় মৃত্যুহার কমছে। অর্থাৎ মোট হিসেবে জনসংখ্যা বাড়ছে। এরপর থেকে বছর যত এগিয়েছে খাদ্য, পানীয় জল, নিকাশি ব্যবস্থা, চিকিৎসা, প্রযুক্তি সব কিছুর উন্নতিই আমরা কাজে লাগাবার চেষ্টা করেছি। ফলে জন্মহার অনেকটা নিয়ন্ত্রণ করা গেছে। কিন্তু তার চেয়েও সুফল পাওয়া গেছে মৃত্যুহার নিয়ন্ত্রণে। লাফিয়ে লাফিয়ে বেড়েছে মানুষের

গড় আয়ু। ১৯২১ সালে পুরুষ ও মহিলার ক্ষেত্রে ভারতবাসীর গড় আয়ু ছিল যথাক্রমে ১৯.৪ এবং ২০.৯ বছর। স্বাধীনতাকালীন সময় ১৯৫১-র আদমসুমারিতে এই আয়ু যথাক্রমে ৩২.৪ এবং ৩১.৭ বছর। ১৯৮১-তে তা বেড়ে দাঁড়ালো যথাক্রমে ৫৪.১ এবং ৫৪.৭ বছরে। আর সর্বশেষ প্রাপ্ত তথ্য, ২০১৩-তে গড় আয়ু যথাক্রমে ৬৭.৫ এবং ৭২.৬ বছর।

সব উন্নত দেশই এখন জন্ম-মৃত্যুহারের মধ্যে এক সমতায় পৌঁছে গেছে। ১৯৮০-৮৫ সালেই অস্ট্রিয়া অর্জন করেছিল 'জ়িরো গ্রোথ'-এর শিরোপা। ব্রিটেন, ডেনমার্ক, সুইডেন, বেলজিয়ামে জনসংখ্যা বৃদ্ধির হার প্রতি হাজার জনে এক জন। আরও এগিয়ে গিয়েছে জার্মানি আর হাঙ্গারির মতো পূর্ব ইউরোপের কিছু দেশ। তাদের দেশের মৃত্যুহার জন্মহারকে পেছনে ফেলে দিয়েছে। ফলে তাদের জনসংখ্যা ক্রমহ্রাসমান।

ভারতবর্ষের পক্ষে কিন্তু অদূর ভবিষ্যতেও এই পর্যায়ের ধারেকাছে যাওয়া সম্ভব নয়। কারণ ভারতে জনবিস্ফোরণের পেছনে প্রতি হাজারে জন্ম-মৃত্যু হারের মধ্যে জনা উনিশ-কুড়ির তফাতটাই শেষ কথা নয়। এর সঙ্গে আছে সংখ্যাতাত্ত্বিক আরও এক মারাত্মক বারুদ।

আমাদের জনগোষ্ঠীর মাত্র ৪.৯ শতাংশ মানুষ ৬৫ বা তার বেশি বয়সের। আর অনূর্ধ্ব ১৪ বছর বয়সী শিশু-বালক-বালিকার সংখ্যা মোট ভারতবাসীর প্রায় এক-তৃতীয়াংশ— ৩০.৮ শতাংশ। আগামী ১৫ বছরের মধ্যে এই এক-তৃতীয়াংশ নবীন ভারতবাসী সন্তান উৎপাদনে সক্রিয় হবে। তাই নিয়ন্ত্রিত জনসংখ্যার নিশ্চিন্ততা এখনও দূর-অস্ত।

উন্নত দেশে বয়সভিত্তিক বিভাজন এর ঠিক উলটো। সেখানে বেশি বয়সী মানুষের তুলনামূলক আধিক্য। তাই তাদের জনসংখ্যাও অনেক সুস্থিত। এই অবস্থায় পৌঁছনোর জন্য প্রয়োজন দীর্ঘমেয়াদী পরিকল্পনা। আগামী বছরগুলোতে জন্মনিয়ন্ত্রণের কর্মসূচীকে যদি আমরা সঠিক লক্ষ্য ও দ্রুতিতে চালিয়ে নিয়ে যেতে পারি, তা হলেও এই বয়সভিত্তিক বিভাজনের উন্নতি ঘটবে খুবই মন্থর গতিতে। ২০২১ সাল নাগাদ ষাটোর্ধ্ব মানুষের আনুমানিক হিসেব দাঁড়াবে তখনকার মোট জনসংখ্যার ১১ শতাংশ।

সুতরাং আমরা বাড়ছি শুধু নয়, আমরা বাড়ব। বেড়েই চলব এক চরম বিপর্যয়ের দিকে।

অর্থনীতির দৃষ্টি থেকে একটা অন্য কথা বলা যায়, ভারতীয় জনসংখ্যায়

নবীনতর মানুষের এই আনুপাতিক গুরুত্ব এ-দেশকে উদ্যোগপতিদের বিনিয়োগের পক্ষে আকর্ষণীয় করে তুলেছে। কিন্তু সে অন্য প্রসঙ্গ।

১৯৪৭ সালে ভারত যখন স্বাধীন হল, তখন সাকুল্যে ৩৪.৪ কোটি ভারতবাসী। মাত্র ৩৪ বছরের মধ্যে যোগ হল আর এক ভারতবর্ষ— ১৯৮১ সালে ভারতবাসীর সংখ্যা ৬৮.৫ কোটি। নতুন শতাব্দীর প্রথম দশকে ভারতবাসীর সংখ্যা বেড়েছে ১৮.১ কোটি। ২০১১-র আদমসুমারিতে মোট জনসংখ্যা হল ১২১ কোটি।

আদার ব্যাপারি কেন জাহাজের খোঁজ নেবে

এইসব বড় বড় সংখ্যার হিসেব বা সংখ্যাতত্ত্বের কচকচি শুধু গবেষণাপত্রের পাতায় বা বিশেষজ্ঞের সেমিনার রুমে সীমাবদ্ধ রাখার আর উপায় নেই। এই অঙ্ক আর তত্ত্ব থাবা বসাচ্ছে আমাদের ঘর-গেরস্থালিতে, মিলেমিশে গেছে আমাদের রোজকার জীবনধারণের সঙ্গে, পৌঁছে গেছে আমাদের অস্তিত্বের মূলে। আপনার এবং আপনার সন্ততির সুযোগ-সমৃদ্ধি-সংগ্রাম সব নির্ভর করছে ভারতে জনসংখ্যা নিয়ন্ত্রণ কর্মসূচীর ওপর।

এই কর্মসূচীর ব্যর্থতার কারণেই আপনাকে প্রাণ হাতে করে ট্রেন-বাসের পাদানিতে ঝুলে অফিস যেতে হয়। যথেষ্ট মাইনে পাওয়া সত্ত্বেও আপনার কর্মস্থলের কাছে কোনও মাথা গোঁজার ঠাঁই পান না বা, আপনার বাসস্থানের কাছে হয় না কর্মসংস্থান।

এই কর্মসূচীর ব্যর্থতার কারণেই আপনার সন্তান দশ ক্লাসের ফাইনালে ভাল ফল করা সত্ত্বেও এগারো-বারোয় পছন্দসই জায়গায় ভর্তি হতে পারে না, আপনার পাড়ার ছেলেটি বিএসসি পাশ করে বাড়ি বাড়ি ধূপ বিক্রি করে।

এই কর্মসূচীর ব্যর্থতার কারণেই ঝুপড়ি পরিবারের পঞ্চম সন্তান আজ হাতে তুলে নিল ভিক্ষের থলি বা ওয়ান-শটার, গ্রামের মা তার তৃতীয় কন্যা সন্তানের গলা টিপে আত্মঘাতী হল।

এই কর্মসূচীর ব্যর্থতার কারণেই ভারতবর্ষে ৭ বছরের বেশি বয়সী নিরক্ষরের সংখ্যা (৪০.৯ কোটি) পৃথিবীর অন্য যে কোনও দেশের চেয়ে বেশি। অপুষ্টিজনিত কারণে ৪৮ শতাংশ পাঁচ বছরের কম বয়সী শিশুর (৫.৬ কোটি) স্বাভাবিক বৃদ্ধি ব্যাহত।

আসলে এটাই স্বাভাবিক। এটাই ভবিতব্য।

এই গ্রহের ২.৪ শতাংশ জমিকে সম্বল করে ১৭.৫ শতাংশ মানুষকে আশ্রয় দিচ্ছে ভারতবর্ষ। ফলে খাদ্য-পানীয়-বস্ত্র-বাসস্থানের মতো জীবনধারণের ন্যূনতম চাহিদাটুকু জোগাড় করার জন্যই কাড়াকাড়ি পড়ছে। অনেকের কাছেই তা পৌঁছে দেওয়া সম্ভব হচ্ছে না। স্বাস্থ্য ও শিক্ষা খাতে আমাদের সরকার ভারতবাসী পিছু যে খরচ করে তাতে ক্রমাগত টান পড়ে যাচ্ছে। ইউনাইটেড নেশন মানব উন্নয়ন সূচকের যে বাৎসরিক তালিকা প্রকাশ করে তাতে, উন্নত দেশগুলোর কথা তো বাদই থাক, চিন-শ্রীলঙ্কা-ব্রাজিলের মতো দেশের চেয়েও ভারতবর্ষ বেশ খানিকটা পিছিয়ে।

অথচ স্বাধীনতার পর থেকে অন্যান্য ক্ষেত্রে ভারতের উন্নতি কিন্তু চোখ ধাঁধানো। খাদ্য উৎপাদন এবং প্রযুক্তিতে ভারতের অবস্থান সারা বিশ্বের ঈর্ষার বিষয়। ভূমিসংস্কার ও কর্মসংস্থানে এই দরিদ্র, শোষিত দেশ যে দ্রুত হারে এগিয়ে এসেছে তা অন্য দেশের কাছে শিক্ষণীয়। কিন্তু লাভের সব গুড় খেয়ে যাচ্ছে জন্মনিয়ন্ত্রণের ব্যর্থতা।

কথায় বলে 'মানবসম্পদ'। এই নামে প্রভাবশালী এক দপ্তরও আছে কেন্দ্রীয় মন্ত্রীসভায়। কিন্তু ভারতের এই বিপুল জনসংখ্যাকে এখন আর কি 'সম্পদ' হিসেবে মনে করা যায়? ক্রমবর্ধমান এই জনগোষ্ঠী বরং ভারতবর্ষের এক বোঝা। তার দারিদ্র্যের, তার পেছিয়ে পড়ার কারণ হিসেবে প্রধানতম ব্যর্থতাকে যদি চিহ্নিত করতে হয়, তবে তা জন্মনিয়ন্ত্রণ। কোনও কোনও সমাজবিজ্ঞানী সম্পদ-বণ্টনের অসাম্যকে সব নষ্টের গোড়া হিসেবে প্রতিপন্ন করতে চান। কিন্তু জনবিস্ফোরণের সমস্যার কাছে সেই সমস্যাও খানিকটা ম্রিয়মাণ। তাই যদি প্রশ্ন করা হয় দেশের সর্বাঙ্গীণ মঙ্গলের জন্য সবার চেয়ে বেশি প্রয়োজন কী? এক্ষেত্রেও উত্তর একই: জন্মনিয়ন্ত্রণ, জন্মনিয়ন্ত্রণ, জন্মনিয়ন্ত্রণ।

অথচ জন্মনিয়ন্ত্রণের কথা এখনও সেরকম ভাবে গুরুত্ব পাচ্ছে কোথায়? আমাদের রাজনৈতিক নেতারা, নীতি-নির্ধারক আমলারা, নানান মিডিয়ার সাংবাদিকরা তাঁদের প্রতিশ্রুতি, পরিকল্পনা, নিউজপ্রিন্ট ভারতের কত কত বিষয়ে অবিরত খরচ করে চলেছেন: কৃষি সারে ভর্তুকি থেকে বিশ্বকাপ ক্রিকেটের প্রস্তুতি ক্যাম্প, বিদেশি পুঁজির বিনিয়োগ থেকে টিভি অনুষ্ঠানের অশালীনতা। কিন্তু জনসংখ্যা নিয়ন্ত্রণের ব্যাপারে তাঁদের বিশেষ কথা নেই।

পরিচিত দোকানে কনডোম কিনতে আসা যুবকটির মতোই তাঁদের সংকোচ।

নেতাদের নিষ্ক্রিয়তা

সেই ১৯৫২ সালে ভারতবর্ষই বিশ্বে প্রথম সরকারিভাবে এক জাতীয় জন্মনিয়ন্ত্রণ কর্মসূচী গ্রহণ করে। তারপর থেকে প্রতি পঞ্চবার্ষিক পরিকল্পনায় এই খাতে সরকারি বিনিয়োগ লাফিয়ে লাফিয়ে বেড়েছে— প্রায় আমাদের জনসংখ্যার মতোই: প্রথম পঞ্চবার্ষিকীতে (১৯৫১-৫৫) বিনিয়োগ করা হয়েছিল ৬৫ লক্ষ, তৃতীয়তেই (১৯৬১-৬৬) তা বেড়ে দাঁড়ায় ২৭ কোটি, সপ্তমে (১৯৮৫-৯০) ২,৮৬৮ কোটি, আর একাদশে (২০০৭-১২) ১,৩৬,১৪৭ কোটি!

এই বিপুল পরিমাণ অর্থ খরচা করে আমরা জনসংখ্যা বা জন্মহার নিয়ন্ত্রণে কতটুকু উপকার পেয়েছি, তা আগেই দেখেছি। এবার দেশভিত্তিক এক ছোট্ট তুলনামূলক হিসেব দিই। এই তুলনার ভিত্তি দেশবাসীর প্রজনন হার (Total Fertility Rate), যা মা-পিছু সন্তান সংখ্যার এক ধারণা দেয়।

দেশ	১৯৭০	২০০৮
ভারতবর্ষ	৫.৫	২.৬
বাংলাদেশ	৭.০	২.৩
শ্রীলঙ্কা	৪.৩	২.৩
চিন	৫.৮	১.৯

এই তুলনা স্পষ্ট করছে, জন্মনিয়ন্ত্রণের পেছনে এত পরিমাণ অর্থ ব্যয় করে আমাদের লাভ হয়েছে কত সামান্য। পরিবার পরিকল্পনা বিষয়ে সরকারি উদ্যোগ এবং বিনিয়োগ যদি প্রথমাবধি শূন্য হত তাহলেও এর চেয়ে খুব খারাপ হত কি?

পরিবার পরিকল্পনা কর্মসূচীর এমন শম্বুক গতি দেখে অধৈর্য হয়েছিলেন শ্রীমতী ইন্দিরা গাঁধী। তাঁর আগ্রহের সততা কেমন ছিল সে প্রশ্ন এখন

অবান্তর। জরুরি অবস্থার সময়ে তাঁর প্রশ্রয়ে এবং পুত্র সঞ্জয়ের সক্রিয় পৃষ্ঠপোষকতায় দেশজুড়ে যে জঙ্গী জন্মনিয়ন্ত্রণ কর্মসূচী, বিশেষত পুরুষের জবরদস্তিমূলক 'নাসবন্দী' অপারেশনের উদ্যোগ নেওয়া হয়েছিল তা আজ কলঙ্কিত ইতিহাস। কবি শঙ্খ ঘোষের শাণিত কলমে সেই হঠকারী সময়ের কথা ধরা রয়েছে:

সারা শহর জুড়ে/দেখে বালা-বালকে
নির্- লজ্জ নিশান/ওড়ে সূর্যালোকে
আজ সবাই মিলে/মাতে মহোৎসবের
লাল হলুদ নীলে/আর পরশুরামের
ভীম কুঠার হাতে/গায় দু'হাত তুলে
চাই সৃষ্টিহরণ/চাই সৃষ্টিহরণ
সারা শহর জুড়ে/চাই সৃষ্টিহরণ
যত নপুংসকের/নির্- বীর্যীকরণ!

[চালচলন। মূর্খ বড়ো, সামাজিক নয়]

এখনকার জনস্বাস্থ্য বিষয়ক পাঠ্যপুস্তকে লেখা হয়, The disastrous forcible sterilization campaign of 1976 led to the Congress defeat in 1977 [Parliamentary] election. (Park's Textbook of Preventive and Social Medicine)।

গাঁধী মাতা-পুত্রের সেই অবিমৃষ্যকারিতার জন্য ভারতীয় পরিবার কল্যাণ কর্মসূচীর মূলত দুটি সুদূরপ্রসারী ক্ষতি হয়েছে।

প্রথমত, পুরুষদের নির্বীর্যকরণ বা ভ্যাসেকটমি অপারেশন সম্পর্কে গোটা দেশে এক দীর্ঘস্থায়ী বিরূপতার সৃষ্টি। শুধু অন্যায় গা-জোয়ারির স্মৃতি নয়, পাইকারি হারে অপারেশন করতে গিয়ে কখনও অপটু হাতে, আবার কখনও অমনোযোগে, তখন অনেক সমস্যার সৃষ্টি হয়েছিল—সংক্রমণ, ভুলবশত নার্ভ কেটে যাওয়ায় স্থায়ী পুরুষত্বহীনতা, অপারেশনের ব্যর্থতায় বা অপারেশন-উত্তর নির্দেশদানের ব্যর্থতায় স্ত্রীর গর্ভসঞ্চার ও সেই সূত্রে পারিবারিক ভুল বোঝাবুঝি। এইসব তিক্ত স্মৃতি ভারতবাসী এক গোটা প্রজন্ম ধরে বহন করছে।

দ্বিতীয় সুদূরপ্রসারী ক্ষতিটি হচ্ছে, জন্মনিয়ন্ত্রণ বিষয়টি সম্পর্কে রাজনৈতিক নেতাদের মনে এক দীর্ঘস্থায়ী আতঙ্ক। যেন, এই নিয়ে উদ্যোগ নিতে গেলেই ভোটারদের বিরাগভাজন হতে হবে। ১৯৭৭ সালে জনতা দল ক্ষমতায় এসে 'জন্মনিয়ন্ত্রণ' শব্দটিকেই হিমঘরে পাঠিয়েছিল। 'পরিবার পরিকল্পনা' দপ্তরের নতুন নাম হয়েছিল 'পরিবার কল্যাণ'। সেই থেকে আজ অবধি কোনও প্রথম সারির ভারতীয় দল বা নেতা-নেত্রী জন্মনিয়ন্ত্রণ নিয়ে কোনও সক্রিয় রাজনৈতিক সদিচ্ছার পরিচয় দেননি।

অবশ্য শুধু জরুরি অবস্থাকে দোষারোপ করে লাভ নেই। হাতে-গরম ফায়দা লোটার যে চরিত্র আমাদের রাজনৈতিক নেতৃবৃন্দের আছে তার কথাও মনে রাখতে হবে। বন্যা-দুর্গতদের ওষুধ বিলি করা হবে, বড়-মেজ-ছোট রাজনৈতিক দাদা-দিদিরা সোৎসাহে হাজির। ম্যালেরিয়া-প্রবণ এলাকায় রক্ত পরীক্ষা করা হবে, অনাবশ্যক তদারকিতে সেখানে স্থানীয় নেতা। হাসপাতালে রোগী ভর্তি করতে হবে, টেবিল চাপড়ে শোরগোল ফেলতে চেলা-চামুন্ডারা সদা প্রস্তুত। কিন্তু জন্মনিয়ন্ত্রণের মতো দীর্ঘমেয়াদী এবং স্পর্শকাতর বিষয়ে তাঁরা 'নিরাপদ' দূরত্বে থাকাই শ্রেয় মনে করেন।

তাই যে বিষয়গুলি জরুরি ভিত্তিতে খোলাখুলি আলোচনা হওয়া দরকার, বা অবিলম্বে ব্যবস্থা নেওয়া প্রয়োজন, সেগুলি এড়িয়ে যাওয়া হচ্ছে। মহিলাদের ঠেলে না দিয়ে পুরুষদেরই স্থায়ী অপারেশনের জন্য এগিয়ে আসা উচিত— কোনও রাজনৈতিক নেতা সরাসরি এমন আহ্বান জানাতে চাইবেন না। জন্মনিয়ন্ত্রণ ব্যবস্থা গ্রহণ না করে বেশি সন্তানের জন্ম দিলে সে পরিবারের কর্তাকে সামাজিক বা আর্থিক শাস্তি দেওয়া প্রয়োজন— রাজনৈতিক নেতাদের মুরোদ নেই এমন কথা বলার। পরিবার পরিকল্পনার ব্যাপারে ভারতীয় মুসলমানরা অন্যান্য ধর্মাবলম্বীদের তুলনায় অনেক পেছিয়ে— ভোট বাক্সের ভ্রূকুটি এসব সত্যের থেকে নেতাদের পিঠ ফিরিয়ে রাখতে বাধ্য করেছে।

রাজনৈতিক সদিচ্ছার এই অভাবের কারণেই ভারতের জনসংখ্যা নিয়ন্ত্রণ আন্দোলন বরাবরই অনেকটা শ্লোগান-নির্ভর হয়েই রয়ে গেছে। গোটা দেশ-জুড়ে এক বিশাল সরকারি কর্মী বাহিনী নিয়োগ করা হয়েছে। তাঁদের কাজ মানুষদের মধ্যে জন্মনিয়ন্ত্রণ ব্যাপারে সচেতনতা জাগানো

এবং প্রয়োজনীয় বিলি বন্টন করা। কিন্তু স্থানীয় নেতৃস্থানীয় মানুষরা এ-ব্যাপারে জনমত গঠনে তেমনভাবে এগিয়ে না আসায় এবং ক্ষেত্রবিশেষে নিজস্ব অজ্ঞানতা জনগণের মধ্যে ছড়ানোয় সরকারি বিনিয়োগে আশানুরূপ ফল পাওয়া যায়নি।

পরিবার কল্যাণের সবচেয়ে জনপ্রিয় স্লোগান 'ছোট পরিবার সুখী পরিবার'। সঙ্গে আগে ছবি থাকত এক দম্পতি আর তাঁদের তিন পুত্র-কন্যার। সবারই হাসি মুখ। সুখী পরিবারের এই হাসি আরও সুনিশ্চিত করতে এক ধাপ এগিয়ে স্লোগান ছাড়া হল, 'হাম দো হামারা দো'। একেবারে ইদানিংকালে 'হাম দো হামারা এক'-কেও বাজারে চালানোর চেষ্টা করা হচ্ছে।

এইসব প্রচার শহুরে উচ্চবিত্ত বা মধ্যবিত্ত মানুষকে যতটা প্রভাবিত করতে পারছে, এখনও পর্যন্ত শহর-গ্রামের দরিদ্র মানুষকে কিন্তু মোটেও ততটা পারেনি। ভারতের প্রায় সব রাজ্যেই এ-কথা কম-বেশি সত্যি।

পরিবার পরিকল্পনা করে গরিব মানুষের কোনও লাভ নেই

আসলে, আমরা পরিবার পরিকল্পনার ক্ষেত্রে জনবিস্ফোরণে দেশের কী ক্ষতি হচ্ছে, দেশের অর্থনৈতিক ব্যবস্থা কীভাবে ভেঙে পড়ছে তাই নিয়েই আলোচনা করি। কিন্তু জন্মনিয়ন্ত্রণ অত্যন্ত ব্যক্তিগত এক বিষয়। এর পেছনে আছে পরিবারের নিজস্ব পছন্দ-অপছন্দ, সুবিধে-অসুবিধের একান্ত ঘরোয়া হিসেবনিকেশ। দেশের উন্নতির কথা চিন্তা করে কোনও দম্পতি তাঁদের সন্তানের সংখ্যা স্থির করেন না। আর এই ব্যক্তিগত হিসেবনিকেশ থেকেই সিদ্ধান্তের তফাত হয়ে যাচ্ছে স্বচ্ছলদের সঙ্গে গরিব মানুষের, শহুরের সঙ্গে গ্রাম্যের।

উচ্চবিত্ত বা মধ্যবিত্ত পরিবারে সন্তানের প্রতিষ্ঠিত হওয়ার জন্য যে প্রস্তুতি তা বেশ সময়সাপেক্ষ এবং ব্যয়বহুল। তারা 'রোজগেরে' হয়ে ওঠে অন্তত কৈশোর উত্তীর্ণ হলে এবং অধিকাংশ ক্ষেত্রে অন্তত বারো ক্লাসের পরীক্ষা পাশ করে। ফলে সন্তান সংখ্যা সীমিত রাখার পরিকল্পনা নিছক অর্থনৈতিক কারণেই তাঁদের মনে ধরবে।

কিন্তু গ্রামীণ কৃষিজীবী মানুষের কাছে হিসেবটা অন্য। তিনি জমির

মালিকই হোন আর দরিদ্র কৃষি শ্রমিকই হোন, পরিবারের সদস্য সংখ্যা বাড়ার অর্থ পরিবারের নিজস্ব কর্মী সংখ্যা বাড়া। তা ছাড়া গ্রামের রাজনীতিতে, ব্যালট-নির্ভর বা বুলেট-নির্ভর যা-ই হোক, প্রতিপত্তি প্রতিষ্ঠার জন্য পরিবার বড় হওয়া দরকার। আর এই দুই কারণেই অনন্তকাল প্রচলিত বদ্ধমূল সংস্কার ছাড়াও নিতান্ত বাস্তব হিসেবেই পুত্রসন্তানের প্রতি এক পক্ষপাতিত্ব থাকবে। থাকবে পুত্র আকাঙ্ক্ষায় এগোতে গিয়ে কিছু 'অবাঞ্ছিত' কন্যাসন্তানের জন্ম।

বিহারের সেই বহু-প্রসবী দেহাতি মায়ের কথা মনে পড়ছে। তিনি হাসি মুখে দাবি করেছিলেন, পরিবার পরিকল্পনার গুরুত্ব তাঁরা বোঝেন, তাই দুটি ছেলে হবার পরই তিনি 'অপারেশন' করিয়ে নিয়েছেন। এই দুই পুত্রলাভের লক্ষ্যে পৌঁছতে গিয়ে তিনি যে এর মধ্যে পাঁচটি কন্যারও জন্ম দিয়েছেন, সে-কথা তাঁর কাছে গুরুত্বপূর্ণ মনে হয়নি।

গ্রামীণ পরিবারই হোক আর শহুরে দরিদ্র পরিবারই হোক, পুত্রসন্তান কম বয়স থেকে রোজগার শুরু করায় কম বয়সেই সে বিয়ের বাজারে 'উপযুক্ত' পাত্র হিসেবে গণ্য হচ্ছে। অভিভাবকরাও দেখছেন, বিয়ে দিলে গেরস্থালি সামলানোর জন্য আর একজন বাড়তি মানুষ পাওয়া যাবে। মেয়ের বাড়ির লোকেরা দেখছেন, মেয়েকে যখন অন্যের বাড়িতে পাঠাতেই হবে তখন আর তার পড়াশোনা-খাওয়া-পরায় বেশিদিন খরচ করে লাভ কী? এই পারিবারিক পাটীগণিতের কারণেই এখনও ভারতবর্ষে ১৪-১৫ বছর বয়সে বহু মেয়ের বিয়ে হচ্ছে। মধ্যপ্রদেশ-রাজস্থান-উত্তরপ্রদেশের গ্রামাঞ্চলে অনেকের বিয়ে হচ্ছে এর চেয়েও কম বয়সে।

এখন এই নব্য স্বামীটির রোজগার শুরু করার তাড়ায় তেমন কোনও শিক্ষাগত প্রেক্ষাপট তৈরি হতে পারেনি। 'বিনোদন' বলতে তার কাছে সিনেমা-টিভির চকচকে রগরগে উত্তেজনা। ঘরে তার সমর্পিত টাটকা বউ। এই দম্পতির পক্ষে পরিবার পরিকল্পনার উপদেশ মেনে স্ত্রীর বয়স ১৯ বছর হওয়া অবধি প্রথম গর্ভধারণকে দীর্ঘায়িত করা খুব কঠিন।

দরিদ্র পরিবারে জন্মনিয়ন্ত্রণ পদ্ধতিকে বুড়ো আঙুল দেখানোর পেছনে আরও এক পরোক্ষ কিন্তু প্রবল হিসেব কাজ করে। তাঁদের পক্ষে পরিবারের সদস্য সংখ্যা বাড়ানোর অর্থ পরিবার পিছু সরকারি আনুকূল্যও বাড়িয়ে নেওয়া। শুনতে স্ববিরোধী মনে হলেও এটাই সত্যি যে, জনবিস্ফোরণের

মোকাবিলা করার জন্য গরিব মানুষের হাতে প্রধানতম অস্ত্রটিই হল নিজের পরিবারের সদস্য সংখ্যা বাড়ানো। তাঁর পরিবার যত বড় হবে জাতীয় সম্পদের তত বেশি অংশে তিনি ভাগ বসাতে পারবেন। এ হল এক দুষ্ট চক্র, যেখানে দারিদ্র্যের কারণে জনসংখ্যা বৃদ্ধি এবং জনসংখ্যা বৃদ্ধির কারণে দারিদ্র্য।

এই হিসেবের সবচেয়ে দুঃখজনক বার্তাটি হল, আমাদের জনসংখ্যা শুধু বাড়ছে না, দরিদ্র-অশিক্ষিত মানুষের অনুপাত দ্রুত বৃদ্ধি পাওয়ায় দেশের সামগ্রিক মানও দ্রুত নেমে আসছে।

রাষ্ট্রের ভবিষ্যৎ

শুধু পারিবারিক হিসেবনিকেশের মধ্যে এই অদূরদর্শিতা সীমাবদ্ধ নয়। রাজ্যওয়ারি জনগণনার ক্ষেত্রেও এই গুণগত বৈষম্য দেখা যাচ্ছে। সমগ্র দেশজুড়ে প্রায় অর্ধ শতাব্দী ধরে জন্মনিয়ন্ত্রণ কর্মসূচী চললেও, দাক্ষিণাত্যের রাজ্যগুলির সঙ্গে গো-বলয়ের রাজ্যগুলির এ বিষয়ে সিদ্ধিলাভে প্রায় আকাশ-পাতাল তফাত। কেরালা বা তামিলনাড়ুতে যেখানে সামগ্রিক প্রজনন হার (টোটাল ফার্টিলিটি রেট) ২.১-এর স্থিতাবস্থায় কবেই পৌঁছে গেছে— যথাক্রমে ১৯৮৮ এবং ১৯৯৩-তে, বিহার-রাজস্থানের পক্ষে সেখানে পৌঁছতে অন্তত ২০২১ অবধি অপেক্ষা করতে হবে; মধ্যপ্রদেশের লাগবে অন্তত ২০২৫ আর উত্তরপ্রদেশের অন্তত ২০২৭। ২০২১-এর জনগণনার আগেই হয়ত অর্ধেকের মতো ভারতবাসী হবেন এই হিন্দিভাষী রাজ্যের অধিবাসী, আর কেরালা-তামিলনাড়ুর মানুষ হবেন মোট জনসংখ্যার মাত্রই ৬ শতাংশের কাছাকাছি।

জনসংখ্যা বৃদ্ধির এই আনুপাতিক অসঙ্গতি দেশের সার্বিক মান এবং মতপ্রকাশ উভয়কেই প্রভাবিত করছে। ১৯৭৫ সালে লোকসভার ৫৪৫টি আসন বণ্টন করা হয়েছিল ১৯৭১-এর জনগণনার ভিত্তিতে। সেক্ষেত্রে মেঘালয়, মিজোরাম, গোয়ার মতো ছোট রাজ্যগুলিকে বাদ দিলে অন্যান্য অংশে প্রায় সাড়ে দশ লক্ষ ভোটদাতা পিছু একজন লোকসভা সদস্য নির্ধারণ করা হয়েছিল।

এখন ২০১১-র গণনার ভিত্তিতে যদি সেই ৫৪৫টি আসন পুনর্বণ্টন করা

হয় তবে কোপ পড়বে দক্ষিণের উন্নত রাজ্যগুলোর ওপরেই। সেক্ষেত্রে কেরালা এবং তামিলনাড়ুর লোকসভার সদস্য সংখ্যা কমে উত্তরপ্রদেশ, রাজস্থান, মধ্যপ্রদেশের ক্ষেত্রে তা বাড়ার কথা। অর্থাৎ দেশের সর্বোচ্চ নীতিনির্ধারক সভায় অগ্রসর, বিবেচক মানুষের প্রতিনিধিত্ব কমবে। দেশের এক সুদূরপ্রসারী নীতির সুষ্ঠু রূপায়ণে কৃতিত্ব দেখানোর জন্য যেন কার্যত তাদের 'শাস্তি' ভোগ করতে হচ্ছে।

তবু আশার আলো

হয়তো একটু বেশি বেশি নিরাশার কথা বলা হয়ে যাচ্ছে। কিন্তু এই বাস্তব পরিস্থিতিকে অস্বীকার করে 'সুখী পরিবারে'র শ্লোগান তোলার কোনও যুক্তি নেই।

আসলে জন্মনিয়ন্ত্রণ আন্দোলন বলতে শুধু কিছু চটকদার শ্লোগান তোলা আর সর্বাধুনিক প্রযুক্তি আমদানি নয়। এ হল এক সামাজিক আন্দোলন বা বলা উচিত, এক সর্বাঙ্গীণ আর্থ-সামাজিক আন্দোলনের এক গুরুত্বপূর্ণ শাখা। সমান গুরুত্বের অন্যান্য অংশগুলি হল: সার্বিক শিক্ষার প্রসার, পরিবারে নারীর মর্যাদা রক্ষা, মা ও শিশুর কার্যকর স্বাস্থ্য পরিষেবা, স্বনিযুক্তি কর্মসূচীর ব্যাপক সুযোগ, এইসব। আর এই সবকিছুর জন্য আগে দরকার আমাদের রাজনৈতিক নেতা ও নীতিনির্ধারকদের সক্রিয় উদ্যোগ।

কথাটা বোধহয় বড় বেশি কেতাবি মনে হচ্ছে। জনসংখ্যা নিয়ন্ত্রণে এই 'Non-contraceptive factors' নিয়ে আলাদা এক বিশদ আলোচনার সুযোগ আপাতত তোলা থাক। আমরা শুধু মনে রাখি, কেরালা বা তামিলনাড়ুর মতো রাজ্যে, ইন্দোনেশিয়া বা শ্রীলঙ্কার মতো প্রতিবেশী রাষ্ট্রে এমন সামাজিক আন্দোলনের মাধ্যমেই জন্মনিয়ন্ত্রণে চমকে দেওয়ার মতো সাফল্য লাভ সম্ভব হচ্ছে।

আমাদের ঘরের কাছেই যখন রয়েছে এমন উজ্জ্বল আদর্শ তখন আর দ্বিধান্বিত পা ফেলার মানে হয় না। আগে বলা হত, জন্মনিয়ন্ত্রণ হলেই উন্নয়ন হবে; এখন বলা হচ্ছে, উন্নয়ন হলেই জন্মনিয়ন্ত্রণ হবে। সুতরাং এবার সময় এসেছে সমাজের সকল মানুষকে সামিল করে এমন এক সামাজিক আন্দোলনের বাস্তব আহ্বান জানাবার।

আমাদের হাতে সময় নষ্ট করার মতো সময় আর নেই। আমরা জেনে গেছি, এক মিনিট সময় নষ্ট করার অর্থ প্রায় চৌত্রিশ জন নতুন ভারতবাসীর জন্ম, তিন সপ্তাহে প্রায় চন্ডীগড়ের সমান জনসংখ্যা।

নতুন দৃষ্টিভঙ্গীতে আর নতুন উদ্যমে আমাদের পথ চলা শুরু হোক। এর কোনও বিকল্প শর্ট কাট নেই। এ এক দীর্ঘ দীর্ঘ সফর...

আমরা যেন পারি।

মেরি স্টোপস

ভয়ের কুহেলি ঘিরে ধরেছে, বা
সন্তাপে যদি হাতড়ে বেড়ায় মন,
চোখ মোছো আজ অশ্রুসজল যে বা।
মেরি স্টোপস তবে তোমার আপন জন।

জীবনটা যদি ব্রতহীন ভাবো,
কামুক মাতাল তোমার সহপথিক,
জানাও 'আমার আত্মাকে শোধরাবো'
মেরি স্টোপস তবে পথ দেখাবেন ঠিক।

সব খেলাতেই যদি মনে হয় হার,
হতাশা শুধুই তোমার শয্যা পাশে,
জাগ্রত হও, সোজা কর নোয়া ঘাড়
পৌঁছিয়ে যাও মেরি স্টোপসের কাছে।

—নোয়েল কাওয়ার্ড
[অনুবাদ: লেখক]

"কী নিয়ে লিখছ? মেরি স্টোপস! নামটা শোনা শোনা লাগছে," কথাটা বললেন আমার এক অগ্রজপ্রতিম লেখক বন্ধু।

ভুরু কুঁচকে আকাশপানে তাকিয়ে তাঁর স্মৃতি হাতড়ানোর ভঙ্গী দেখে কিন্তু বোঝা যাচ্ছে, নামটা চিনতে তাঁর একটুও অসুবিধে হয়নি। শোনার সঙ্গে সঙ্গেই তাঁর মনে ভেসে উঠেছে খবরের কাগজের তৃতীয় পাতার ছোটোখাটো সাদাকালো বিজ্ঞাপনগুলো, অথবা সুলভ শৌচালয়ের দেওয়ালে সাঁটা একরঙা পোস্টার। তিনি আদতে আমার নতুন কৌতূহল নিয়ে মশকরা করতে চান।

আমি দু'পা এগিয়ে তাঁর ফুলটসটা তুলে মারলাম। বললাম, "প্যালিও-বোটানি কাকে বলে কোনও আইডিয়া আছে? বাংলা পরিভাষাটা হল প্রত্ন-উদ্ভিদবিজ্ঞান।"

দাদার ভুরু আরও কুঁচকে যায়। বলেন, "জীবাশ্ম টিবাশ্ম নিয়ে কিছু কি?"

"হুঁ, প্রায় তাই। মেরি স্টোপসের কাজ এই বিষয়েই। কয়লা থেকে তাপবিদ্যুৎ উৎপাদনে এঁর পথিকৃতের গবেষণা। তা ছাড়া তিনি নারীমুক্তি আন্দোলনের পুরোধা, দু'-দুটি বেস্টসেলার গ্রন্থের লেখিকা, কবি, সম্পাদক..." আমি গড়গড় করে বলতে বলতে দাদার মুখে বিস্ময়ের বর্ণালি খেলা করতে দেখি। সব শেষে নিখুঁত স্টেপিংয়ে একটা হুক মারি। বলি, "আর বিংশ শতাব্দীর প্রথম অর্ধে গর্ভপাত বিরোধী জনমত গঠনেও তাঁর বিশাল ভূমিকা ছিল"।

"বি-বি-বিরোধী!' স্টেডিয়াম পেরিয়ে বাইরে উড়ে যাওয়া বলটার দিকে তাকিয়ে দাদা বোলিং মার্কে হতোদ্যম। তড়িঘড়ি কেটে পড়ার আগে মৃদু গলায় শুধু বলেন, "কি জানি, আমি বোধ হয় গুলিয়ে ফেলছি"।

আসলে এক একজন প্রতিভাবান মানুষ যেন সবাইকে গুলিয়ে দেওয়ার জন্যই জন্মান। তাঁদের সমগ্র জীবনচর্চার সামনে দাঁড়িয়ে আমরা বিমূঢ় হই। আমাদের চেনা-জানা আজন্মলালিত ছকগুলোর কোনওটাতেই আঁটাতে না পেরে খেই হারিয়ে ফেলি। মেরি স্টোপসও সেই গোত্রের মানুষ। কোনও একমাত্রিক পরিচয়ে তাঁকে ধরতে পারা সম্ভব নয়। প্রতিভার এই বহুমুখ বোধহয় তাঁর উত্তরাধিকার: তাঁর বাবা-মা-দাদু।

শুরু করি তাঁদের কথা দিয়েই।

প্রস্তুতিপর্ব

মেরির বাবা হেনরি স্টোপস ছিলেন একাধারে আর্কিটেক্ট, জীবাশ্মবিশারদ এবং সুরা প্রস্তুতকারক। নানা জায়গায় অনুসন্ধান চালিয়ে প্রস্তরযুগের বহু মূল্যবান নমুনা তিনি সংগ্রহ করেন। মেরির মাতামহ জে এফ কারমাইকেল ছিলেন স্কটল্যান্ডের বিশিষ্ট চিত্রশিল্পী। কারমাইকেলের মেয়ে, মানে মেরির মা, শ্যার্লট ছিলেন অত্যন্ত মেধাবী। ইংরেজি সাহিত্য নিয়ে বিশ্ববিদ্যালয়ে ভর্তি হলে কর্তৃপক্ষ তাঁকে ছাত্রদের সঙ্গে ক্লাস করতে বাধা দেন। অনমনীয়

জেদে শ্যার্লট বাড়িতে বসেই পড়াশোনা চালিয়ে যান এবং ছাত্রদের সঙ্গে পরীক্ষায় বসে স্কটল্যান্ডের প্রথম মহিলা হিসেবে স্নাতকোত্তর পরীক্ষায় সসম্মানে উত্তীর্ণ হন। কিন্তু মহিলা হওয়ায় বিশ্ববিদ্যালয় কর্তৃপক্ষ তাঁকে প্রাপ্য ডিগ্রি থেকে বঞ্চিত করে। তাঁকে একটি সার্টিফিকেট মাত্র অর্পণ করা হয়। এই তিক্ত অভিজ্ঞতা শ্যার্লটকে উগ্র নারীবাদী করে তোলে। ভবিষ্যৎ জীবনে শেক্সপিয়র বিশেষজ্ঞ হিসেবে প্রতিষ্ঠা পেলেও ছাত্রীজীবনের এই অবমাননা তাঁকে আজীবন কষ্ট দেয়।

নারীর অধিকার রক্ষার দার্ঢ্য মেরি অর্জন করেন তাঁর মায়ের কাছ থেকে। আর মা-বাবার যুগ্ম প্রভাবে মেরি কিশোরী কালেই মনস্থ করে ফেলেন, সারাজীবন বিজ্ঞান ও সাহিত্য উভয় ধারাতেই চর্চা অব্যাহত রাখবেন।

১৫ অক্টোবর ১৮৮০ এডিনবার্গে মেরির জন্ম। তাঁর লেখাপড়া শুরু হয় বাড়িতেই। পরে এডিনবার্গের বালিকা বিদ্যালয়ে এবং নর্থ লন্ডন কলেজিয়েট স্কুলে। ১৮ বছর বয়সে লন্ডনের ইউনিভার্সিটি কলেজ থেকে তিনি একটি স্কলারশিপ পান। স্নাতকস্তরে একসঙ্গে উদ্ভিদবিজ্ঞান এবং ভূতত্ত্ব নিয়ে পড়া শুরু করেন। একদল ছাত্রের মাঝে এই উজ্জ্বল চোখের মেয়েটি যে আলাদা নজর কাড়বে তা বলাই বাড়তি। বহু গুণমুগ্ধের প্রেমপ্রস্তাব অগ্রাহ্য করে মেরির অধ্যয়ন চলতে থাকে এবং নির্ধারিত সময়ের এক বছর আগেই উভয় বিষয়ে অনার্সসহ তিনি বি এসসি ডিগ্রি অর্জন করেন।

৫ ডিসেম্বর ১৯০২ মেরি তাঁর মা, শ্যার্লটকে লেখেন, "দেখো, আমি ভেবেছিলাম এ-বছর পরীক্ষায় বসে একটু প্র্যাকটিস করে নিই...। এখন আমি বিএসসি। যা হোক করে নয়, ভালভাবেই পেয়েছি... বোটানি আর জিওলজি দুটোতেই অনার্স। আমিই একমাত্র অনার্স পেয়েছি। বাকি সব পরীক্ষার্থীরাই ছিল ছেলে, তারা সবাই ফেল মেরেছে। তাই তালিকায় একা আমারই নাম। এক বছরের মধ্যে অনার্স পাশ করাটা অসম্ভব মনে হত, এখন একেবারে এক জোড়া পেয়ে যাওয়ার ব্যাপারটা বেশ ভালোই হল।"

লন্ডন ইউনিভার্সিটি কলেজে মেরির এক অধ্যাপক ছিলেন ফ্রান্সিস অলিভার। তিনি ফার্ন এবং উন্নত গাছের মধ্যে এক গুরুত্বপূর্ণ 'মিসিং লিঙ্ক' নিয়ে গবেষণা করছিলেন। মেরি ছিলেন তাঁর সহকারী। সেই সূত্রেই ১৯০৩ সালে মেরির 'ডক্টর অফ সায়ান্স' (ডিএসসি) উপাধি লাভ। বলা দরকার,

মেরি সেই সময়ে ব্রিটেনের কনিষ্ঠতম ডিএসসি। শুধু মেয়েদের মধ্যে নয়, মেয়ে-পুরুষ মিলিয়ে।

এখানেই ক্ষান্তি না দিয়ে মেরি পাড়ি দেন জার্মানির মিউনিখ বিশ্ববিদ্যালয়ে। সেখানে cycads নামে আদ্যিকালের এক উদ্ভিদের বংশবৃদ্ধি নিয়ে তাঁর মূল্যবান গবেষণার জন্য তিনি ১৯০৪ সালে পিএইচডি পান। আর পান জীবনের অন্য এক স্বাদ। জাপানি উদ্ভিদবিজ্ঞানী কেনজিরো ফুজির সঙ্গে তাঁর ঘনিষ্ঠতা জন্মায়। কিন্তু সে সম্পর্ক কোনও নির্দিষ্ট রূপ পাওয়ার আগে ১৯০৪-এই মেরি ইংল্যান্ডে ফিরে এলেন।

বরিষ্ঠ বিজ্ঞানী এবং

ব্রিটেনের কনিষ্ঠতম ডিএসসি-কে সমাদর জানানোর জন্য সেখানকার বিজ্ঞানী সমাজ কোনও কার্পণ্য করেননি। তবে গত শতাব্দীর সেই প্রথম দশকের অনুন্নত তথ্য আদানপ্রদান ব্যবস্থা তাঁদের কিছুটা অস্বস্তিতে ফেলে। সদ্য-কৈশোর উত্তীর্ণ মেধাবী ড. স্টোপস যে আদতে এক তেজী তন্বী, সে কথা তাঁরা অনেকেই জানতেন না। ম্যাঞ্চেস্টার বিশ্ববিদ্যালয় সাদরে তাঁকে অধ্যাপক পদ অফার করার পর ড. স্টোপসের লিঙ্গ পরিচয় সম্পর্কে সকলে অবহিত হন। সচকিত বিশ্ববিদ্যালয় কর্তৃপক্ষ এরপর তাঁদের আমন্ত্রণ ফিরিয়ে নিতে চান। তখনই পাওয়া গেল মেরির আর এক পরিচয়, যা ভবিষ্যতে তাঁর নামের সঙ্গে প্রায় সমার্থক হয়ে যায়— শুধু রোমান্টিক পণ্ডিত নন, বিভিন্ন স্তরে জনসংযোগ স্থাপনে তিনি আশ্চর্য সাবলীল। নানা প্রভাবশালী মহল মেরির সমর্থনে এগিয়ে আসায় বিশ্ববিদ্যালয় কর্তৃপক্ষ পিছু হঠতে বাধ্য হন। ম্যাঞ্চেস্টার বিশ্ববিদ্যালয়ের প্রথম মহিলা শিক্ষিকা হিসেবে মেরি কার্যভার গ্রহণ করেন।

কিন্তু শিক্ষিকা হিসেবে ক্লাসঘরে আটকে থাকার পাত্রী নন মেরি। এই সময় তাঁর কয়লা সম্পর্কে আগ্রহ জাগে। বিংশ শতকের প্রথম ভাগে মধ্য-কুড়ির এক অধ্যাপিকা অকুতোভয়ে নোংরা স্যাঁতসেতে খনির গভীরে হামাগুড়ি দিয়ে ঢুকে পড়ছেন, এ-দৃশ্য কল্পনা করতেও তখন সাহসের দরকার হত। কিন্তু গড্ডলিকার বিপরীতে সাঁতার দেওয়াকে মেরি ততদিনে অভ্যাসে পরিণত করে ফেলেছেন। তাঁর গবেষণার ফলে কয়লার বাহ্যিক বৈশিষ্ট্য

সম্পর্কে তখন জানা যাচ্ছে একের পর এক নতুন তথ্য। সে যুগে কয়লা গবেষণার আর্থিক গুরুত্বও বিপুল। কয়লাকে বলা হত ব্রিটিশ সাম্রাজ্যের জ্বালানি। প্রথম বিশ্বযুদ্ধের সময় ব্রিটিশ সরকারের হয়ে কয়লার ব্যবহারযোগ্যতা নিয়ে মেরি বিস্তারিত গবেষণা করেন। আধুনিক তাপবিদ্যুৎ কেন্দ্র এখনও তাঁর সেই কাজের ওপর অনেকটাই নির্ভরশীল।

সরকার-ঘনিষ্ঠ হওয়ার কারণেই মেরি সারস্বত কাজের পাশাপাশি নিরুপদ্রবে তাঁর রাজনৈতিক কর্মকাণ্ডও চালিয়ে যেতে পারছিলেন। রাজনৈতিক বলতে মা শ্যার্লটের পদাঙ্ক অনুসরণ করে নারী অধিকার আন্দোলনে সক্রিয় অংশগ্রহণ। এবং 'উইমেন্স্ ফ্রিডম লিগ'-এ যোগদান।

এর মাঝে ব্রিটিশ রয়্যাল সোসাইটি ১৯০৭ সালে মেরিকে এক বিরল ফসিলের সন্ধানে জাপান পাঠান। হোক্কাইডো দ্বীপের কয়লা খনিতে অবস্থিত সেই উদ্ভিদ-ফসিলের ওপর গবেষণা চালানোর জন্য মেরি টোকিওর ইমপিরিয়াল বিশ্ববিদ্যালয়ে দেড় বছর কাজ করেন। মেরির ছাত্রী জীবনের পুরুষ-বন্ধু কেনজিরো ফুজি-ও তখন সেখানে। দুষ্টু লোকেরা বলে থাকেন, ফুজির সঙ্গে পুরনো রোমান্স ঝালিয়ে নেওয়ার জন্য মেরিই চেষ্টা চরিত্র করে রয়্যাল সোসাইটির এই প্রকল্পটি হস্তগত করেন। এই প্রসঙ্গে পক্ষে-বিপক্ষে কিছু সিদ্ধান্ত না নিয়ে দুটি শুকনো তথ্য জানানো থাক: এক, জাপান থেকে ফেরার পর মেরি এক উপন্যাস লেখেন। বিষয়, এক গর্বোদ্ধত জাপানি অধ্যাপক কর্তৃক এক জীবাশ্মবিশারদ তরুণীর প্রেম প্রত্যাখ্যান। এবং দুই, এই বইয়ের শুরুতেই জানিয়ে দেওয়া আছে, এই কাহিনির সঙ্গে বাস্তবের কোনও মিল পাওয়া গেলে তা নেহাতই কাকতালীয়।

পুরুষপ্রধান চৌহদ্দিতে বারবার পুরুষ প্রতিদ্বন্দ্বীকে হারাতে হারাতে মেরির মনে হতে থাকে তিনি বোধহয় নারী-পুরুষ সম্পর্কের চিরন্তন মাধুর্য থেকে বঞ্চিত হচ্ছেন। ২৩ বছরের মেরি তাঁর বোন উইনিকে চিঠিতে লিখেছিলেন, "মেয়েলি শিক্ষা-দীক্ষার অনেক ব্যাপারেই আমি অজ্ঞ। তার মধ্যে কোনওটা ভাল, কোনওটা মন্দ, আর কিছু আবার বেকার। যেমন ধর, ছেলেদের সঙ্গে কীভাবে আকর্ষণীয় কথাবার্তা বলতে হয় সে ব্যাপারে আমরা দুজনেই কিস্যু জানি না।"

কথাবার্তা বলতে মেরি হয়তো রোমান্টিক আলাপনের কথা বলতে চেয়েছেন। কারণ শিক্ষিত পুরুষ মানুষের সঙ্গে কেজো কথাবার্তা চালানো

এবং তাকে প্রভাবিত করার ব্যাপারে মেরির দক্ষতা তাঁর গোটা জীবনে এতবার প্রমাণিত যে তা নিয়ে তাঁর নিজের মনেও কোনও দ্বিধা থাকার কথা নয়।

উদাহরণ হিসেবে আমরা একটি যোগাযোগের কথা বলি। রবার্ট স্কটের সঙ্গে তখন সদ্য তিরিশের মেরি আন্টার্কটিকা অভিযানে যাওয়ার কথাবার্তা বলছেন। শেষ পর্যন্ত কে তাঁকে নিরস্ত করেন কে জানে। স্কট তাঁকে কথা দিয়ে যান, তিনি সেই বরফের রাজ্যে আদৌ কোনও ফসিলের সন্ধান পেলে তা মেরির জন্য নিয়ে আসার আপ্রাণ চেষ্টা করবেন।

আক্ষরিক অর্থেই স্কট তাঁর কথা রেখেছিলেন। ১৯১২ সালের সেই অভিযান থেকে স্কট আর বেঁচে ফিরতে পারেননি। পরে দেখা যায় স্কট ও তাঁর সঙ্গীদের মৃতদেহের চারপাশে ছড়িয়ে ছিটিয়ে রয়েছে কুইন মউড পর্বতমালা থেকে সংগৃহীত নানান ফসিলের নমুনা।

ব্রিটিশ মিউজিয়মের সেই বন্ধ কাবার্ড

প্রায় এই সময়েই কানাডা থেকে মেরির ডাক পড়ে। সেখানের নিউ ব্রান্সউইকে পাওয়া কিছু পাথরের ভূতাত্ত্বিক বয়স নির্ণয় নিয়ে বিশেষজ্ঞের মতামত নিতে বিজ্ঞানী মহল মেরির দ্বারস্থ হন। ১৯১০-এর ক্রিসমাসের ঠিক আগে মেরি কানাডা পৌঁছন। সকালে ছেনি-হাতুড়ি দিয়ে নমুনা সংগ্রহ আর রাতে বর্ষশেষের পার্টি তখন প্রায় রোজ লেগেই রয়েছে। ২৯ ডিসেম্বর এমন এক পার্টিতেই তাঁর সঙ্গে বিজ্ঞানী রেজিনাল রাগল্স গেটস্-এর আলাপ হল। তাঁর নতুন কর্মক্ষেত্রের পাশে আছড়ে পড়া ফান্ডি উপসাগরের ঢেউ বোধহয় স্থিতধী মেরিকে সাময়িক নাড়িয়ে দিয়েছিল। গেটস্-এর সঙ্গে আলাপের দিন দুয়েকের মধ্যেই তাঁরা এনগেজমেন্ট সেরে ফেললেন। পরের তিন মাস ধরে চলল তাঁদের প্রণয় পর্ব, এবং সেই সঙ্গে ফসিলের নমুনা বাছাই করে পরবর্তী বিশ্লেষণের জন্য সেগুলিকে জাহাজে উঠিয়ে লন্ডনের ব্রিটিশ মিউজিয়মে পাঠানোর কাজ।

মার্চে তাঁরা কানাডাতেই বিয়ে সেরে ফেললেন। ১ এপ্রিল ১৯১০ দুজনে একসঙ্গে ইংল্যান্ডে এলেন। পরবর্তী দু'বছর ধরে চলল ব্রিটিশ মিউজিয়মে সেই সংগৃহীত ফসিল নিয়ে মেরির গবেষণা, আর ব্যর্থ বিবাহের তিক্ততা বয়ে সহ্যের শেষ সীমায় পৌঁছনোর যন্ত্রণা।

এ ব্যর্থতা হওয়ারই ছিল। প্রবল নারীবাদী মেরির সঙ্গে প্রাচীনপন্থী গেটস্-এর পদে পদেই ব্যক্তিত্বের সংঘাত হত। বিয়ের পর স্বামীর পদবি গ্রহণ না করা, 'উইমেনস ফ্রিডম লিগ'-এর কর্মসূচীতে সক্রিয় অংশগ্রহণ, স্বামীকে গৃহকর্তার স্বীকৃতি না দেওয়া— মেরির এমন ধারা হরেক আগ্রাসী আচরণে গেটস্ ক্রমশ হতাশ হচ্ছিলেন।

কিন্তু চরম আঘাতটি হানল ব্রিটিশ মিউজিয়মের একটি কাবার্ড। কাজের ফাঁকে বই ঘাঁটতে ঘাঁটতে সেই কাবার্ড খুলে মেরি দেখেন সেখানে মানুষের যৌনতা নিয়ে নানা বইয়ের সংগ্রহ। মেরি দাবি করেন, সেইসব বইয়ের পাতা ওলটাতে ওলটাতেই তিনি প্রথম বুঝতে পারেন, গেটস্ যৌন অক্ষম।

কথাটা হজম করা শক্ত। অতি অল্প বয়সে খ্যাতির মধ্য গগনে পৌঁছে যাওয়া বিজ্ঞানী যদি নিজেকে যৌন নিরক্ষর প্রতিপন্ন করতে চান, তা হলে 'ন্যাকামি'-র তৎসম প্রতিশব্দ খোঁজার জন্য অভিধান খুলতে হবে। তবে ঘটনা এই: গেটস্-এর সঙ্গে ১১ মে ১৯১৩ রুজু করা ডিভোর্সের মামলায় মেরি এই বইগুলিকেই হাতিয়ার করলেন। দাবি জানালেন, তাঁর স্বামী এখনও তাঁর কৌমার্য হরণে সক্ষম হননি। উত্তরে গেটস্ জানালেন, তিনি অন্য পাঁচটা 'স্বাভাবিক' মহিলাকে তৃপ্ত করতে সক্ষম, কিন্তু তাঁর স্ত্রীর তীব্র যৌন-আকাঙ্ক্ষা প্রায় অসুস্থতার পর্যায়ে পড়ে। মামলার বয়ান সাধারণের কাছে ক্রমশ মুখরোচক হয়ে উঠছে বুঝতে পেরে বিব্রত গেটস্ মামলা না লড়েই ইংল্যান্ড ছাড়েন। শারীরিক শৈত্যের কারণ দেখিয়ে মহামান্য আদালতে মেরি-গেটস্ বিবাহ বাতিল ঘোষিত হয়।

বইবাজারে বেস্টসেলার

এই মামলা নিয়ে মেরির মনে আদৌ কোনও অস্বস্তি ছিল বলে মনে হয় না। মামলা শুরুর সঙ্গে সঙ্গেই তিনি নতুন বই লেখায় হাত দেন। নতুন বলতে সব অর্থেই নতুন। নতুন তার বিষয়, নতুন তার ভাষা, নতুন তার মেজাজ। জীবাশ্মর জগৎ ছেড়ে মেরি পা রাখেন জ্যান্ত যৌবনের উষ্ণ শয্যায়। বিবাহিত জীবন তাঁর মতে কেমন হওয়া উচিত তাই নিয়েই এই বই। নাম, 'ম্যারেড লাভ'।

এক বছরেরও কম সময়ে তাঁর লেখা শেষ। নিজের ব্যর্থ দাম্পত্যের ঝাঁঝ

আর জ্বালা এই বইয়ের পাতায় পাতায়। মেরি লিখেছেন, ‘‘অধিকাংশ ক্ষেত্রে বিবাহ মেয়েদের বৌদ্ধিক জীবনে দাঁড়ি টেনে দেয়। বিবাহিত স্ত্রী যতদিন না বৌদ্ধিক সদ্ব্যবহার ও সুযোগ সদ্ব্যবহারের ক্ষেত্রে তার স্বামীর সমান স্বাধীনতা পাচ্ছে, বিবাহ ততদিন তার পূর্ণ গরিমা লাভ করতে পারবে না।’’ আবার লিখেছেন, “অধিকাংশ মেয়েই তার সৃজনশীল কাজের জন্য কোনও স্বাধীনতা চায় না, সেই স্বাধীনতা নিয়ে সে কী করবে তাও তাদের জানা নেই। এ থেকেই স্পষ্ট, বুদ্ধিবৃত্তির বিকাশে বাধাদানকারী, দমনমূলক সেই আদ্যিকালের ছায়াতেই আমরা এখনও বাস করছি।’’

অভিজ্ঞ প্রকাশকদের মনে হয়, পাঠক সমাজ এ-বই নেবে না। একের পর এক প্রকাশক তাঁর পাণ্ডুলিপি ফেরত দিতে থাকেন। বিশিষ্ট প্রকাশক ‘ব্ল্যাকি অ্যান্ড সন’-এর অমনোনয়নের কথা জানাতে গিয়ে ওয়াল্টার ব্ল্যাকি ফেব্রুয়ারি ১৯১৫ মেরিকে লেখেন, “যদি কিছু মনে না করেন তো একটা কথা বলি, আপনার কি মনে হয় না এই বই প্রকাশ করার জন্য অন্তত [বিশ্ব]যুদ্ধ শেষ হওয়া অবধি অপেক্ষা করা উচিত? মেয়েদের বিয়ে করার উপযুক্ত সামান্য কিছু পুরুষ মানুষই তখন বেঁচে থাকবে, আর এই বই সেই কতিপয়কেও ভয় পাইয়ে দেবে।”

শেষ পর্যন্ত এগিয়ে এলেন হামফ্রি ভারডো রো— জন্মনিয়ন্ত্রণ বিষয়ে আগ্রহী এক লোকহিতৈষী। তাঁর আর্থিক বদান্যতায় ‘ফিফিল্ড অ্যান্ড কোং’-এর তরফে ২৬ মার্চ ১৯১৮ প্রকাশিত হল ‘ম্যারেড লাভ’। উদ্বোধনের দিন লেখিকাকে ধারে কাছে না পেয়ে প্রকাশক বেশ বিরক্তই হলেন। পরে জানা গেল, এক প্লেন দুর্ঘটনায় গোড়ালি ভেঙে হামফ্রি প্রথম বিশ্বযুদ্ধ থেকে ফিরে এসেছেন এবং মেরি তাঁর ‘পদসেবা’ করছেন।

বেরনোর সঙ্গে সঙ্গেই ‘ম্যারেড লাভ’ বাজার কাঁপিয়ে দিল। প্রকাশের ১৫ দিনের মধ্যে ২,০০০ কপি বিক্রি হল। সমাজের মান্য-গণ্য পুরুষরা এই বই নিয়ে যত প্রতিবাদ প্রতিরোধ শুরু করলেন, ততই বাড়তে থাকল বইয়ের বিক্রি এবং মেরির জনপ্রিয়তা। প্রবল চাহিদার ধাক্কায় প্রথম বছরে ছ’বার ছাপতে হল ‘ম্যারেড লাভ’। এই বইটিকে বিংশ শতকের সবচেয়ে প্রভাববিস্তারী গ্রন্থের অন্যতম বলে মনে করা হয়।

এই এক বছরে আরও কিছু গুরুত্বপূর্ণ ঘটনা ঘটল মেরির জীবনে। বই প্রকাশের দু’মাসের মধ্যে তিনি তাঁর উপকারী পৃষ্ঠপোষক হামফ্রি রো-কে

বিয়ে করলেন। নিজের বইয়ে দেওয়া জ্ঞান নিজের জীবনে প্রয়োগের প্রথম সুযোগ পেলেন ৩৮ বছরে পৌঁছে। কয়েক মাসের মধ্যেই গর্ভবতী হলেন। তবে সে অভিজ্ঞতা মোটেও সুবিধের হল না। নির্ধারিত সময়ের প্রায় এক মাস দেরিতে তাঁর প্রসব বেদনা এল। শোনা যায় প্রসবের ভঙ্গী নিয়ে ডাক্তারদের সঙ্গে তাঁর মতভেদ হয়। তিনি এক মৃত সন্তান প্রসব করেন। এত দুঃখের দিনেও বিতর্ক মেরির পিছু ছাড়ে না। ক্ষিপ্ত ডাক্তাররা অভিযোগ করেন, মেরি সিফিলিস-এ আক্রান্ত। মনে হয় না সন্দেহটিতে কোনও সারবত্তা আছে। কারণ প্রাক-পেনিসিলিন সেই যুগে, আরও বছর চারেক বাদে ৪৩ বছর বয়সে মেরি এক সুস্থ পুত্র সন্তানের জন্ম দেন। সেই ছেলে পরবর্তীকালের বিশিষ্ট দার্শনিক হ্যারি স্টোপস রো।

যাক, আমরা মেরির প্রথম বই প্রকাশের পরবর্তী বছরের কথায় ফিরে আসি। এই বছরে মেরি 'ওয়াইজ পেরেন্টহুড' নামে আর একটি বই লিখে ফেলেন। কৃশকায় বই। এটিও প্রকাশিত হতে না হতেই আবার বেস্টসেলার। এই বইয়ের বিষয় জন্মনিয়ন্ত্রণ। 'ম্যারেড লাভ'-এ জন্মনিয়ন্ত্রণের বিষয়টি উত্থাপিত হয়েছিল। কিন্তু বিষয়টির গুরুত্ব বিচারে মেরি এই বিষয়ে স্বতন্ত্র একটি পুস্তকের প্রয়োজন অনুভব করছিলেন। হতে পারে এই বিষয় নিয়ে দীর্ঘদিন ধরে কাজ করায় হামফ্রি তাঁর সদ্য বিবাহিত স্ত্রীকে এই বই লিখতে উদ্বুদ্ধ করেন। আর অবশ্যই উদ্বুদ্ধ করেন স্যাংগার। মার্কিন জন্মনিয়ন্ত্রণ আন্দোলনের সক্রিয় কর্মী মার্গারেট স্যাংগার (১৮৭৯-১৯৬৫)। তাঁর কথা একটু আলাদা করে বলি।

স্যাংগার আদতে ছিলেন নিউ ইয়র্ক শহরের বস্তি এলাকায় কর্মরত এক নার্স। সেখানে কাজ করতে গিয়ে তিনি দেখেন, কত গরিব পরিবার অনাকাঙ্ক্ষিত সন্তান নিয়ে আরও গরিব হয়ে যাচ্ছে, কত মেয়ে বে-আইনি গর্ভপাত করাতে গিয়ে মারা পড়ছে। তার মধ্যে স্যাড্‌ল নামে এক মহিলার কথা স্যাংগার ভুলতে পারতেন না। তিন সন্তানের জননী এই তরুণীর সঙ্গে স্যাংগারের প্রথম যখন যোগাযোগ হল, স্যাড্‌ল তখন অ্যাবরশন জনিত সংক্রমণে মৃতপ্রায়। ডাক্তার এসে রোগিণীকেই প্রচন্ড ধমক-ধামক দিলেন। বললেন, "ফের এমন হলে আমাকে আর ডাকার দরকার নেই।" ওষুধ লিখে চলে যাওয়ার আগে বলে গেলেন, "স্বামীকে বোলো এবার থেকে যেন ছাদে শোয়।" দ্বিতীয়বার যখন সেই বাড়ি থেকে স্যাংগার ডাক

পেলেন, তিনি পৌঁছনোর আগেই পরবর্তী অ্যাবরশনের কারণে স্যাড্লের মৃত্যু হয়। কিছু করার আকুতিতে স্যাংগার নিজের উদ্যোগে এক পত্রিকা প্রকাশ করেন, যার মূল বক্তব্য ''যতক্ষণ না কোনও মেয়ে তার নিজের শরীরের ওপর পূর্ণ অধিকার এবং নিয়ন্ত্রণ অর্জন করছে ততক্ষণ সে নিজেকে স্বাধীন বলে ভাবতে পারে না।'' জন্মনিয়ন্ত্রণ নিয়ে নানা আলোচনা প্রকাশিত হতে থাকায় স্যাংগার অশ্লীলতার দায়ে অভিযুক্ত হন। বাধ্য হয়ে ১৯১৫ সালে তিনি ব্রিটেন পালিয়ে আসেন।

জুলাই ১৯১৫ লন্ডনের ফ্যাবিয়ান সোসাইটিতে স্যাংগার একটি বক্তৃতা দিয়ে নামার পর মেরি তাঁর সঙ্গে এসে আলাপ করেন। স্যাংগার তাঁর 'মাই ফাইট ফর বার্থ কন্ট্রোল' গ্রন্থে স্মৃতিচারণ করেছেন, ''মেরি স্টোপস তখন 'ম্যারেড লাভ' লিখছেন। তিনি আমায় বললেন, [প্রথম] বিয়েটা খুব দুঃখজনকভাবে শেষ হওয়ায় জন্মনিয়ন্ত্রণ পদ্ধতি সম্পর্কে তখনও পর্যন্ত তাঁর কোনও অভিজ্ঞতা বা জ্ঞান নেই; এখন আমি কি তাঁকে বিষয়টা ঠিকঠাক শেখাতে পারি?'' স্যাংগার সানন্দে রাজি হলেন। তাঁর কাছে যা কিছু সরঞ্জাম ছিল সব নিয়ে তিনি তার পরের সপ্তাহেই মেরির বাড়িতে হাজির হলেন। সেখানে ডিনার খেতে খেতে অনেক কথা আলোচনা হল। স্যাংগার তাঁর প্রচার-পুস্তিকাগুলো দিয়ে এলেন। আর দেখালেন 'ফ্রেঞ্চ পেসারি'। মেরি এসব আগে কখনও দেখেননি। তাঁর এক নতুন বন্ধুপ্রাপ্তি ঘটল। আর সেই বন্ধুর দ্বারা প্রভাবিত হয়ে সে সময়ের বিশিষ্ট প্রত্ন-উদ্ভিদবিজ্ঞানী মেরি স্টোপস এক সম্পূর্ণ নতুন কর্মক্ষেত্রে পা রাখলেন।

অন্য মেরি, অন্য এক যুদ্ধক্ষেত্র

'ম্যারেড লাভ'-এর সাফল্য মেরিকে আত্মবিশ্বাসী করে তোলে। তাই এত দ্রুত 'ওয়াইজ পেরেন্টহুড'-এর প্রকাশ। এবং এখানেও বইবাজারে হাতে গরম সাফল্য। যে কোনও সৃজনশীল মানুষকে যেমন অতৃপ্তি তাড়া করে বেড়ায়, জোড়া বইয়ের সাফল্য তেমন মেরিকে এক আফশোসের মধ্যে ঠেলে দিল। তাঁর মনে হল, এতদিন তিনি যা কাজ করেছেন তা নেহাতই অসম্পূর্ণ, সে সমস্ত কাজই সমাজের সম্ভ্রান্ত শ্রেণিকে সামনে রেখে করা। কিন্তু তাঁর ইদানীংকার চিন্তাভাবনা তিনি যদি গরিব পেছিয়ে পড়া মানুষ,

বিশেষত মেয়েদের মধ্যে ছড়িয়ে দিতে না পারেন, তা হলে বৃথা এত আয়োজন।

এই কাজের বিপদের কথা মেরি জানতেন। স্যাংগারকে আইনের রক্তচক্ষুতে দেশান্তরী হতে তো তিনি চোখের সামনে দেখছেন। দেশে ফিরে গিয়ে স্যাংগার নিউ ইয়র্কে অক্টোবর ১৯১৬ আমেরিকার প্রথম জন্মনিয়ন্ত্রণ কেন্দ্রটি চালু করেন। প্রথম দিনই ১৪০ জন সাহায্যপ্রার্থী মহিলা এলেন। নবম দিনে এল পুলিশ। তা ছাড়া মেরির নিজের দেশ ব্রিটেনও এ-ব্যাপারে নিরাপদ নয়। জন্মনিয়ন্ত্রণের প্রচার চালাতে গিয়ে এখানেও হাজতবাস করতে হয়েছে অনেককে। তার মধ্যে রিচার্ড কার্লাইল আছেন, চার্লস ব্র্যাডলাও আছেন, আর আছেন অ্যানি বেসান্ত—ভারতীয় জাতীয় কংগ্রেসের প্রতিষ্ঠার সূত্রে যাঁকে আমরা চিনি। কিন্তু মেরি টললেন না। সহজ ভাষায় তিনি এক প্রচার পুস্তিকা প্রকাশ করলেন, ‘আ লেটার টু ওয়ার্কিং মাদার্স: সুস্থ সন্তানলাভ এবং দুর্বল গর্ভ এড়াবার উপায় প্রসঙ্গে’। তখন তিনি তাঁর মৃত প্রসবের ধকল সবে সামলে উঠেছেন। তিনি লেগে পড়লেন এই প্রচারের কাজে। তাঁর পুস্তিকা লন্ডনের বস্তি এলাকায় বিনামূল্যে বিতরণ করা শুরু হল। আগ্রহী মহিলাদের ব্যক্তিগত স্তরে পরামর্শ দেওয়ার ব্যবস্থা হল, সেও বিনামূল্যে। ভাল-মন্দ দু’রকম প্রতিক্রিয়াই মিলল বিস্তর।

প্রথমে বিরূপতার কথাই বলি। ৭ অক্টোবর ১৯১৯ ক্যাথলিক ধর্মযাজক ফাদার জুলুয়েটা মেরিকে লিখলেন, ‘‘গরিব মানুষের নৈতিকতা যতটা ধ্বংস করার পরিকল্পনা আপনার লেখালিখির পেছনে রয়েছে... ঈশ্বরের কাছে প্রার্থনা করি, অতটা ক্ষতি যেন তাদের না হয়।... আমার মনে হচ্ছে যেন এ কোনও বিধর্মীর লেখা।... আমি ভেবেছিলাম, কোনও নারীর পক্ষে এমন বই লেখা সম্ভব নয়।’’ ক্যাথলিক ট্রুথ সোসাইটির বশংবদ এক ডাক্তার তির্যক মন্তব্য করেছিলেন, ‘‘নন-ক্যাথলিকদের মধ্যে যদি জন্মনিয়ন্ত্রণের এমন হিড়িক জাগে তা হলে কালে কালে তাদের জাত নিশ্চিহ্ন হয়ে যাবে আর ইংল্যান্ড আবার আগের মতো এক ক্যাথলিক রাষ্ট্র হয়ে উঠবে।’’

কিন্তু এর বিপরীত, আন্তরিক প্রতিক্রিয়ার কথাও বলা দরকার। কারণ সেটিই সংখ্যায় অনেক বেশি এবং তাঁরাই সমাজের সংখ্যাগুরু মানুষের প্রতিনিধি, যাঁরা বুঝতে পারছিলেন অনিয়ন্ত্রিত গর্ভ তাঁদের আরও দরিদ্র, আরও দুর্বল করে দিচ্ছে। একটি উদাহরণ দিই। এক খামার শ্রমিকের ২৭

বছর বয়সী স্ত্রী মেরিকে চিঠি লিখছেন, তাঁর পেটে তখন তাঁর চতুর্থ সন্তান, ‘‘আমার ছেলেপিলেরা পেট ভরে খেতে পায় না। তাদের বুট কিনে দিতে পারিনি বলে তারা ইস্কুলে যেতে পারে না। আমি আমার মাকে সাহায্যের কথা বলেছিলাম। কিন্তু তার পক্ষেও এখন কিছু করা সম্ভব নয়। আমার বাবা তিনটে ছোট ছোট ছেলে রেখে পালিয়েছে। তারা এখনও স্কুল পড়ুয়া। আমার মা বলছে আমি যেন এমন ব্যবস্থা নিই যাতে আমার বাচ্চা-কাচ্চা হওয়া বন্ধ থাকে।... আপনি আমায় এ-ব্যাপারে কিছু সাহায্য করলে কৃতজ্ঞ থাকব।’’

মেরির সঙ্গে আলাপ হওয়ার আগেই হামফ্রি রো ম্যাঞ্চেস্টারে সেন্ট মেরি’স হাসপাতালে একটি অ্যাবরশন ক্লিনিক চালানোর ব্যবস্থা করেছিলেন। তিনি চাইলেন মেরির জনপ্রিয়তাকে কাজে লাগিয়ে লন্ডনে এমন একটি ক্লিনিক খুলতে। স্যাংগার এমন এক ক্লিনিক নিউ ইয়র্কে চালাতে গিয়ে পুলিশের খপ্পরে পড়েছিলেন। তিনিও মেরিদের উৎসাহিত করলেন। কিন্তু মেরি রাজি হলেন না।

তাঁর নামাঙ্কিত সংস্থার কাজকর্ম এতটাই বহুল প্রচারিত যে আমার সেই দাদাটির মতো কারও পক্ষে বিশ্বাস করা শক্ত যে মেরি স্টোপস সারাজীবন গর্ভপাতের বিরুদ্ধে কথা বলে গেছেন। অথচ এটাই ঘটনা যে মেরির জীবনকালে তাঁর প্রতিষ্ঠিত কোনও সংস্থায় গর্ভপাত করানোর অনুমতি ছিল না। সেখানে কর্মরত নার্সদের লিখিত মুচলেকা দিতে হত যে তাঁরা কখনও কোনওভাবে কাউকে অ্যাবরশন করতে সাহায্য করবেন না।

তাহলে সেখানে কী করা হবে? মেরির পরিকল্পনা অনুসারে তাঁদের ক্লিনিকে নার্স এবং ডাক্তাররা পরিবার পরিকল্পনার নানা পদ্ধতির বিষয়ে পরামর্শ দিতেন, সারভাইকাল ক্যাপ ব্যবহার করা শেখাতেন। ১৭ মার্চ ১৯২১ উত্তর লন্ডনে ‘মাদার্স ক্লিনিক’ নামে শুরু হল তাঁদের প্রথম কেন্দ্র— ইংল্যান্ডের প্রথম জন্মনিয়ন্ত্রণ সংস্থা। তার আগে এই কাজে পূর্ণ সময় দেওয়ার জন্য মেরি লন্ডন ইউনিভার্সিটিতে তাঁর মহার্ঘ অধ্যাপনার চাকরিটি ছেড়ে দেন।

১৯৩১ সালে এই প্রথম ক্লিনিকটি সরিয়ে আনা হয় মধ্য লন্ডনে। দেশ জুড়ে ক্রমবর্ধমান জনপ্রিয়তা সামাল দিতে ১৯৩৪ থেকে ১৯৪৩-এর মধ্যে মেরি এবং হামফ্রি ব্রিটেনের বিভিন্ন অংশে আরও পাঁচটি কেন্দ্র স্থাপন করেন। ক্রমশ জন্মনিয়ন্ত্রণ প্রয়াসের প্রতীক হয়ে ওঠেন মেরি। প্রসঙ্গত ইংল্যান্ডে প্রচলিত এক মেঠো ছড়া নিজস্ব অনুবাদে পরিবেশন করি:

সেই একটা বই লিখেছেন মেরি স্টোপস্
জিনি সেটা পড়েছে, ফুল অফ হোপস্
তবে এখন দেখে তার গড়ন ধরন
মনে হয় পড়েছে ভুল সংস্করণ।

কেতাবি দুনিয়া

বই বলতে এখানে মেরির যুগান্তকারী বেস্টসেলার দুটির কথাই বলা হচ্ছে। কিন্তু তা ছাড়াও বিচিত্র বিষয়ে মেরি বহু বই লিখেছেন। তার মধ্যে রয়েছে কয়লা-সংক্রান্ত তাঁর গবেষণাগ্রন্থ। রয়েছে কয়েকটি কবিতার বই। বেশ কিছু নাটক-এর মধ্যে তাঁর 'আওয়ার অস্ট্রিচেস' নাটকটি ১৯২৩ সালে ঐতিহ্যবাহী 'রয়্যাল কোর্ট থিয়েটার'-এ টানা তিন মাস অভিনীত হয়। সন্তান উৎপাদনের যন্ত্রে পরিণত শ্রমিক-মহিলাদের প্রতি সমাজের অদূরদর্শী মনোভাব নিয়েই এই নাটক। এর ঠিক আগে এই নাট্যশালাতেই মেরি তাঁর প্রথম বিবাহের ব্যর্থতা নিয়ে লেখা আত্মজৈবনিক নাটক 'ভেক্টিয়া' মঞ্চস্থ করার চেষ্টা করেছিলেন। কিন্তু যৌনতা এবং যৌনশিথিলতার বিষয়টি নিয়ে এখানে খুব খোলাখুলি আলোচনা থাকায় এই নাটকটি তাঁর জীবৎকালে কখনই মঞ্চস্থ করা সম্ভব হয়নি। ১৯২৬ সালে 'একটি নিষিদ্ধ নাটক ও সেন্সরশিপ বিষয়ক একটি ভূমিকা' শিরোনামে মেরি এই নাটকটি বই হিসেবে প্রকাশ করেন।

এছাড়া অস্কার ওয়াইল্ডের প্রেমিক তথা লেখক লর্ড আলফ্রেড ব্রুস ডগলাস, ওরফে বসি-র সঙ্গে মেরির ঘনিষ্ঠতা ছিল। তিনি বসি'র চিঠিপত্র সম্পাদনা করেন। মেরির সঙ্গে ঘনিষ্ঠ আলাপ ছিল সেকালের সাহিত্য সংস্কৃতি জগতের বহু বিশিষ্টের। যেমন, জর্জ বারনার্ড শ, এইচ জি ওয়েল্স, নাট্য ব্যক্তিত্ব স্যার নোয়েল কাওয়ার্ড, টলস্টয়ের জীবনীকার অ্যালমার মড। এঁরা সকলেই শুধু মেরির কর্মজীবনের অনুরাগী ছিলেন না, তাঁর সাহিত্য প্রতিভারও আদর করতেন। মেরিকে নিয়ে কাওয়ার্ড এক চমৎকার কবিতাও লিখেছিলেন। এই রচনার শুরুতে তার কয়েকটি পঙ্‌ক্তি উদ্ধৃত।

কিন্তু গ্রন্থকার মেরির কথা উঠলে আজকের দিনে মানুষ শুধু তাঁর বেস্টসেলার দুটির কথাই মনে রেখেছে: 'ম্যারেড লাভ' এবং 'ওয়াইজ পেরেন্টহুড'। সেই সঙ্গে প্রচার-পুস্তিকা হিসেবে দ্বিতীয় বইটির সংক্ষিপ্তসার,

'আ লেটার টু ওয়ার্কিং মাদার্স: সুস্থ সন্তানলাভ এবং দুর্বল গর্ভ এড়াবার উপায় প্রসঙ্গে'। পুস্তিকার শিরোনামের নীচে এই আপাত-নিরীহ উপ-শিরোনামটির কথা পুনরায় উল্লেখ করলাম, কারণ এই সূত্রে মেরি সংক্রান্ত এক বিতর্কে প্রবেশ করব।

শেষ অভিযোগ

জন্মনিয়ন্ত্রণ আন্দোলনে জড়িয়ে পড়ার পর থেকে বাকি জীবনটায় বিতর্ক মেরির পিছন ছাড়েনি। তিনি ডাক্তার না হয়েও স্বাস্থ্য পরামর্শ দেন, 'গোল্ড পিন' নামে আমেরিকায় প্রচলিত কিন্তু পরে বিপজ্জনক প্রমাণিত এক জন্মনিয়ন্ত্রণ পদ্ধতি তাঁর কেন্দ্রে জোর করে ব্যবহার করতে চেয়েছিলেন, ধর্মীয় মূল্যবোধ ভেঙে দিতে চেষ্টা করছেন— এমন নানান অভিযোগ তাঁর বিরুদ্ধে মাঝেমাঝেই উঠেছে এবং এইসব অভিযোগ মেরি স্টোপসের জনপ্রিয়তাকে আরও ঊর্ধ্বগামী করেছে।

কিন্তু এখানে আমরা তাঁর বিরুদ্ধে আরও গুরুতর এক অভিযোগের কথা তুলব।

এই যে তাঁর প্রচার-পুস্তিকায় জন্মনিয়ন্ত্রণের উদ্দেশ্য হিসেবে সন্তানের সুস্থতার সঙ্গে সঙ্গে 'দুর্বল গর্ভ' এড়াবার কথাও বলা হয়েছে, এখানে রয়েছে মেরির এক গোপন অভিলাষ। জাতিগত বিশুদ্ধতা রক্ষা তাঁর মূল স্বপ্ন। তিনি আদতে ইউজেনিক্স বা সুপ্রজনন তত্ত্বে বিশ্বাসী— যেখানে বলা হয়, পরিকল্পিত প্রজননের মাধ্যমে এক জনগোষ্ঠীর সার্বিক জিনগত গঠনকে নিয়ন্ত্রণ করা সম্ভব এবং প্রয়োজন। স্যাংগার-ও এই তত্ত্বের অনুগামী। কিন্তু মেরি শুধু তাঁর দ্বারা প্রভাবিত হয়েছেন ভাবলে ভুল হবে। তাঁর আগ্রহের শিকড় আরও গভীরে। ছেলেবেলায় বাবা-মা'র সঙ্গে ব্রিটিশ অ্যাসোসিয়েশনে যাওয়ার কালেই তিনি ইউজেনিক্স-এর জনক ফ্রান্সিস গ্যালটনের সান্নিধ্যে আসেন। গ্যালটন ছিলেন অভিব্যক্তিবাদের প্রবক্তা চার্লস ডারউইনের তুতো ভাই। শোনা যায়, উদ্ভিদ ও প্রাণীজগতের ক্রমবিবর্তন নিয়ে তাঁর প্রচলিত তত্ত্ব ডারউইন মানব জাতির ক্ষেত্রে প্রয়োগ করার ইচ্ছে পোষণ করতেন। তাঁর মৃত্যুর পর গ্যালটন সেই ইচ্ছে পূরণ করেন এবং এই চর্চার নাম দেন 'ইউজেনিক্স'।

মেরি মনে করতেন শারীরিক, মানসিক বা সামাজিকভাবে 'দুর্বল' পুরুষ বা মহিলা জন্মনিয়ন্ত্রণ পদ্ধতি ব্যবহার করে সন্তানধারণ প্রতিরোধ করবে। ফলে পরবর্তী প্রজন্মের দুর্বলতা অনেকটা আটকানো যাবে। এই উদ্দেশ্যে তিনি দাবি করেছিলেন, পিতা-মাতা হওয়ার পক্ষে 'অনুপযুক্ত' পুরুষ/নারীদের সন্তানধারণের আগেই নির্বীর্যকরণ/বন্ধ্যাকরণ অপারেশন করানো বাধ্যতামূলক করা হোক। নেহাত ঘরোয়া কোনও আসরে নয়, এই দাবি তিনি তুলেছিলেন ১৯৩৫-এ বার্লিনে অনুষ্ঠিত ইন্টারন্যাশনাল কংগ্রেস ফর পপুলেশন সায়েন্স'-এর মঞ্চ থেকে। হিটলার রাজত্বের সেটি দ্বিতীয় বছর। 'জাতিগত শুদ্ধিকরণে'র স্বপ্ন দেখা মেরির কণ্ঠস্বরে স্বাভাবিকভাবেই সেদিন অনেকে এক স্বৈরতন্ত্রী একনায়কের প্রতিধ্বনি শুনতে পেয়েছিলেন, এক বিজ্ঞানীর পক্ষে যা মোটেও সম্মানজনক নয়।

এই সন্দেহ আরও গাঢ় হয় অগস্ট ১৯৩৯ 'প্রিয় হের হিটলার' সম্বোধনে মেরির লেখা চিঠিটি পড়লে। এই চিঠির সঙ্গে তাঁর 'লাভ সঙস্ ফর ইয়ং লাভার্স' কাব্যগ্রন্থটি তিনি হিটলারকে উপহার পাঠান। তবে হিটলারের কাজের প্রতি মেরি সমর্থন দেখালেও, এই ঘটনার অল্পদিন পরেই হিটলার তাঁর দেশের যাবতীয় জন্মনিয়ন্ত্রণ কেন্দ্রগুলি বেমালুম বন্ধ করে দেন। মেরি তৎক্ষণাৎ অভিমুখ বদলে, ১২ জুলাই ১৯৪০ চার্চিলকে তাঁর আন্দোলনে শরিক হওয়ার আহ্বান জানিয়ে এক চিঠি লেখেন।

হিটলার ঘনিষ্ঠতার অভিযোগ প্রমাণিত না হলেও মেরির মতো এক প্রতিভাবান বিজ্ঞানী যে ইউজেনিক্স'-এর মতো এক অবিজ্ঞানে আস্থাশীল ছিলেন, সে কলঙ্ক যাওয়ার নয়। এর চরমতম প্রকাশ দেখা যায় মেরির পারিবারিক জীবনে এক ট্র্যাজেডি হিসেবে।

মেরির একমাত্র সন্তান হ্যারি বিশিষ্ট ইঞ্জিনিয়ার বার্নস ওয়ালিসের কন্যা মেরি আয়ার ওয়ালিসের প্রেমে পড়েন এবং অক্টোবর ১৯৪৭ তেইশ বছর বয়সে এনগেজমেন্ট সেরে ফেলেন। তাঁর সমনামী এই মেয়েটির সঙ্গে মেরি তাঁর ছেলের বিয়ে মেনে নিতে পারেননি। তার কারণ একটাই— মেয়েটির চোখের সামান্য সমস্যা আছে, সুতরাং ইউজেনিক্স তত্ত্ব অনুসারে পরবর্তী প্রজন্মেও এই 'দোষ' বর্তাবে! এই বিয়ে ভেঙে দেওয়ার জন্য মেরি আপ্রাণ চেষ্টা করেন। বার্নসের সঙ্গে তিনি সরাসরি যোগাযোগ করেন। স্বামী হামফ্রিকেও দলে টানতে চান। কোনওভাবেই এই বিয়ে

আটকাতে না পেরে মেরির যাবতীয় আক্রোশ গিয়ে পড়ে তাঁর ছেলের ওপর।

এবং এই আক্রোশ তিনি আমৃত্যু বয়ে বেড়ান।

*

শেষ বয়সে মেরির স্তনে ক্যানসার ধরা পড়ে। ৭৭ বছর বয়সে ২ অক্টোবর ১৯৫৮ ডরকিং-এ মেরির মৃত্যু হয়। জানা যায়, মেরি তাঁর ক্লিনিকের উত্তরাধিকার দিয়ে গেছেন ইউজেনিক্স সোসাইটিকে। তাঁর জমি-জায়গার অধিকাংশ দিয়ে গেছেন 'রয়্যাল সোসাইটি অফ লিটারেচার'-কে। আর একমাত্র পুত্রের জন্য রেখে গেছেন শুধু তাঁর গ্রেটার অক্সফোর্ড ডিকশনারি।

পরিশিষ্ট ১

কালপঞ্জি

১৮৫০ খ্রিস্টপূর্বাব্দ: মিশর দেশে কুমীরের মল, মধু আর সোডিয়াম কার্বোনেট মিশ্রণ মহিলাদের 'পেসারি' হিসেবে ব্যবহৃত।

৬০০ খ্রিস্টপূর্বাব্দ: উত্তর আফ্রিকায় অভিযান চালিয়ে গ্রিক উপনিবেশকারীরা 'সিলফায়াম' নামক ঔষধি আবিষ্কার করলেন— এটি স্থানীয় মহিলাদের মুখে-খাওয়া জন্মনিরোধক। অন্যত্র চাষ করার চেষ্টা ব্যর্থ। উচ্চমূল্যে রপ্তানি।

৩৮৪-৩২২ খ্রিস্টপূর্বাব্দ: গ্রিক দার্শনিক অ্যারিস্টটল ধারণা করলেন সিডার তেল, সীসার মলম বা গুগ্‌গুলের তেল শুক্রাণু ধ্বংস করে।

২৩-৭৯ খ্রিস্টাব্দ: রোম দেশীয় লেখক প্লিনি ধারণা করলেন, যৌন সহবাস বন্ধ রাখলে গর্ভধারণ আটকানো যায়। সঙ্গমের সঙ্গে যে গর্ভধারণের সম্পর্ক আছে সেকথা এই প্রথম সরাসরি ঘোষিত হল।

১০০ খ্রিস্টাব্দ: চাষ ও সংরক্ষণের সব চেষ্টা ব্যর্থ করে 'সিলফায়াম' নামক ঔষধির অবলুপ্তি।

১৬৪০ খ্রিস্টাব্দ: ইংল্যান্ডে বার্মিংহ্যামের কাছে ডাডলি ক্যাসেল-এ মাছ ও পশুর খাদ্যনালি দিয়ে তৈরি হল কনডোম। জন্মনিরোধক হিসেবে নয়, মূলত যৌনরোগ প্রতিরোধে তার ব্যবহার।

১৭২৫-১৭৯৮: ক্যাসানোভার স্মৃতিচারণ থেকে জানা যাচ্ছে ভেড়ার খাদ্যনালি দিয়ে তৈরি কনডোম এবং লিনেন থেকে তৈরি রিবন বাঁধা কনডোমের কথা। তা ছাড়া তিনি অর্ধেক লেবুর খোসাকে 'জরায়ু মুখের ক্যাপ' হিসেবে ব্যবহার করেন।

১৮২৭: ডিম্বাণুর অস্তিত্ব আবিষ্কার।

১৮৩২: ম্যাসাচুসেটস-এর চিকিৎসক চার্লস নোলটন দেখলেন, সঙ্গমের

পর জরায়ুর মধ্যে এক বিশেষ দ্রবণ ঢুকিয়ে দিলে গর্ভ রোধ করা যায়। লবণ, ভিনিগার, জিঙ্ক সালফাইট বা অ্যালুমিনিয়াম পটাসিয়াম সালফাইট দিয়ে সেই দ্রবণ তৈরি।

১৮৩৮: জার্মান চিকিৎসক ফ্রেডরিক ওয়াইল্ড তাঁর রোগিণীদের ঋতুচক্রের মধ্যবর্তী সময়ে এক 'জরায়ু-মুখের ক্যাপ' ব্যবহারের বিধান দিলেন। এটি 'ওয়াইল্ড ক্যাপ' নামে পরিচিত।

১৮৩৯: চার্লস গুডইয়ার আবিষ্কৃত রবার 'ভলকানাইজ' করার পদ্ধতি কনডোম, ডায়াফ্রাম ইত্যাদি প্রস্তুতিতে যুগান্তর আনল।

১৮৪৩: শুক্রাণু ও ডিম্বাণুর মিলনে মানব-নিষেকের পদ্ধতি জানা গেল। জীবন সৃষ্টিতে মহিলার গুরুত্ব বৈজ্ঞানিক স্বীকৃতি পেল।

১৮৭৩: অ্যান্টনি কমস্টকের উদ্যোগে মার্কিন যুক্তরাষ্ট্রে জন্মনিয়ন্ত্রণের যাবতীয় উদ্যোগকে অশ্লীলতার অভিযোগে নিষিদ্ধ ঘোষণা।

১৮৮০: জার্মান স্ত্রীরোগবিশেষজ্ঞ সি. হ্যাসে 'ক্যাপ'-এর চেয়ে বড় মাপের আবরণী প্রচলন করলেন। নারী শরীরে ব্যবহারযোগ্য এই পর্দার নাম হল 'ডায়াফ্রাম'। হ্যাসে 'উইলহেম পি. জে. মেনসিঙ্গা' ছদ্মনামের আড়ালে এই আবিষ্কার ঘোষণা করেন।

১৯১৪, অগস্ট: মার্গারেট স্যাংগার তাঁর 'দ্য ওম্যান রেবেল' পত্রিকায় প্রথম 'বার্থ কন্ট্রোল' পদবন্ধটির প্রচলন করলেন। মহিলাদের প্রয়োজনে গর্ভ এড়িয়ে যাওয়ার পরামর্শ দিলেন। কমস্টক প্রবর্তিত আইনে তিনি আমেরিকায় অভিযুক্ত হলেন। হাজতবাস এড়াতে তিনি পালিয়ে গেলেন ইংল্যান্ড।

১৯১৮. প্রথম বিশ্বযুদ্ধে অংশগ্রহণরত মার্কিন সেনা কনডোম ব্যবহারের অনুমতি পেল।

১৯১৮, ২৬ মার্চ: মেরি স্টোপস লিখিত 'ম্যারেড লাভ' প্রকাশিত।

১৯২৪-১৯২৭: জাপান ও অস্ট্রিয়ার বিজ্ঞানীরা স্বতন্ত্রভাবে জন্মনিয়ন্ত্রণে 'রিদ্‌ম' পদ্ধতির তত্ত্ব প্রতিষ্ঠা করলেন।

১৯৫২: ভারতবর্ষ বিশ্বের প্রথম দেশ হিসেবে সরকারিভাবে এক জাতীয় জন্মনিয়ন্ত্রণ কর্মসূচী গ্রহণ করে।

১৯৬০, ৯ মে: জিডি সার্লে অ্যান্ড কোং নামক ওষুধ কোম্পানি 'এনোভিড' নামক প্রথম 'পিল' বিপণনের ছাড়পত্র পেল।

১৯৬৫: আমেরিকায় সুপ্রিম কোর্ট কমস্টক প্রবর্তিত আইনটি তুলে নিলেন।

১৯৭৬: জরায়ুর মধ্যে ব্যবহৃত ডিভাইস হিসেবে 'T' আকৃতির ডিজাইন অনুমোদিত।

১৯৮০-র দশক: কম মাত্রার এবং বাই/ট্রাই-ফেজিক ‘পিল’ প্রচলিত।

১৯৯৮: ‘প্রিভেন’ নামে প্রথম ইমার্জেন্সি কন্ট্রাসেপটিভ ট্যাবলেট বাজারে এল।

২০০০-২০০২: প্যাচ, রিং, ইনজেকশন ইত্যাদি রূপে জন্মনিয়ন্ত্রণকারী হরমোনের বিশ্ববাজারে আগমন।

২০০৩: বছরে মাত্র চারবার পিরিয়ড হবে এই লক্ষ্যে কর্মব্যস্ত মহিলাদের জন্য ৮৪টি পিলের প্যাকেট হিসেবে ‘সিজ়নালি’-র বাণিজ্যায়ন।

২০০৬: আমেরিকায় ১৮ বছরের বেশি বয়সী ক্রেতার জন্য (নারী-পুরুষ নির্বিশেষে) ইমার্জেন্সি পিলকে ‘ওভার দ্য কাউন্টার’ করা হল, অর্থাৎ এটি কেনার জন্য কোনও প্রেসক্রিপশন লাগবে না।

২০১০: ৪৬,০০০ মহিলাদের ওপর সমীক্ষা চালিয়ে দেখা যায়, পিল-ব্যবহারকারীদের আয়ু দীর্ঘতর হয়।

২০১৩: আমেরিকায় ‘ওভার দ্য কাউন্টার’ ইমার্জেন্সি কন্ট্রাসেপটিভ বিক্রির জন্য বয়সের সীমা তুলে দেওয়া হল।

পরিশিষ্ট ২

কে কত সফল

১০০ জন মহিলা বা তাঁর স্বামী/সঙ্গী কোনও একটি পদ্ধতি নিয়ম মেনে লাগাতার ব্যবহার করে গেলে ১২ মাসে তাঁদের মধ্যে কাগজে-কলমে যতজনের গর্ভসঞ্চারের আশঙ্কা রয়েছে সেই সংখ্যাটিই সেই পদ্ধতির ব্যর্থতার হার। একে বলে 'পার্ল সূচক'। ১৯৩২ সালে বিজ্ঞানী রেমন্ড পার্ল এই সূচকের প্রবর্তন করেন। যে পদ্ধতির পার্ল সূচক যত কম সেটি তত সফল বা কার্যকর।

কিন্তু মুশকিল ঘটাচ্ছে সংজ্ঞার ওই কথা দুটি: 'নিয়ম মেনে' আর 'কাগজে-কলমে'। বাস্তবে কোনও পদ্ধতিই সব ব্যবহারকারীর পক্ষে সব সময় নিয়ম মেনে ব্যবহার করা সম্ভব নয়, পরিষেবা প্রদানকারীর পক্ষেও সব সময় সম্ভব নয় সম্পূর্ণত নির্ভুল থাকা। প্রাকৃতিক পদ্ধতিতে দিন গণনায় কারও কারও গোলমাল হবে, পিল খেতে কেউ কেউ মাঝে মধ্যে ভুলে যাবেন, কনডোম কেমন করে পরতে হয় তা বোঝাতে কারও কারও ত্রুটি থেকে যাবে। ফলে 'কাগজে-কলমে'-র হিসেবের সঙ্গে বাস্তব ক্ষেত্রসমীক্ষার পরিসংখ্যানে কিছুটা তফাত থাকবেই। এখানে উভয় হিসেবে আনুমানিক ব্যর্থতার হার সংগ্রহ করা রইল।

[উভয় ক্ষেত্রেই প্রতি ১০০ জনের টানা ১ বছর ব্যবহার পিছু]

	পার্ল সূচক	**বাস্তব ব্যর্থতার হার**
বিনা পদ্ধতি	৮৫	৮৫
রিদ্‌ম পদ্ধতি	৯	২৪
বাইরে ফেলা	৪	১৯

	পার্ল সূচক	**বাস্তব ব্যর্থতার হার**
	[উভয় ক্ষেত্রেই প্রতি ১০০ জনের টানা ১ বছর ব্যবহার পিছু]	
কনডোম	২-৩	১২-১৪
কপার-টি	০.৮	১-এর কম
ইস্ট্রোজেন-প্রোজেস্টেরন পিল	০.১	১-৮
মিনি পিল	.১-০.৪	৩-১০
নরপ্ল্যান্ট	০.১	০.৪
ডিপোপ্রোভেরা	০.৩	০.৩
মহিলাদের লাইগেশন	০.১	০.৪
পুরুষদের ভ্যাসেকটমি	০.১	০.১৫

পরিশিষ্ট ৩

বিশ্ব জন্মনিয়ন্ত্রণ দিবস

২০০৭ সাল থেকে প্রতি বছর ২৬শে সেপ্টেম্বর বিশ্ব জন্মনিয়ন্ত্রণ দিবস পালিত হচ্ছে। এশিয়ান প্যাসিফিক কাউন্সিল অন কন্ট্রাসেপশন (APCOC), ইউরোপিয়ান সোসাইটি অফ কন্ট্রাসেপশন অ্যান্ড রিপ্রোডাকটিভ হেল্‌থ (ESC), ইন্টারন্যাশনাল প্ল্যান্ড পেরেন্টহুড ফেডারেশন (IPPF), মেরি স্টোপস ইন্টারন্যাশনাল, দ্য পপুলেশন কাউন্সিল ইত্যাদি মোট ১১টি অসরকারি প্রতিষ্ঠান (এনজিও) যৌথভাবে এই উদযাপনের অংশীদার। বেয়ার হেল্‌থ কেয়ার এই আয়োজনের স্পনসর।

এই উদ্যোগের পেছনে রয়েছে এমন এক বিশ্বের স্বপ্ন যেখানে প্রতিটি প্রেগনেন্সি অভিপ্রেত প্রেগনেন্সি। এই লক্ষ্যকে সামনে রেখে সার্বিক থিম বাছা হয়েছে: 'এটা আপনার জীবন, এটা আপনার ভবিষ্যৎ'। আর এই সঙ্গে সংশ্লিষ্ট উপ-থিম:

• আপনার ভবিষ্যৎ: বয়ঃসন্ধিকালীন দৈহিক পরিবর্তন এবং অপরিকল্পিত প্রেগনেন্সির বিপদ সম্পর্কে অবহিত হওয়া।

• আপনার পছন্দ: জন্মনিয়ন্ত্রণের লভ্য পদ্ধতিগুলি সম্পর্কে স্বচ্ছ ধারণা তৈরি এবং তা থেকে নিজেরটি বেছে নেওয়া।

• আপনার সঙ্গী/সঙ্গিনী: জন্মনিয়ন্ত্রণ-সংক্রান্ত নির্ভরযোগ্য তথ্য আদান-প্রদানের মাধ্যমে এক ভরসা করার মতো সম্পর্ক তৈরি।

পরিশিষ্ট ৪

রবীন্দ্রনাথ-গাঁধীজি মতানৈক্য

গত শতাব্দীর বিশের দশক। সারা ইউরোপ-আমেরিকায় জন্মনিয়ন্ত্রণের পক্ষে জনমত ধীরে ধীরে বেগবান হচ্ছে। জন্মনিয়ন্ত্রণ আন্দোলন সম্পর্কে মহাত্মা গাঁধী তখন তাঁর তীব্র প্রতিবাদ ব্যক্ত করলেন। বিদেশী মিডিয়ায় খবরটি দেখে ভারতবর্ষ থেকে অপেক্ষাকৃত যুক্তিপূর্ণ এক কণ্ঠস্বর শোনার আশায় মার্গারেট স্যাংগার যোগাযোগ করলেন রবীন্দ্রনাথের সঙ্গে। তাঁর 'দ্য বার্থ কন্ট্রোল রিভ্যু' পত্রিকায় তিনি ইতোপূর্বে 'দ্য বিগিনিং' শিরোনামে কবির 'দ্য ক্রিসেন্ট মুন' কবিতাটি প্রকাশ করেছিলেন। ১২ আগস্ট ১৯২৫ নিউ ইয়র্ক থেকে তিনি কবিকে লিখলেন, "Perhaps you have seen his [মহাত্মা গাঁধীর] recent statement in opposition to Birth Control. ...we take it grant that with your international outlook of life and human society you cannot but feel friendly towards Birth Control. ...We should feel highly honoured if you would sent us a statement regarding birth control for publication in our Birth Control Review."

গাঁধীজির আরও নানা অবাস্তব ফতোয়ার মতো জন্মনিয়ন্ত্রণের বিষয়েও রবীন্দ্রনাথ ভিন্নমত পোষণ করতেন। স্যাংগারকে আশ্বস্ত করে ৩০ সেপ্টেম্বর তিনি তাঁকে শান্তিনিকেতন থেকে এক চিঠি লেখেন। বিষয়টির গুরুত্ব অনুধাবন করে 'দ্য অমৃতবাজার পত্রিকা' ৫ জানুয়ারি ১৯২৬ এই চিঠিটি প্রকাশ করে এবং ওই একই তারিখে আনন্দবাজার পত্রিকায় ছাপা হয় তার বঙ্গানুবাদ।

এখানে সেই অনূদিত চিঠিটির প্রাসঙ্গিক অংশ অপরিবর্তিত বানানে উদ্ধৃত করি [রবীন্দ্র-প্রসঙ্গ: আনন্দবাজার পত্রিকা। আনন্দ, ১৯৯০। পৃ. ২৯৯], "আমার মতে জন্মনিয়ন্ত্রণ আন্দোলন একটি বড় আন্দোলন। এই আন্দোলন

যে নারীদিগকে বাধ্যতামূলক এবং অযথা মাতৃত্বের দায় হইতে রক্ষা করিবে কেবলমাত্র তাহাই নহে, অতিরিক্ত লোকসংখ্যা কমাইয়া ইহা পৃথিবীর শান্তিরক্ষারও সহায়তা করিবে। ভারতবর্ষের মতো ক্ষুধাপীড়িত দেশে, যাহাদিগকে যথাযথভাবে ভরণ করা যাইবে না এমন সন্তানের জন্ম দেওয়া অতীব নিষ্ঠুর অপরাধ। ক্রমবর্ধমান দারিদ্র্য যে, অতিরিক্ত লোকবৃদ্ধির প্রতিরোধক নহে, ইহা স্পষ্টতই দেখা যাইতেছে। সভ্য সামাজিক জীবনের সতর্কীকরণ সত্ত্বেও প্রকৃতির প্রেরণা এ বিষয়ে জয়লাভ করে। সুতরাং আমার বিশ্বাস এই যে, যতদিন পর্যন্ত মানুষের নৈতিক অবস্থার উন্নতি না ঘটে, ততদিন পর্যন্ত, বংশ বংশ ধরিয়া শিশুদিগকে অপরিসীম দুঃখে এবং মৃত্যুর কবলে নিক্ষেপ করা অতি বড় সামাজিক অত্যাচার। এই অত্যাচার চলিতে দেওয়া কর্তব্য নহে।'

এই পত্রালাপের ১০ বছর পর শ্রীমতী স্যাংগারের সঙ্গে রবীন্দ্রনাথ এবং গাঁধীজি উভয়েরই মুখোমুখি সাক্ষাৎ ঘটে। ১৯৩৫ সালে ডিসেম্বরের শেষদিকে নিখিল ভারত মহিলা সম্মেলনের আয়োজন করা হয় দক্ষিণ ভারতের ত্রিবাঙ্কুরে। সেখানের অতিথি হিসেবে স্যাংগার ভারতে আসেন। সম্মেলন শুরুর আগে ডিসেম্বরের প্রথম সপ্তাহে তিনি কবির সঙ্গে সাক্ষাতের উদ্দেশ্যে শান্তিনিকেতন আসেন, এবং সম্ভবত ১৯৩৬-এর শুরুতে ওয়ার্ধায় গাঁধীজির আশ্রমে দু'দিন কাটিয়ে আসেন।

রবীন্দ্রজীবনীকার প্রভাতকুমার মুখোপাধ্যায় জানিয়েছেন, "রবীন্দ্রনাথের সহিত মিসেস স্যাংগারের যে আলোচনা হয় তাহার কোনও বিবৃতি আমরা পাই নাই। তবে দশ বৎসর পূর্বে শ্রীমতী স্যাংগার-সম্পাদিত Birth Control Review পত্রিকায় জন্মনিয়ন্ত্রণ সম্বন্ধে রবীন্দ্রনাথ তাঁহার যে-মত অকুণ্ঠিত চিত্তে বিবৃত করেন (৩০ সেপ্টেম্বর ১৯২৫), তাহাকেই আমরা তাঁহার এখনকারও মত বলিয়া গ্রহণ করিতে পারি।" [রবীন্দ্রজীবনী, ৪র্থ খণ্ড। বিশ্বভারতী, আষাঢ় ১৪০১। পৃ. ৪৫]

দশ বছরে মত পরিবর্তন হয়নি গাঁধীজিরও। জানুয়ারি ১৯৩৬ [তবে পূর্বোক্ত আলোচনায় প্রভাতকুমার জানিয়েছিলেন, কবির সঙ্গে সাক্ষাতের আগেই শ্রীমতী স্যাংগার "ওয়ার্ধায় গিয়া মহাত্মাজির সঙ্গে মোলাকাত করেন"।] তিনি স্যাংগারের কাছে স্ত্রীর উর্বর সময়ে সংযম অভ্যাসের ওপর জোর দেন এবং কৃত্রিম কোনও পদ্ধতি ব্যবহারের বিরোধিতা করেন।

সহায়ক গ্রন্থ

বিভিন্ন সংবাদপত্র, পত্রিকা, ডাক্তারি জার্নাল, ওয়েবসাইট এবং সহকর্মীদের অভিজ্ঞতা থেকে যথেচ্ছ সাহায্য নিয়েছি। তবে তথ্যের মূল ভিত্তি হিসেবে মূলত নীচের পাঁচটি বইয়ের ওপর ভরসা করেছি:

- S. K. Chaudhuri, Practice of Fertility Control, 7th edition, Elsevier, 2010.
- Leon Speroff & Philip D. Darney. A Clinical Guide for Contraception, 2nd edition. Williams & Wilkins, Baltimore, USA, 1996.
- K. Park. Park's Textbook of Preventive and Social Medicine, 23rd edition. M/s Banarsidas Bhanot, 2015.
- Guidelines for family Planning Services. Indian Council of Medical Research, New Delhi, 1996.
- D. C. Dutta. Textbook of Gynaecology, 6th edition [Editor: Hiralal Konar]. New Central Book Agency, 2014.

নির্দেশিকা